AF561841

Joseph Peyré, humaniste universel

Classiques pour demain

Collection fondée en 1986 et dirigée par Daniel-Henri Pageaux

Cette collection rassemble des études sur des écrivains de notre temps, consacrés par le succès dans leur pays (francophones ou de langues ibériques en particulier), pour lesquels il n'existe pas encore d'approches critiques en français. Elle vise donc à diffuser auprès du public étudiant et de lecteurs soucieux de s'ouvrir aux littératures étrangères des parcours et des propositions de lectures, voire une base de documentation bibliographique.

Derniers ouvrages parus :

49. *Michel Prat : l'écriture comme passion* (coord. et préf. D.-H. Pageaux), 2019.
48. Françoise MORCILLO, *Miguel Veyrat. Passages de l'aube*, 2019.
47. *Alexandre Ritter Allées et venues entre deux mondes : Europe/Amérique latine* (Constanza Alzamora & D.-H. Pageaux coord.), 2018.
46. *Louis-Philippe Dalembert entre vagabondage et humanisme* (coord. D.-H. Pageaux), 2018.
45. Daniel-Henri PAGEAUX, *Azorín (1873-1967) Sur les chemins de l'écriture*, 2017
44. Bernard MOURALIS, *Theo Annanissoh, Sony Labou Tansi, Améla et moi..., Lecture de* Le soleil sans se brûler, 2017.
43. Charles W. SCHEEL, *Victor Jean-Louis Baghio'o par lui-même. Lettres, journaux, essais et récits inédits*, 2016.
42. Milagros EZQUERRO, *Juan Rulfo Trente ans après*, 2016.
41. Flavia-Mara de MACEDO, *Monteiro Lobato et la littérature enfantine et de jeunesse au Brésil*, 2014.
40. Germain-Arsène KADI, *De* Johnny Chien méchant *d'Emmanuel Dongala à* Johnny Mad Dog *de Jean-Stéphane Sauvaire. Littérature, cinéma et politique,* 2013.
39. Ur APALATEGUI, *Ramon Saizarbitoria l'autre écrivain basque*, 2013.
38. Katia BOTTOS, *Antonine Maillet, conteuse de l'Acadie ou l'encre de l'aède*, 2011.
37. Sara CALDERON, *Jorge Volpi ou l'esthétique de l'ambiguïté*, 2010.
36. Silvia AMORIM, *José Saramago. Art, théorie et éthique pour demain*, 2010.

Sous la direction de
Dolores Thion Soriano-Mollá

Joseph Peyré, humaniste universel

Préface de Christian Manso

Crédits : Projet de recherche Patrimoines d'encre transpyrénéens, avec le soutien de la Communauté d'agglomération Pau Béarn Pyrénées, de l'Université de Pau et des Pays de l'Adour et de la ville de Pau.

Nos remerciements à Hugo Alquié, stagiaire du projet.

5-7, rue de l'Ecole-Polytechnique, 75005 Paris

http://www.editions-harmattan.fr

ISBN : 978-2-343-19790-6
EAN : 9782343197906

SOMMAIRE

PRÉFACE

Joseph Peyré, humaniste universel

Que Joseph Peyré figure dans la collection « Classiques pour demain » n'est en rien une gageure, bien au contraire. D'ailleurs, l'on ne peut être réellement classique que pour demain, même si quelque antilogie peut en offusquer a priori l'évidence, la pertinence.

Par essence est classique celui qui nous éclaire, que l'on tient pour référence, qui est susceptible de guider nos choix dans notre parcours de vie, et nous aider, par conséquent, à nous projeter vers le futur.

Est classique celui qui forcément entre en sympathie, intellectivement et sensitivement, avec nous-mêmes, faute de quoi il n'est pas classique mais se range parmi les rancis et donc impropres à toute délicatesse.

Or, Joseph Peyré, dans tous les textes qu'il conçoit, n'a de cesse de faire appel à ce qui, chez tout un chacun et quel que soit son âge, est un ressort existentiel majeur, approprié à l'émouvoir, à le stimuler, à l'engager à l'action quelles qu'en soient l'expression, la modalité.

C'est en cela qu'il est un classique pour demain.

En étant pleinement classique, il rejoint de ce fait l'universel, lequel est un grand rêve qui a de tout temps porté l'humanité à sortir d'elle-même, à se dépasser, à se transcender.

Cet humanisme qui sourd de ses textes est d'autant plus remarquable que, bien souvent, Joseph Peyré l'informe dans la condition humaine qui est le mieux à même de l'exprimer : celle des humbles, des déshérités, des filles et fils du peuple. Mais que l'on ne s'y méprenne : Peyré ne développe pas quelque idéologie. Un seul engagement est à son actif : celui qu'il a contracté envers l'humanité.

Le présent volume réunit des contributions qui toutes, sous les angles les plus divers, illustrent des facettes de cet humanisme que Joseph Peyré invoque continûment.

À l'école de la République (la IIIe), l'humanisme se présente sous cette noble mission d'éducation qu'ont à cœur d'accomplir des instituteurs ; au désert (le Sahara), il se décline dans la reconnaissance de l'autre, de ses valeurs et pousse à l'ascèse pour une pleine assomption de soi-même en ce lieu sans égal ; dans l'arène, il se mesure à cette pleine conscience de la petitesse humaine dotée d'une extraordinaire capacité à défier la mort et à la vaincre ; dans l'assaut des hauts sommets, c'est également ce même sentiment qui, devant l'ampleur de l'entreprise, peut porter l'être humain à un acte relevant du prodige ; dans l'appréhension de l'âme basque, cet humanisme se lit dans cette soudure d'un peuple tout entier dont l'idiosyncrasie repose et sur un fonds riche de tradition de symbiose et sur une dynamique d'ouverture orientée sur la conquête du monde où le défi est en branle permanent ; dans les conflits armés, c'est un appel pressant à la considération de l'adversaire apprécié dans son environnement spécifique propre à ouvrir l'esprit sur d'autres mondes, d'autres mœurs ; devant les avancées résolues et agressives du progrès technique, c'est un appel solennel à la plus grande vigilance et peut-être même à la résistance qu'adresse Joseph Peyré aux tenants de la sagesse et de la mesure ; dans le monde du journalisme, ce sont une déontologie, une probité qui sont de mise, à l'écart des modes et des idéologies, mais en phase avec les sciences humaines et sociales.

On le voit, Joseph Peyré place sa confiance en l'être humain, en attend beaucoup, même si parfois quelque réserve se fait jour dans le regard qu'il porte sur tout le monde qui l'entoure et dont il rend compte.

Christian Manso
Université de Pau et des Pays de l'Adour

À l'école de la République : Joseph Peyré

CHRISTIAN MANSO
(Université de Pau)

En février 1958, alors qu'il est âgé de 66 ans, Joseph Peyré publie *Souvenirs d'un enfant*[1], un livre retraçant les péripéties de son enfance dans le seul et unique cadre qui se puisse concevoir à cet égard : celui de l'école communale d'Aydie dont son père et sa mère sont les instituteurs. Né le 13 mars 1892 en ce village qui se trouve aux confins des Basses-Pyrénées et qui jouxte le département des Hautes-Pyrénées ainsi que celui de Gers, Joseph Peyré se caractérise, d'emblée, comme un enfant prodige : à huit ans, soit en 1900, il a, selon ses propres termes, « déjà passé le cap de la plus haute classe » (231). Décidé à l'envoyer comme pensionnaire au lycée de Pau, son père tient compte, toutefois, des conseils de l'inspecteur primaire l'incitant à laisser le jeune Joseph « mûrir un an » (230) auprès des siens avant de prendre le chemin de la grande ville. L'évocation de cette scolarité en ce village, que le narrateur opère avec force précision, est cependant dépourvue de rigoureuses références chronologiques. Elle relève, à l'évidence, d'un syncrétisme des plus opportun pour l'occasion, qui, de par sa démarche globalisante, donne au récit davantage de souplesse, de vivacité et d'agrément. En effet, étrangère au rébarbatif et au répétitif, cette démarche a fait plutôt le choix de se polariser sur le prisme polyédrique de l'école pour appréhender la construction d'une enfance dans ce qu'elle a de plus complexe et de contradictoire, mais aussi de celle d'un adulte en puissance chez lequel subsistent des pans d'une histoire personnelle et familiale se confondant, parfois, avec ceux de l'histoire de la nation française. Un choix hautement significatif qu'il y aura lieu d'élucider plus avant.

Dans le bref et dense texte apertural qui sert de préface à son œuvre, Joseph Peyré confie, d'entrée, à son lecteur la clé de lecture en même temps qu'il lui livre une part essentielle de son être profond. Sans tarder, usant d'un inopiné paradoxe pour ce qui est de l'objet annoncé, il se situe, de propos délibéré, à rebours de tout ce qui est considéré comme livre de mémoire : « Il ne s'agit pas ici d'un chemin de mémoire » (7), précise-t-il. Ce qui sous-

[1] Joseph PEYRÉ, *Souvenirs d'un enfant*, Paris, Bernard Grasset, 1958. Dorénavant le numéro de la page de cette œuvre apparaîtra entre parenthèses dans cette présente étude.

entend qu'il ne va pas recourir à l'exercice rigide et impassible, et parfois pesant, de l'anamnèse et que, par conséquent, il va se mettre en marge de tout ce qui est afférent à la pratique du mémorialiste. En effet, il tient à ce que ce livre soit considéré comme « un climat demeuré en moi aussi vivace que si je n'avais pas vieilli » (7).

À ce chemin induisant orientation, transit et progression, il oppose sa propre démarche reposant sur le substantif « climat », renvoyant, en lui, à la perdurabilité, à l'indélébilité de circonstances atmosphériques, qu'elles soient considérées au propre comme au figuré. Il opte, on ne peut plus clairement, pour le syncrétisme annoncé précédemment, qui est la marque de cette enfance qui est demeurée à jamais en son for intérieur. Semblable perpétuation, il la dévoile dans toute son ampleur, son épaisseur, sa profondeur, dans une phrase lourde de sens que je vais couper en deux pour mieux en appréhender la portée : « Que je sois encore, à mon âge, un enfant, l'écolier à la frange ronde, au tablier sans tache du livre où j'ai parlé pour la première fois de ma maison, de mon village maternel » (7). Long passage, certes, gros de révélations où l'enfant et l'écolier se confondent, fusionnent, ne font qu'un, l'un et l'autre étant étroitement liés à un univers domestique « ma maison » (qui est également l'école), laquelle est intégrée dans un ensemble spatial plus vaste, « mon village maternel ». Un réseau de sens peu à peu se manifeste qui, passant par un élément constitutif d'un univers particulier, « sa maison/son école », relie un enfant/un écolier et son monde à une entité globale, à une totalité, un « village », frappée au sceau de sa propre mère, son « village maternel ». S'énonce, ainsi, une triple incorporation, enfant/écolier, maison/école, village maternel, dont l'emboîtement est remarquable, qui fait apparaître des sphères concentriques, de taille allant croissant, dont la délimitation extrême coïncide avec celle de la démarcation du village, laquelle est indissociable du personnage de sa propre mère. Cette idée de sphère maternelle qui en découle est déjà à même de renvoyer au « climat » évoqué supra, soit l'atmosphère particulière, singulière qui règne en pareil biotope, lequel est demeuré intact en sa psyché. Ce rapport de l'enfant à sa mère, par le truchement de semblable image, est des plus suggestif, il faut en convenir, de par cette équation qui s'est immédiatement établie en son esprit. Cependant Joseph Peyré ne s'arrête pas là, et afin d'écarter toute ambiguïté, il pousse jusqu'à l'extrême dans la précision, qui revient, en pareil cas, à raviver un serment d'amour : « Je n'ai pour m'en assurer qu'à laisser sourdre en moi, comme une source inépuisée, la grâce de ce temps d'avant la vie, son innocence, et ce bonheur dont le goût me serre la gorge » (7). Le syntagme verbal « sourdre », le syntagme nominal « la source inépuisée » et puis le groupe nominal « la grâce de ce temps d'avant la vie » sont, à l'évidence, des éléments convergents sémantiquement énonçant l'état de celui qui baigne dans le liquide amniotique. Ainsi, par transposition, cette tranche de vie qu'il a à cœur de retracer en son livre est-elle comparable pour Joseph Peyré à celle qu'il a passée dans le ventre maternel, le bonheur et l'innocence en étant, par essence, les composantes exclusives. En ressort l'image d'un Éden, d'un « âge d'amour »[2], d'avant la chute. Aydie apparaît, par conséquent, comme nimbé à jamais de ces entrailles maternelles, nourricières, protectrices, vivifiantes, rassurantes.

Les neuf premières années de la vie de Joseph Peyré se déroulent au sein de cette sphère constituant ce tout dont l'école est partie prenante à plus d'un titre. À cet égard, deux facteurs primordiaux en garantissent l'intégrité, en justifient la singularité. Tout d'abord, la topographie d'Aydie en fait un lieu hermétique, impénétrable, protecteur, et, par conséquent, hautement prisé par ses propres habitants, à commencer par l'écrivain lui-même. À maintes reprises Joseph Peyré fait allusion à ce village « si sauvage [...] et si jalousement terré » (92), qui est « resté à l'écart des grandes routes, aussi ensauvagé à l'abri de ses côtes que ses compagnies de perdreaux » (96). Si à l'ouest il bénéficie du rempart d'une crête « à l'abri de laquelle le village gîtait » (25), à l'est c'est également un autre élément qui en ferme l'accès : « Nous nous croyions [...] protégés, la route n'allant pas en ce sens plus loin que le Sagé, notre ruisseau-frontière, et s'arrêtant sous l'à-pic du coteau d'où naissait pour nous le soleil » (118). Un enclos naturel – maternel, isolé, recherché plus que tout par son habitant qu'anime foncièrement « le repli vers son gîte » (137), un mouvement dont Joseph Peyré « doute qu'il se manifeste aussi fort chez les gens d'un autre village » (138). Lequel va s'accentuant avec « l'instinct casanier de ma famille » (138), croit-il utile d'ajouter. Cette dimension spatiale se conjugue harmonieusement avec une dimension temporelle tout à fait adéquate. Le temps en ce lieu présente un rythme strictement réglé sur celui des travaux des champs. Ainsi, la rentrée d'octobre est-elle perçue comme une « année nouvelle » (211) : « C'était une manière de Jour de l'An de géorgiques » (212), à l'occasion duquel « Vêtus de neuf, les garçons et les filles allaient retrouver le chemin de l'école » (212), et réintégrer leur salle de classe : « J'en retrouve l'odeur comme si je venais de pousser la porte d'entrée, et de gagner mon banc » (216), souligne Joseph Peyré, gagné par l'émotion que lui inspire la solennité du lieu, tout autant que par son hospitalité. Un lieu où se mêlent harmonieusement les signes graphiques universels du savoir à ceux d'une intimité toute de sensorialité : « Sous les tableaux noirs couverts de belles écritures à la craie, les cartes géographiques, les tableaux instructifs et les maximes édifiantes, le poêle s'allumait à la saison des chrysanthèmes, dont le parfum entrait au vent du cimetière. Pendant les récréations nous mettions à rôtir sur la plaque les grains de maïs éclatés » (216). Et c'est ainsi qu'à partir de ce mois d'octobre s'établit un rythme de travail au sein de cette commune que marque un remarquable unisson : « Les travaux scolaires commençaient à

[2] « Il semblait avoir vu l'Éden, l'âge d'amour, / Les temps antérieurs, l'ère immémoriale ». Victor HUGO, *La Légende des siècles*, IX, Bibliothèque de la Pléiade, Paris, Gallimard, 1962, p. 127.

suivre leur cours, parallèle à celui des travaux des vignes et des champs » (216).

Année après année reviennent inlassablement les travaux agricoles qui ponctuent les saisons, tout en imprimant une cadence aux travaux scolaires : « Après les vendanges, n'était-ce pas le tour des labours de l'automne, de la taille de la vigne, des déchaussages et des chaussages ? Les sulfatages et les soufrages, la fenaison et la moisson ne venaient-elles pas ensuite dans la ronde, ramenant les vendanges, qui, après les vacances, rouvraient le cycle de l'école, comme reviennent les soleils ? » (227). Un temps circulaire s'est donc indéfectiblement installé en ces parages qui, pour sûr, consolide cette image de la sphère mise en relief antérieurement et en fin de compte ramène au ventre maternel : « Ma vie tournait en rond comme celle des miens, satisfaite, et doucement bornée par l'horizon aydien » (226-227). D'où ces questions fortement empreintes de gravité : « Pourquoi cette vie si heureuse aurait-elle eu un terme ? Pourquoi mes travaux d'écolier auraient-ils fini au lieu de reprendre à la saison, comme ceux des vignes et des champs, et comme les exercices et les fêtes du rite, Noël, Pâques et Fête-Dieu ? » (226-227). Arrivé à ce stade, Joseph Peyré est en mesure de faire ce constat, tant il s'impose à ses yeux : « La vie de l'école était d'ailleurs celle d'une maison aydienne, mêmes soucis, et mêmes fêtes. Nous dépendions comme les autres du cycle de l'oie et du porc, qui assuraient la subsistance de l'année » (219).

Cette école, dont il est loisible d'imaginer qu'elle possède à l'identique une salle de classe assignée aux filles, ne laisse, de toute évidence, aucun doute quant à cette séparation des sexes alors en vigueur : une cloison de planches en coupe en deux le préau (21), réservant ainsi à chaque sexe des activités des plus différentes : tandis que les garçons s'adonnent à des « parties de barre » (21), les filles « jouent à la mariée » (21). Durant le repas de midi, alors qu'il avale au plus vite sa « soupe aux choux verts » (20) tout en regardant s'ébattre ses petits camarades depuis l'embrasure de la porte de la cuisine « laissée ouverte pour la surveillance des jeux » (20), le jeune Joseph ne peut s'empêcher de penser aux « gourmandises » (20) que recèlent les « sacs de toile bleue » (20) des fils du tonnelier : « les petits pains casqués et ronds » (20) fourrés de jambon « dont le fumet imprégnait toute l'épaisseur de la mie » (20) ou encore les « bouteilles armées d'un bec d'écorce de noisetier, d'où le vin coulait à la régalade » (20). Hormis les pièces pleinement consacrées à l'enseignement, cette maison dont la grille noire « couronnait le mur d'enceinte de l'école » (45) bénéficie d'un puits « tapi dans les ténèbres de son abri couvert de zinc » (45), d'un bûcher où s'entremêlent les odeurs d'essences les plus diverses : « celles des fagots de bois, du foin, du poulailler, celle aussi des outils de mon père, aux manches sains, durs, et polis comme ses mains » (46). Joseph Peyré en fera très tôt sa « cabane de Robinson » (46), une retraite secrète : « Là, sans doute, fait-il remarquer, j'ai connu pour la première fois le pouvoir de rester des heures abîmé dans une espèce de contemplation vide avec la sensation de m'y dissoudre » (46). Se manifeste, déjà, à pareille époque, cette ascèse sur laquelle s'appuiera le créateur pour parvenir à la maîtrise de son écriture. À cette cabane s'ajoute un jardin où se signale la présence de son père « qui avait deux vies : celle de maître d'école, et celle de maître jardinier » (17). « L'été, rapporte Joseph Peyré, il bêchait dès avant l'aurore et pourtant, à l'heure exacte, il descendait frais et alerte l'escalier de brique du jardin pour nous ouvrir la porte de la classe » (17).

Ce jardin, auquel ce père a apporté le plus grand soin, il l'a délicatement divisé en carrés où poussent « choux cavaliers, laitues, petits pois, haricots » (54), chacun d'entre eux étant « clos par son rideau de vigne sur hautains, sa plate-bande de fraisiers, et séparé de son voisin par une allée de gazon tondue et peignée à miracle » (54-55). À ce propos, Joseph Peyré a conservé en son palais « la rêche saveur des artichauts crus distribués par (son) père à la récréation » (55). Ce jardin, à l'instar du bûcher, est pour le narrateur un autre espace propice à la construction d'un monde gonflé de péripéties imaginaires : « Percée de meurtrières naturelles, sa double haie ménageait un chemin de ronde, d'où mes rifles de coureur des bois commandaient la route. J'y avais d'ailleurs aménagé une hutte de Bois Rosé meublée d'une étagère-bibliothèque et je lisais entre deux attaques d'Indiens » (55). Il n'est pas jusqu'au « petit pré sur lequel s'achevait le jardin » (55) dont il n'utilise « le creux d'eau jaune de sa mare » (55) pour y lancer « des flottes à travers les écueils des têtes de grenouilles » (56).

Cette bâtisse, cependant, pour le jeune Joseph, est le siège de bon nombre de tourments. Elle est à l'origine de ses « terreurs nocturnes » (48), lesquelles s'amorcent dès le moment où, la nuit venue, il lui faut passer de la cuisine aux chambres qui se tiennent à l'étage : « On me comprendra peut-être à présent si je parle de drame à propos de la traversée, que l'inconfort de notre maison restée paysanne nous forçait à entreprendre de nuit, et par les pires temps » (52-53). Ainsi qu'il le précise, il endure cette traversée comme un « calvaire » (53). La présence de l'église toute proche déclenche en lui des visions horrifiques : « J'allais enfin toucher la porte lorsque, venu de l'allée des morts, un visage se collait à la grille noire. La lumière blafarde lui prêtait un masque de suaire, et je me serais évanoui si la porte, par pitié, ne s'était pas enfin ouverte » (54). En outre, il n'eût jamais osé se rendre nuitamment au fond du jardin dont « l'angle s'appuyait sur celui du cimetière, gardé de nuit par la sarabande des feux follets et des âmes en peine » (54). À l'intérieur même de la maison, alors qu'il « partage le même lit que son père » (16), il est, alors, en proie aux affres de l'épouvante, si ce dernier s'est endormi avant lui : « Alors, de l'autre côté du palier, le fantôme blanc de la penderie à linge se mettait en marche, cependant que « quelqu'un » entreprenait, en retenant son souffle, la montée de l'escalier béant » (48). De telles alarmes sont dues, selon lui à « un excès d'imagination » (47) mais aussi « au goût de l'inquiétude dont ma mère communiquait la contagion » (47). Sa mère, Marceline Larrouy, l'institutrice des filles, née à Aydie le 29 novembre 1859, est dépeinte par Joseph Peyré dès les premières pages de son livre comme une femme qui « a des yeux tristes, le goût de s'alarmer et de souffrir, et de communiquer sa peine » (15). Cette présence maternelle déjà mise, ô combien, en exergue, s'affirme, une fois de plus, dans le développement psychique de l'enfant.

Pour le jeune Joseph qui passe les toutes dernières années du XIXe siècle en cette école communale d'Aydie, ce qui ressort de pareille époque, c'est son côté d'enfant appliqué, studieux, attentif, « soumis à la perpétuelle sagesse de (son) existence d'écolier » (42). Ce dont il s'enorgueillit non sans raison a posteriori, rendant par là un hommage empreint de reconnaissance à son père : « Écolier modèle ? s'interroge-t-il. Davantage écolier heureux de l'être sans jamais songer à récompense, et d'avoir pour maître mon père » (11). Ce père, Pierre Peyré, né à Lespielle le 26 septembre 1854, incarne aux yeux de l'enfant le modèle, la référence. Empli d'enthousiasme, ce père accueille ses élèves à la porte de sa classe « sur l'air de *Trois grands rois* » (18). À cette marche martiale succède « la leçon de morale appliquée » (18), toute de gravité. Tout en touchant « l'un des pécheurs de sa longue baguette de coudrier » (18), il pose cette question : « Qui a abîmé à coups de cailloux la borne du tournant ? » (18). Ce faisant, il met à profit un tel incident pour en tirer des enseignements concernant les biens publics : « Le coupable donc apprenait, récitait, l'utilité des bornes » (18). Mais là ne s'arrête pas sa leçon ; l'occasion est trop belle pour aborder des questions tout aussi pratiques et profitables : « La glissade sur les mesures allait de soi, et nous finissions par les mètres, les stères, et les décalitres » (18). Ayant affiché de tout temps ses convictions républicaines, ce père en a pâti au début de sa carrière, ayant « été envoyé en disgrâce pour républicanisme dans un poste perdu lors du Seize Mai » (58), se plaît à rappeler Joseph Peyré. Lui qui n'a rien tant à cœur que d'exalter l'esprit républicain, fait allusion à une crise aiguë qui a secoué violemment la IIIe République. Le président de celle-ci, Mac Mahon, conservateur – et plutôt monarchiste –, estimant que le président du Conseil, Jules Simon, était par trop accommodant avec la majorité républicaine de la Chambre des députés, le força à démissionner, puis le remplaça par le Duc de Broglie et un gouvernement nettement conservateur. Ce coup d'État du 16 mai 1877 appela à une forte réaction des républicains qui contraignirent le président de la République à dissoudre, en juin, l'Assemblée et à convoquer de nouvelles élections pour octobre, lesquelles furent un succès pour le camp républicain. C'est donc durant cet intérim (mai-octobre 1877) que l'État procéda à la révocation, à des déplacements, de fonctionnaires soupçonnés de sédition, dans le lot desquels se trouva le père de Joseph Peyré, ce dernier ne pouvant être plus clair quant aux valeurs transmises par son propre père.

Cette jeune République qui est proclamée le 4 septembre 1870, alors que Paris est assiégé par les troupes prussiennes, se voit très vite – et inéluctablement dans l'obligation de signer le traité de Francfort, le 10 mai 1871, aux termes duquel elle doit céder, notamment, l'Alsace et la Lorraine à la Prusse. Les atrocités de cette guerre et la perte douloureuse de ces deux provinces ont longtemps beaucoup affecté la population française en son entier. Ainsi en est-il d'un épisode de cet affrontement à jamais gravé en la mémoire du jeune Joseph, du fait de la présence aux confins du village d'Aydie de ce matelot, aventurier en Amérique latine, qui comme cuirassier avait participé à la bataille de Reichshoffen, un personnage haut en couleur auquel le jeune garçon « aurait voulu arracher le récit de la charge des houblonnières » (170). Joseph Peyré se réfère aux charges – meurtrières des cuirassiers français du 6 août 1870 lors de la bataille de Froeschwiller, qui se sont soldées par de lourdes pertes et des défaites successives entre le 4 et le 6 août 1870. Bien sûr, l'on peut mesurer à travers cette réminiscence ce que fut le traumatisme de toute la population française d'alors, qui se prolongea au sein des générations suivantes. Cette perte de l'Alsace et de la Lorraine a été vécue, en effet, comme une meurtrissure sur tout le territoire national que l'école publique n'a eu de cesse de relayer indéfiniment jusqu'à la Grande Guerre : « Tous les écoliers de France étaient élevés dans le même deuil » (29), se souvient Joseph Peyré. Sa mère, institutrice à laquelle il incombait, de par sa fonction, d'apprendre à ses élèves les poèmes et les chants patriotiques où transparaissait ce sentiment exacerbé de la perte de ces provinces, fredonnait, bien souvent, la complainte de l'Alsace-Lorraine :

Nos monuments où flottent leurs bannières
Semblent porter le deuil de nos drapeaux
France entends-tu la dernière prière
De tes enfants enfouis dans les tombeaux ?[3] (14)

Quant au jeune Joseph, l'une de ses poignantes lectures, qui le plonge dans les tourments d'un petit écolier d'Alsace, révèle à quel point les écoles de France ont été torturées par semblable tragédie : « Je ne pouvais pas lire *La Dernière Classe* du maître alsacien, page qui jouait pour moi sur un registre trop sensible, sans être près de sangloter » (30). Cette lecture a ému la France entière : il s'agit d'un conte d'Alphonse Daudet qui a pour sous-titre *Récit d'un petit Alsacien*, publié dans le quotidien parisien de centre-gauche, *L'Événement*, du 13 mai 1872, un conte qui fera partie des *Contes du lundi* dont la première édition paraîtra en 1873 chez l'éditeur parisien Lemerre. Le petit Franz y raconte sa dernière matinée de classe où il a pu entendre son instituteur s'exprimer en français, ce dernier devant « partir le lendemain, s'en aller du pays pour toujours »[4]. En effet, un « ordre est venu de Berlin de ne plus enseigner que l'allemand dans les écoles de l'Alsace et de la Lorraine »[5]. Si une telle blessure a été ressentie à ce point dans le cœur

[3] Il s'agit des paroles du premier couplet de la chanson fort connue, *Alsace-Lorraine*, écrite en 1871 par Gaston VILLEMER et Henri NAZET, dont le refrain a continué d'être entonné lors des successifs conflits qui ont opposé la France à l'Allemagne : « Vous n'aurez pas l'Alsace et la Lorraine / Et, malgré vous, nous resterons Français. / Vous avez pu germaniser la plaine / Mais notre cœur vous ne l'aurez jamais. »

[4] Alphonse DAUDET, *Contes du lundi*, Les classiques de poche, Paris, Le Livre de poche, Librairie générale française, 2016, « La dernière classe », p. 21.

[5] *Ibid.*, p. 19.

des Français, elle a entraîné très tôt en eux un climat de revanche qui a percé à tout propos. À l'occasion de la Saint-Jean, fête patronale d'Aydie, le maître d'école de Conchez-de-Béarn qui a été invité par le père de Joseph lui offre un pistolet à amorce. Ce qui le comble d'une joie si vive, qu'il a peine à la contenir. Cet instituteur, qu'entoure une auréole de vaillant chasseur d'ours, lui tient alors les propos suivants : « Quand tu seras grand, je t'emmènerai chasser l'ours. Et tuer du Prussien, me faisait au passage mon mécène, admirateur de Déroulède » (114). S'exprimer en de tels termes n'est nullement choquant à pareille époque ; bien au contraire, cela ravive une opinion collective, à l'origine de laquelle l'école publique a œuvré grandement. Ce qui est confirmé par Joseph Peyré : « Armé de mon pistolet d'un rouge scintillant, je tirais des ours debout, et des Prussiens pareils à ceux que culbutaient, sur les couvertures de mes cahiers, les fusiliers marins sanglés de leurs peaux de mouton. Je vengeais la mort du turco :

Oui, petit turco, tu les as vaincus » (114)[6]

Comme corollaire à un tel esprit aussi pugnace, subsiste malgré toute une espérance à toute épreuve : « Qu'il fallût un jour libérer l'Alsace-Lorraine, cette exigence s'imposait à nous comme la lumière du soleil et, à la mobilisation de 1914, les anciens écoliers venus embrasser mes parents devaient leur dire : "Nous y allons" » (30).

Avec la République qui va se confortant, l'école publique voit ses fondements posés à la faveur de deux textes de loi : le 16 juin 1881, la loi de Jules Ferry institue la gratuité de l'enseignement primaire, tandis que celle du 20 mars 1882 en stipule le caractère obligatoire et laïc. Ainsi l'école républicaine va-t-elle s'acheminer peu à peu vers une séparation d'avec l'Église. Cependant dans ce village d'Aydie que Joseph Peyré quitte en 1901, école et Église vivent en très bonne intelligence, ce qui, du reste, n'a rien de surprenant en cette dernière décennie du XIXe siècle. Cette église paroissiale d'Aydie qu'une allée sépare de l'école intimide au plus haut point le jeune Aydien : « sa puissance trapue pesait sur nous à longueur de journée » (57), précise-t-il. Ses parents sont de fervents catholiques chez lesquels il ne semble point y avoir de frontière entre ces deux univers. Son père a appris au jeune Joseph « les répons de l'enfant de chœur » (58), faisant, si besoin, la démonstration d'un réel esprit œcuménique : « Église ou école, leçons de catéchisme ou leçons d'histoire, je devais avant tout rester un modèle. Ayant terminé le premier – j'y étais obligé aussi –, ma division à deux chiffres, je comparaissais devant lui, et, dans l'embrasure de la fenêtre,

---

[6] Ce vers de Paul Déroulède, tiré de son poème *Le Turco*, appartient à son célèbre recueil *Chants du soldat*, publié en 1872. Il montre, si besoin, l'immense influence de ce poète qui vendit plus de 100 000 exemplaires de ce livre, mais combien l'école publique était le réceptacle de ses textes poussant au « revanchisme ». Pour ma part j'ai consulté Paul Déroulède. *Chants du soldat* (Nouveaux chants du soldat. Marches et sonneries. Refrains militaires. Chants du paysan). Illustrations d'après les aquarelles de Eugène CHAPERON et Charles MOREL, Paris, Modern-Bibliothèque, Arthème Fayard, 1908.

sous le regard de la baguette de coudrier, je lui récitais le *Confiteor* » (58). Quant à sa mère, elle participe volontiers aux préparatifs de la liturgie catholique, comme lors des « fastes de la Fête-Dieu » (79), à l'occasion desquels l'Église transfigurait ses abords, « mise en scène à laquelle ma mère était préposée » (79). Quant au jeune Joseph, tel un « sacristain » (64), il « règne sur la sacristie » (64), ainsi que sur les « ornements sacerdotaux dont il connaissait les symboles » (64). La pâte azyme des hosties l'attire, telle une gourmandise suprême : « chargé de la découper à l'emporte-pièce, j'avais en effet permission d'en manger les bavures, un régal » (64), se souvient-il. Ce n'est pas le cas du vin de messe, qui lui inspire bien de l'incompréhension : « je me demandais comment notre curé, bien qu'il s'agît du moins corsé de nos vins secs aydiens, pouvait le tolérer à l'heure du café au lait » (64), se sent-il quasiment dans l'obligation de faire observer. Tout compte fait, pour Joseph Peyré, l'Église est, en quelque sorte, l'heureux pendant de l'école : « Face à l'école, où demeurait mon être raisonnable, l'Église aux yeux toujours ouverts sur moi me dispensait ses féeries » (80). Toutefois, s'il y a une réelle et sincère inclination chez cette famille d'instituteurs républicains pour tout ce qui est de l'Église et de ses rituels, l'Église, à son tour, ne demeure pas en reste de sollicitude à l'égard de cette République. L'enfant de chœur que grise l'encens, est aux anges lorsqu'à la messe il écoute son oncle Joseph, son parrain, frère cadet de sa mère, lancer « à s'en déchirer les poumons, le fracassant.

Domine salvam fac rempublicam » (66)[7]

Ce qui l'amène à penser, tout naturellement, dans un véritable transport : « Repris par toute la nef, et jusqu'aux profondeurs du porche, le psaume final éclatait à sa voix, et me semblait se muer en hymne national. Ne priait-il pas pour le salut de la République, à laquelle mon père avait un jour sacrifié, et que nous apprenaient à chérir les leçons d'instruction civique ? » (66). On se doit de prier à l'époque pour le salut de la République, une pratique qui est rappelée dans les lois constitutionnelles de 1875. Précédant la messe, est chanté le *Veni Creator*, tandis qu'à la fin est entonné le *Domine salvam fac Rempublicam*, le dernier verset du Psaume 11, dénommé *Exaudiat*[8].

Comment conclure, si ce n'est, une fois encore, sous le signe de l'eau qui, comme dans la préface de l'œuvre, établit ce lien charnel, émotionnel, avec Aydie, transmis par la mère de Joseph Peyré, l'Aydienne par excellence ? Dans un passage du dernier quart du roman, alors qu'il accompagne sa mère en visite auprès des habitants des maisons jaunes « adossées à la "carrère" »

---

[7] « Le gouvernement sollicite le Saint-Siège qui par un décret de la congrégation des rites daté du 9 octobre 1875 rappelle l'obligation de chanter le verset *Domine salvam fac rempublicam* sans susciter trop de difficultés ». Vincent PETIT, *Pro Deo et Patria, Prier pour l'État en France au XIX*ᵉ *siècle*, http://amnis. Revues.org/1668, DOI : 10. 4000/amnis, 1668, p. 7.
[8] *Ibid.*

(170), celle-ci souhaite à tout prix « passer à la fontaine » (173). Il s'agit d'une source à propos de laquelle Joseph Peyré émet cet élément d'autoanalyse venant consolider – et clarifier – son propos liminaire : « C'est sans doute d'elle (sa mère) que je tenais mon goût de nos fontaines enfouies. Je devrais plutôt dire mon goût des approches de l'eau [...]. Sources ou ruisseaux, la manifestation de l'eau demeurait pour moi un mystère » (174). À ce mystère qui relève, assurément, du sacré vital, génésiaque, le jeune Joseph a donc été initié par une mystagogue, sa propre mère. Bien sûr, l'existence de cette source constitue un secret que seuls partagent la mère et son fils. N'est-elle point, en effet, le prolongement de cette « atmosphère » vécue dans le ventre maternel ? Pour y parvenir, il faut vaincre nombre d'obstacles, « déjouer les pièges d'un sentier » (174), franchir une passerelle enfouie sous des noisetiers, fouiller sous des branches basses et enfin gagner le Graal : « et je dévoilais d'une main, au cœur des mousses du talus, sous les noisetiers et les trembles, la conque de la fontaine révélée. Une espèce de nid, ménagé par une tendresse visible » (175). La « conque », de même que le « nid » ressortissent à une symbologie on ne peut plus explicite qui rejaillit sur cette mère dont ont été exposées antérieurement les différentes hétérotopies. Ce lien puissant, indéfectible, unissant Joseph Peyré à sa mère sera à prendre en compte pour ce qui touche à son psychisme mais aussi à son imaginaire et à sa créativité. Il est, dès lors cohérent, logique, que ce soit cette mère qui découvre quelques jours après le départ du jeune Joseph pour le lycée de Pau, cette « inscription au crayon » (245) sur le mur de la salle de classe : « Adieu, chère école, je ne te reverrai jamais plus », témoin de (son) déchirement (245). À cet arrachement de la sphère aydienne, maternelle, ô combien douloureuse, et irrévocable, le jeune Joseph n'a pu faire autrement que de s'y soumettre, non sans force regimbement. C'est dans de telles circonstances qu'il fera ses véritables premiers pas dans le monde, dans la vie, et qu'il tracera sa trajectoire. Une trajectoire, pour sûr, sous-tendue par les grands principes et les valeurs tirés de l'école de la IIIe République, mais également, par cette vie intra-utérine aydienne, par cette « atmosphère » maternelle, par ce syncrétisme en franche rupture avec la chronologie étriquée et tout imbu de la vagabonde subjectivité, qui, bien des années après, sont demeurés des plus vivaces, des plus sensibles chez un adulte dont le cœur n'a cessé de battre au rythme de cette période « d'avant la vie ».

Joseph Peyré, alias M. Deval et *La Bataille des Pyrénées*

DOLORES THION SORIANO-MOLLÁ
(Université de Pau et des Pays de l'Adour)

Le journal régional, *La Bataille des Pyrénées*, vit le jour en 1912 en tant que variante à l'existence éphémère du journal, *La Bataille politique et sociale*, qui fut fondé en 1906. Sa rédaction était sise en la rue Saint-Siméon à Bordeaux dès 1906. Il comptait deux éditions, l'une semi-hebdomadaire qui parut le dimanche et le jeudi à Bordeaux entre 1908 et 1917, l'autre hebdomadaire qui était publié le dimanche dans les Pyrénées. En janvier 1913, *La Bataille politique et sociale* prit le nom de *La Bataille des Pyrénées* et *La Bataille des deux Charentes*[1] jusqu'en 1914, puis reprit son titre initial de 1917 à 1939[2].

C'était le traditionnel journal se présentant sous l'habituel grand format. Au début, il se vendit par souscription au prix annuel de 10 francs. Ce journal couvrait toute la région car il disposait de rédacteurs à Pau, Bayonne, Tarbes, et des correspondants dans tous les cantons. En 1913, il opta pour une autre stratégie financière. Il abaissa le prix de son numéro simple à 5 centimes – ce qui correspondait au prix moyen de l'époque pour le rendre plus accessible au grand public et accroître, de ce fait, son diamètre géographique ainsi que ses ventes :

> Après des difficultés inhérentes à tout début, après des tâtonnements que l'exil de nos principaux rédacteurs rendait inévitables, *La Bataille des Pyrénées* a crânement arboré son titre et est devenue un journal autonome [...] il ne s'est, pour ainsi dire, pas passé de semaine, sans que la Bataille pénètre dans quelque commune du Béarn ou du Pays basque, fasse sa trouée dans les villes, et s'assure partout un contingent régulier et considérable de lecteurs et d'amis.
>
> C'est par plusieurs milliers d'exemplaires que la *Bataille des Pyrénées* est aujourd'hui répandue.

---

[1] En 1939 il rechangea son sous-titre par *La Bataille politique, sociale, financière*, avec la mention « Édition de Paris ».

[2] La publication du périodique s'interrompit durant deux ans, de 1917 à 1919, parce que ses journalistes furent sur le front pendant la Première Guerre mondiale, « *La Bataille* suspend sa publication. Les motifs », *La Bataille politique et sociale*, 22 au 23 décembre 1917.

Ainsi se trouve accompli, pour les Pyrénées, le but que nous nous proposions, et que nous nous proposons encore : doter chaque département de notre Sud-Ouest d'un journal indépendant, non pas en paroles, ou en titre, mais en fait. Un journal où en Monsieur Tout-le-Monde, où le peuple voit dénoncer et flétrir les abus dont il a dû souffrir le premier, où sont sévèrement censurés en son nom, les actes de gouvernements et de fonctionnaires, oublieux, trop souvent, qu'ils ne sont que les mandataires du public[3].

Le directeur des différentes versions de *La Bataille* avait pour nom Henry-Marcel Hillaire-Darrigrand, un journaliste qui fut propriétaire et en même temps directeur d'autres organes de presse. Hillaire-Darrigrand, de par ses articles dans *La Bataille* et dans d'autres journaux importants de la capitale d'Aquitaine, comme *La Libre Parole quotidienne* et *Le Nouvelliste de Bordeaux*, jouissait d'une grande popularité en raison des polémiques qu'il soulevait dans ses articles et des scandales que sa tribune suscite durant ses trente années d'existence.

Selon les témoignages de l'époque, Hillaire-Darrigrand « récoltait trente citations en correctionnelle et vingt-cinq condamnations pour diffamation ». Or la diffamation, comme la définit Littré, « c'est avoir affirmé des faits déshonorants, mais vrais »[4]. Il était connu, en outre, comme antisémite et antimaçon. Il fut condamné à de nombreuses occasions pour diffamation, ce qui lui valut des amendes ainsi que des emprisonnements en diverses maisons d'arrêt de la région.

À l'image de son directeur, la profession de foi du journal, lorsqu'il cherchait à attirer des souscripteurs, se singularisait par la dénonciation de tout type d'abus et d'infraction :

Grâce à *La Bataille*, les frondeurs, les concussionnaires, les politiciens de bas étage ont été connus et leurs noms cloués au pilori. Des résultats inespérés ont été obtenus. On en obtiendra d'autres, si l'on sait défendre et soutenir l'organe d'avant-garde dont les collaborateurs supportent vaillamment, non sans peine cependant, les rigueurs de l'exil et de la prison. Aidez-nous ! C'est l'appel que nous lançons à tous ceux qui désirent voir continuer nos luttes ardentes pour la cause de l'indépendance[5].

Il se présentait comme le journal de tous et pour tous. Il comptait des espaces réservés à la correspondance et à des articles ouverts à des collaborations libres de son public. Il incluait en ses pages des déclarations dans lesquelles il exhortait les citoyens à utiliser ce journal comme plateforme pour faire connaître leurs plaintes, leurs insatisfactions et pour dénoncer une quelconque injustice :

La BATAILLE est le journal de tous.

Tout le monde peut et doit collaborer à *La BATAILLE*.

---

[3] « Chronique des Pyrénées. Après un an ! », *La Bataille des Pyrénées*, 15-16 janvier 1913.
[4] Jean DRAULT, *Histoire de l'antisémitisme*, nouvelle édition revue et augmentée, 1944.
[5] « Notre suscription. Vous voulez que *La Bataille* vive ? Aidez-la ! », 15 février 1914.

Si vous avez à vous plaindre d'un abus, d'une vexation, d'un excès de pouvoir, adressez-vous ou écrivez à *La BATAILLE.*

La BATAILLE est le seul journal qui ose dire tout haut ce que le monde pense tout bas.

L'aspect justicier que mettait en avant ce journal avec ses maximes lui conférait un caractère populaire et populiste dont il se servait pour capter de nouveaux souscripteurs, ainsi que le reflètent les citations reproduites supra. Hillaire-Darrigrand fit montre d'une grande combativité pour gagner coûte que coûte de nouvelles souscriptions et un lectorat plus élargi. De fait, par exemple, au début de 1913, il accusa ouvertement le président du groupe La Presse régionale, Paul Féron-Vrau, lorsque celui-ci voulut récupérer à l'imprimerie les adresses de tous les anciens souscripteurs de *La Croix du Sud-Ouest*, lectorat qui l'intéressait pour *La Bataille des Pyrénées.* Stratégiquement, il prétendait prendre du champ par rapport aux journaux bien implantés et de grand renom, et ainsi se ménager un espace propre au sein de la presse dominante de Bordeaux qui réunissait des titres comme *Le Nouvelliste de Bordeaux*, *La Petite Gironde, La Liberté du Sud-Ouest*, pour en citer quelques-uns. C'est ainsi qu'il parvint à créer également une édition indépendante, séparant durant quelque temps *La Bataille des Pyrénées* d'une autre édition intitulée *La Bataille de Bordeaux*, dont nous n'avons jusqu'à présent pu localiser un numéro.

LA BATAILLE

Politique et Sociale

TÉLÉPHONE 35-37	RÉDACTION ET ADMINISTRATION 16, Rue Saint-Siméon. — BORDEAUX	ABONNEMENTS 10 francs par an

— 1913 —

Monsieur Joseph Peyré (m. DEVAL)

est accrédité par le journal LA BATAILLE en qualité de

rédacteur théâtral

LE DIRECTEUR,

LE TITULAIRE,

Nous n'aurions jamais pu découvrir le lien existant entre Joseph Peyré et ce journal, si l'écrivain, dont on a coutume de dire qu'il était excessivement conservateur, n'avait pas pris soin de conserver sa carte de presse, peut-être sa toute première, parmi les papiers de ses archives dont une partie est entreposée à l'Usine des tramways de Pau.

Cette carte de presse, au-delà de sa valeur documentaire, confirme nos intuitions sur l'activité que discrètement développa Joseph Peyré au sein de la presse. Activité qui jusqu'à présent était mal connue mais qui atteste que l'écrivain fut davantage en prise directe avec l'actualité brûlante et son agitation, qu'on a pu l'affirmer.

Malgré ses collaborations dans des périodiques nationaux et de renom dont à présent on a dressé quasiment l'inventaire des titres, Joseph Peyré s'est construit une image d'homme quelque peu solitaire, vivant à l'écart, presque exclusivement de sa production romanesque, fait qui, du moins dans la première partie de sa carrière, ne s'avère pas exact. Peut-être cela pourrait-il encore se vérifier en d'autres moments. Toutefois, il est indéniable qu'il est en lui un goût prononcé pour le port du masque, même si l'usage du pseudonyme dans la presse était habituel dans la presse française de l'époque. Cependant, dans ce climat de polémiques et de disputes, que chaque numéro de *La Bataille* provoquait, rien de surprenant que le jeune Peyré, tout récemment arrivé à Bordeaux pour y suivre des études de philosophie et de droit – qui le conduiront à l'obtention d'un doctorat de cette discipline –, se décide à écrire sous un pseudonyme. Encore que nous manquions d'information quant au choix qu'il a porté sur M. Deval.

Les collaborations de Joseph Peyré dans *La Bataille* ne furent que de courte durée, tout au moins sous le pseudonyme de M. Deval, ce qui n'exclut pas qu'il ait pu utiliser un, d'autres, pseudonyme(s) pour continuer à collaborer dans ce journal. Un sujet, d'ailleurs, qui ne cessa de le préoccuper. En effet, nombre d'années plus tard, il prenait conseil auprès de son ami Joseph Kessel[6] afin de savoir s'il ne serait pas opportun pour lui de prendre un pseudonyme alors qu'il s'apprêtait à collaborer dans la revue *Détective* : de fait, la critique et une partie du lectorat considéraient comme blâmable qu'un écrivain se commette dans un organe de presse. En outre, il convient d'ajouter que se cacher derrière un pseudonyme dans les tribunes des périodiques était également une manière de préserver sa liberté de pensée et d'expression. C'est là un des traits qui, de façon éclatante caractérisa les contributions de M. Deval dans *La Bataille des Pyrénées* et qui affirmait par là même l'identité de la tribune elle-même : une plateforme autonome à la fois de critique, voire de dénonciation.

Parce que Joseph Peyré se plut à préserver sa personne et son image par le truchement du pseudonyme, il est des plus hasardeux de vouloir reconstruire sa trajectoire journalistique. En effet, à ce jour, nous sommes

[6] Lettre de Joseph KESSEL à Joseph PEYRÉ [avril-mai ?], 1928, Archives de l'Usine de tramways, Pau. Ms326 (2).

dans l'incapacité d'établir une liste quelconque des pseudonymes dont il a pu faire usage. M. Deval constitue l'exception, née d'un heureux hasard sur lequel nous comptons pour approfondir semblable question dans les temps à venir.

La signature de M. Deval dans *La Bataille* apparaît dans sa seconde année d'existence, soit du 8 janvier 1913 jusqu'à la fin novembre de la même année, c'est-à-dire une vingtaine d'articles dont le rythme de publication est assez régulier.

Dans le premier numéro où il collabore, il intervient en tant que correspondant du secteur de Pau, le périodique couvrant tous les cantons d'Aquitaine. Il s'agit du numéro 612 du journal correspondant aux 15 et 16 janvier 1913. Il y rend compte d'une rencontre de rugby qui s'est déroulée dans la région.

Dans la chronique sportive qu'il effectue se dégage un regard solidaire et compréhensif à l'endroit de l'équipe des visiteurs qui perd en terrain adverse. En d'autres occasions, M. Deval collabore dans la rubrique *Vie sportive* où il fait montre d'une grande compétence dans ce sport qu'il affectionne tout particulièrement ou encore dans ces corridas qui ont lieu à Bordeaux. Au côté d'un journaliste qui signait Charles Desheures dont l'acronyme, CD, n'était pas si loin du sien.

Il collabora aussi sous le même pseudonyme dans la rubrique intitulée *Choses* qui passe durant le mois d'avril, mais dont la durée de vie fut éphémère car c'était également une colonne à thématique sportive. À la différence des impératifs de la rubrique spécialisée, dans pareille rubrique, Peyré s'exprimait en totale liberté dans un style personnel qui recherchait l'émotion et la beauté plastique, lesquelles réapparaîtront dans ses récits et ses romans postérieurs. Que l'on observe dans la citation qui suit comment dans la présentation de la corrida il insiste sur la recréation de l'atmosphère ; combien il a à cœur de stimuler la suggestion et de développer la connaissance que le tableau peut potentiellement transmettre au lecteur :

> Par les rues qui mènent à la Benatte la foule se presse dans un poudroiement de soleil ; aux cravates, aux mouchoirs de soie éclatent en fusée claire les couleurs pourpre et or. Couleur de sang sous le soleil ardent qui brûle les jaunes plaines monotones.
>
> Au-dessus du cirque en rumeur plane la pureté du ciel, bleu froid et serein ; tandis qu'au pays des immenses arènes il pèse bleu sombre et immobile, sans transparence, sur le rayonnement éblouissant des gradins étagés en lointains mornes. Ici, dans le cadre plus étroit et joyeux, la fête sera riante et jeune : plus de gardes civils énigmatiques et tragiques sous le tricorne ciré, plus de figures basanées de teints brûlés ; paysans venus par les routes à peine tracées pour assister, avec la même gravité et le même fanatique enthousiasme au spectacle traditionnel et passionné.
>
> Le défilé s'avance à travers l'arène ; derrière les alguazils aux chevaux blancs, Algabeno et Limeno viennent en tête de leurs cuadrillas ; vert et or, bleu et or,

crânes sous la noire montera ; puis les peones aux capes vives, et les attelages bruyants. Au rythme balancé et menu du pasodoble, ils rêvent peut-être, les novilleros du jour prochain où ils apparaîtront en place de Madrid, dans l'éblouissement de la tarde solennelle, pour recevoir l'alternative[7].

Nous ne prétendons pas avancer que dans ses textes il privilégie la recréation poétique, et ce au détriment de l'exercice critique, mais l'on remarque dans la majeure partie de ceux-ci que l'écrivain en herbe est en train de forger son propre style. Derrière le bouclier de son pseudonyme, en tant que chroniqueur et critique, Joseph Peyré semble s'exprimer avec liberté et sincérité tant dans les rubriques sportives – dans lesquelles sont inclus les spectacles taurins – que dans les autres colonnes.

D'après ce qui ressort de sa carte de presse, Joseph Peyré exerça la fonction de critique théâtral au côté de Louis de la Bleynière et de Bazas, entre autres. Dans la rubrique *Chroniques théâtrales* de *La Bataille des Pyrénées*, dont l'extension était assez considérable, la signature de Louis de la Bleynière était celle qui jouissait de la plus grande autorité car ce critique était celui qui était chargé de couvrir les représentations théâtrales du Grand Théâtre. Peyré se vit confier, au début, des théâtres moins prestigieux, encore que de non moindre taille, tels que le Théâtre des Bouffes, le Théâtre de l'Alhambra et le Théâtre Français.

Au début du XXe siècle, Bordeaux comptait ces trois salles dont la capacité d'accueil était fort grande. Le Théâtre des Bouffes pouvait accueillir 3 000 spectateurs. À pareille époque c'était celui qui possédait le plus grand nombre de places, mais très vite ces théâtres disparurent : semblables locaux se sont transformés pour accueillir le cinéma, qui allait devenir de plus en plus accessible et de plus en plus populaire. Ce fut également le destin que connut le Théâtre de l'Alhambra, dont la capacité d'accueil était de 2 260 spectateurs, et qui possédait d'autres salles où Peyré exerça son métier de critique : l'Alhambra-Théâtre, l'Alhambra-Casino[8], où l'on représentait les œuvres les plus diverses, des opérettes, revues de music-hall au théâtre des plus moderne. De même acabit était l'Apollo-Théâtre, le dernier avatar du Théâtre des Arts qui fut complètement transformé et qui depuis 1907 se spécialisa dans la représentation du music-hall.

Il est probable que, conformément aux directives du propre journal, Joseph Peyré se soit vu offrir de varier les théâtres où il a exercé en tant que critique. En effet, si l'on observe sa trajectoire, il en ressort qu'au bout de cinq mois il est préposé à la critique du Théâtre Français, soit à partir du mois de mai. En outre, l'on remarque que dans le périodique il lui est accordé un plus grand espace pour cette nouvelle tâche. L'évolution de ses critiques met ainsi en relief une collaboration qui va croissant et,

---

[7] M. DEVAL, « Choses qui passent. Dimanche 13 avril », *La Bataille des Pyrénées*, 16-17 avril 1913.

[8] Sur ces salles : Geneviève DUPUIS-SABRON, *Café-concert et music-hall de Paris à Bordeaux*, Musée d'Aquitaine, 2004.

parallèlement, une plus grande reconnaissance du journal à l'égard du jeune journaliste dans *La Bataille des Pyrénées*. En conséquence, en changeant de type de scène, Joseph Peyré alterne les genres théâtraux dans ses critiques.

L'unique collection que l'on conserve de *La Bataille* présente quelques lacunes. Dans cette période qui court de janvier à novembre 1913, Peyré publia seize critiques théâtrales d'une longueur et d'une pénétration des plus variées. Le jeune critique évolua de la brève chronique d'à peine un quart de colonne à la critique étendue et étoffée lors des mois qui clôturèrent sa collaboration, tout au moins sous ce pseudonyme et dans cette même rubrique.

Les titres sur lesquels ont porté ses chroniques furent les suivants : *Bagatelle* de Paul Hervieu, *Match de boxe* de Jean Joseph Frappa et de Henry Dupuy-Mazuel, *La Robe rouge* de Eugène Brieux. Il avait un certain penchant par le théâtre d'idées, et ses points de vue sur *Les Flambeaux* de Henry Bataille gardent encore tout leur intérêt. Trois critiques d'adaptations de romans lui ont permis de faire le lien entre théâtre et prose : *L'Oberle ou la terre d'Alsace*, œuvre en cinq actes, adaptée du roman de René Bazin par E. Haraucourt, *Sapho* de Léon Daudet, adaptée par Alphonse Daudet et Adolphe Belot, ainsi que *L'homme qui assassina* de Pierre Frondain, adaptée du roman de Claude Farrère.

Des œuvres plus festives et populaires, comme celles représentées par la compagnie Grand Guignol, sont également présentes dans les colonnes de Deval : le vaudeville, *Le Contrôleur de wagons-lits* de M. Bisson, *Le Vieux Marcheur* de Henry Lavedan, *La Veuve joyeuse* de Franz Lehar, *Pétoche de la Tournée Nuigan,* dont l'auteur n'a pas pu être identifié jusqu'à présent, la revue *Tout du cru* de Luis Lemarchand, *Le Bonheur des dames* de François Droisset, comédie « au champagne », très pétillante, *Le Secret* de Henry Bernstein, *Sacré Léonce* de P. Wolff, *La Présidente, la veuve joyeuse, la course espagnole.*

La Robe rouge de Eugène Brieux, dramaturge connu pour sa tendance naturaliste en raison du choix de ses protagonistes, des humbles, et de son engagement social, est également à souligner. *La Robe rouge* fut une œuvre qui jouit d'une grande popularité mais qui déplut à Peyré car elle avait choisi comme terre d'élection le Pays basque et n'avait pas su capter, selon lui, « l'esprit de la race ». D'après Peyré, le Pays basque :

> ne se laisse pas traduire à la scène ; sa persistante originalité ne peut qu'y subir la déformation d'un comique involontaire et inopportun [...] Tous ces caractères basques n'offrent que parodie et banalité. Ainsi le rôle de Yanetta que Mlle Fabre interprétait avec violence n'a de tragique que celui de la douleur d'une mère, et n'emprunte aucun relief particulier à l'esprit de la race[9].

---

[9] M. DEVAL, « Théâtre des Bouffes, *La Robe rouge* », 19-20 février.

Quelques sujets comme les caractéristiques du peuple basque, le goût du public pour les nouveaux spectacles comme les variétés et le music-hall, sont au cœur de ses commentaires dans cette critique théâtrale.

Comme on peut le constater, Joseph Peyré couvrit tout type de genres et jamais ne dédaigna le genre populaire. À noter que l'offre des théâtres de Bordeaux n'avait rien à envier à celle de Paris, non seulement en matière de critères quantitatifs ou qualitatifs mais encore en raison de la rapidité avec laquelle arrivaient les œuvres dans la capitale de région.

Dans le peu d'espace qui s'offre présentement à nous, nous dirons pour synthétiser que les critiques du jeune Peyré se singularisent par leur ton personnel et libre. Il attache, cependant, un soin particulier pour toutes les composantes du théâtre, que ce soit le texte ou la mise en scène.

Pour ce qui est du texte, l'analyse de la structure, l'organisation de l'intrigue et l'agissement de ses protagonistes, la construction même des personnages, tout cela est savamment évalué, soupesé par le jeune journaliste. Il n'hésite pas, en effet, à émettre des jugements négatifs lorsqu'il le juge nécessaire. C'est ce qui se passe, par exemple, avec la comédie *Match de boxe* de Jean Joseph Frappa et de Henry Dupuy-Mazuel, représentée par la compagnie des Tournées Baret – fondée par Charles Eugène Baret et dont les tournées par toute la France ont connu un franc succès – à propos de laquelle il affirme catégoriquement : « Il est fâcheux que la construction de la pièce impose ce roman romanesque, avec son tragique selon la formule, à une comédie qui pourrait être alerte et vraie. »[10]

Bien que les commentaires sur les décors et les mises en scène soient succincts, ils sont toujours présents comme le fondement même de ses critiques, de même que la réaction du public. Tout particulièrement l'ont intéressé l'interprétation et la déclamation des textes, sujets qui toujours reçoivent de sa part des avis très tranchés par lesquels il s'écarte de toute critique aimable et condescendante quand il le juge opportun :

> Dans l'interprétation, le comique Sinnoël s'est efforcé de donner à un rôle de second plan, et du reste à peine esquissé, tout l'entrain agité qu'il comportait. Mlle Germaine Brenin, dans ses entrées furtives, a naturellement attiré les regards, par sa grâce piquante ; Mlle Mignot, MM. Peyrière, Rozanne Holmès sont tous à féliciter[11].

Le ton de la voix, la mélodie, la gestuelle, les accessoires sont des aspects qui l'intéressent au plus haut point parce que le texte théâtral n'est pour lui que l'une des composantes de l'art dramatique. Sans doute aucun, les rôles joués par les actrices sont ceux qui le captivent le plus. Sa vision, dans ce sens, peut être qualifiée de moderne et ses critiques ont peu à voir avec les notes rapides et superficielles des échotiers.

---

[10] M. DEVAL, « *Match de boxe*, Tournées Baret », 9-10 février 1913.

[11] *Ibid.*

Quelques œuvres dont l'argument plonge dans l'actualité revêtent un intérêt tout particulier pour le critique en raison de l'accueil du public, comme c'est le cas de l'adaptation théâtrale de *L'Oberle ou terre d'Alsace*, œuvre en cinq actes adaptée du roman de René Bazin par E. Haraucourt. Or, Peyré fut surpris qu'un thème des plus brûlant comme celui de l'Alsace n'éveillât ni enthousiasme ni exaltation, ni même « une impression plus émue et profonde »[12]. Ce qui s'expliquait, selon lui, par le manque de vraisemblable dans l'action, la disproportion et le manque de vérité des effets, la rigidité des personnages qui faisaient de l'œuvre une pièce conventionnelle et peu crédible. Pour Peyré la clé réside dans l'équilibre entre l'émotion et le vraisemblable que lui évalue à travers la sincérité et le naturel des personnages. De fait, c'est là l'un de ses critères majeurs au sein de ses analyses.

Sapho d'Alphonse Daudet, jouée à Bordeaux par la compagnie Tournée Dufrenne et Granjean représente pour le critique un cas singulier, du fait que « le célèbre roman de Daudet était trop connu du public pour que l'annonce de ce spectacle ne fût pas une promesse de succès »[13]. De sa représentation Peyré ne fit porter son commentaire que sur l'une de ses actrices préférées : Jane Hading dont il vanta les grandes qualités sur scène. Le jeune critique ne tarit pas d'éloges sur cette dernière et pratiquement n'eut d'autre observation sur la pièce :

> Jane Hading possède si parfaitement son rôle, et celui-ci est si pleinement en harmonie avec la qualité de son talent, que l'œuvre atteint par elle sa plus ardente vérité. La passion qui vit au fond du drame s'alanguit en humbles tendresses ou se révolte en violents sursauts, toute puissante et toute victorieuse, si cruelle et fatale que les tragiques se sont étonnés depuis l'origine devant son étrange force. Elle trouve dans l'admirable interprète, pour son originale séduction, son sens profond du mouvement de l'émotion, son expression la plus saisissante ou la plus douloureuse. La voix grave et monotone, de cette monotonie émouvante où pleure la longue douleur, où se traînent les supplications anxieuses, parfois brisée à l'approche d'un sanglot, éveille peu à peu dans le public une mystérieuse sympathie de souffrance. Je ne sais pas de parole plus passionnée et ardente, dans la demi-teinte…[14]

Parmi les centres d'intérêt qui se détachent de ses critiques théâtrales, se manifeste nettement l'attention qu'il porte sur les caractères des personnages, sur leur psychologie, sur leurs émotions. Il va sans dire que Peyré se nourrit des préoccupations de l'époque et reflète parfaitement l'intérêt que suscite parmi le public la subjectivité, la spiritualité, l'irrationnel, le mystère d'une réalité qui fuit la clarté et la transparence.

Prenons comme exemple la première des contributions de ce critique en herbe. Le premier compte-rendu théâtral qu'il signa dans *La Bataille des*

---

[12] M. DEVAL, « Théâtre des Bouffes, *L'Oberle ou terre d'Alsace* », 9-10 avril 1913.
[13] M. DEVAL, « Alhambra-Théâtre, *Sapho* », 16-17 avril 1913.
[14] *Ibid.*

Pyrénées porta sur la comédie galante, *Bagatelle*, de Paul Hervieu, dont la première avait eu lieu auparavant à Paris en octobre 1912. C'était une comédie de facture traditionnelle en trois actes portant sur les infidélités amoureuses de Gilbert à l'endroit de son épouse Florence. Celle-ci décide de lui faire croire qu'elle aussi entretient une liaison, mais, dans le fond, ce qu'elle désire c'est que son mari et Micheline, sa maîtresse, soient confondus à la lumière de la vérité au dénouement de la pièce. Florence, malgré ses désirs de justice, apparaissait aux yeux de Joseph Peyré comme un personnage peu empathique et les situations qu'elle provoquait lui semblaient des plus invraisemblables. Aussi, cette comédie, à ses yeux, dégénérait en mélodrame douteux.

La critique que produit Peyré est quelque peu complexe pour le public populaire auquel est censé s'adresser le journal, un public qui n'a pas eu, probablement, l'occasion d'assister à la représentation de la pièce. Le critique assume cependant ce type d'éventuel inconvénient et au lieu de présenter l'argument pour celui qui doit découvrir les ressorts de la comédie, il propose une critique impressionniste guidée par ses intérêts personnels et sa sensibilité. L'écrivain débutant se met en avant, écartant de ce fait le critique théâtral, et si le lecteur ne connaît pas au préalable l'argument, il recevra avant tout l'idée d'une œuvre où les jugements et les sentiments s'expriment sans la pudeur précisément de rigueur dans la traditionnelle comédie galante. Lisons un passage de son texte :

> Deux actes d'une comédie galante, dans une demeure close à souhait, où les passions s'expriment dans le langage le plus net, se recherchent avec toute leur violence libre, loin de la contrainte des occupations et des coutumes. Des longues et ardentes sollicitations, un interminable chassé-croisé ; et le troisième acte n'aurait plus, après la licencieuse comédie, qu'une pauvre valeur de mélodrame. [...]
>
> Mais lentement, tout à la fin, après la lumière faite, vient au jour la vérité de l'œuvre. Des bonheurs brisés au nom d'un principe, par une femme qui a cru avoir la justice avec elle, qui a cru pouvoir parler haut, et juger d'un coup tant de mystérieuses réalités, qui a accepté l'effrayante responsabilité de découvrir tant de mensonges, de faire à elle seule, en un instant stérile et douloureux, l'œuvre stérile du hasard[15].

Comme on peut l'observer, face à l'échotier traditionnel, Peyré adopte un point de vue novateur. Il ne juge pas moralement l'infidélité car pour lui les sentiments représentent des éléments mystérieux que l'on ne comprend pas toujours. Lui, le juriste, ne sanctionne pas selon la loi, mais il tente de comprendre l'être humain :

> Puis, dans la déroute des idées nettes, des consciences claires, des croyances dans la confusion des affections complexes qui s'interrogent et s'étonnent, la voix qui avait parlé à son tour se trouble ; les dernières paroles de Florence sont

[15] M. DEVAL, « Alhambra-Théâtre, *Bagatelle* », 15-16 janvier 1913.

les seules profondément tragiques : la clarté dure de l'apparente justice s'éteint, l'indulgence de la douleur inquiète s'émeut devant les mille vérités obscures[16].

La difficulté qu'observe Peyré dans la juste expression des intériorités de l'âme et des recoins de la conscience réside dans le déphasage existant entre la profondeur des sentiments et la simplicité du langage, ce qui met à l'honneur l'expression sincère et vibrante des émotions. Aussi est-ce pour cette raison qu'il considérait comme maître Henry Bataille pour son œuvre *Les Flambeaux*, représentée à Bordeaux à l'Alhambra-Théâtre les 2 et 3 avril 1913 qui avait été auparavant jouée pour la première fois au Théâtre de la Porte-Saint-Martin à Paris en novembre 1912. Cette œuvre est un drame d'idées et dans la création du conflit des consciences et des sentiments réside pour Peyré l'intérêt qui l'amène à lui consacrer une critique longue et exhaustive. Outre la qualité du langage et de ses apports pour cerner les vibrations de l'âme des personnages, Henry Bataille démontre dans cette pièce, selon le critique, la sagacité de dépeindre l'âme des individus comme deux pôles opposés : l'instinct et la volonté. Même si la volonté tend à triompher, ce n'est pas pour autant que disparaissent les instincts, aussi Peyré découvre-t-il que dans l'œuvre de *Bataille* si la volonté et la raison d'un individu tracent une « route nette, droite, claire », ce n'est point pour autant que disparaissent « sur les bas-côtés obscurs de la route lumineuse s'efforce une foule douloureuse et désolée et sa vérité sera encore celle de demain »[17].

Le regard que chaque semaine porte le jeune critique, *alias* M. Deval, sur les scènes rend manifeste le regard attentif, observateur, analytique de celui qui fait son apprentissage. Aussi les critiques de *La Bataille des Pyrénées* pourraient-elles être considérées, malgré la nature de l'exercice, comme des textes matriciels qui rendent compte des préoccupations du futur écrivain et qui préfigurent, en quelque sorte, la construction de la vie intérieure de ses propres personnages romanesques. Au-delà de ces considérations littéraires, les contributions de Joseph Peyré sous le pseudonyme de M. Deval dans la presse régionale viennent compléter des lacunes encore existantes sur le peu et mal connue trajectoire journalistique de l'écrivain.

---

[16] *Ibid.*

[17] M. DEVAL, « Alhambra-Théâtre, *Les flambeaux* », 2-3 février 1913.

Le troisième Sud-Ouest de Joseph Peyré

DANIEL-HENRI PAGEAUX
(Sorbonne Nouvelle/Paris III)

« C'est un pays dont il faut savoir les accès et les routes. Car celles-ci tournent et se replient au moment de grimper l'échine des coteaux que seuls affrontaient les chemins de jadis, du temps où nous descendions dans les côtes pour laisser le cheval souffler et faisions à pied la moitié du voyage. Pour s'y insinuer lorsque l'on arrive de Pau, mieux vaut pousser jusqu'à l'Adour, et, de là, se rabattre par la vallée du Lhers, l'une des cent vallées qui, rayonnant en éventail des plateaux du Gers et de Lannemezan, faisaient de ces côtes ardues, confins de l'Armagnac, des Landes et du Béarn, une région prédestinée. »[1]

Ces lignes qui ouvrent la nouvelle *Feu et sang de juillet* disposée au centre du recueil éponyme – le dernier – paru en 1964 (la quatrième sur un ensemble de sept), sont donc parmi les dernières qu'a écrites Joseph Peyré. Elles condensent, à mes yeux, l'essentiel de ce que le romancier a appelé sa « géographie personnelle », sous-titre qu'il a donné à *De mon Béarn à la mer basque*, publié en 1952. C'est au cœur de cette « région prédestinée » que se situe Aydie, village natal du romancier, sorte d'*axis mundi* ordonnant un espace mythique parce que la grande Histoire se confond avec l'histoire intime, familiale, du romancier. Et pourtant ce village est une sorte de carrefour, situé aux « confins » de trois régions qui bornent l'horizon du jeune Joseph Peyré, comme le rappelle l'homme devenu romancier dans *Souvenirs d'un enfant*, sorti en 1958.

Dans *De mon Béarn à la mer basque*, le périmètre autour d'Aydie s'est élargi, mais l'horizon reste le même. Dès le titre, un trajet est proposé qui fait passer d'est en ouest, depuis les collines du Gers et de l'Armagnac jusqu'à l'Espagne, imposant une dynamique que j'appellerai horizontale. Mais à Bayonne, un autre mouvement se dessine, après ce que Peyré appelle « une rencontre », celle avec « la pignada landaise »[2]. Le vent atlantique apportait, précise-t-il, jusqu'à Aydie « le souffle » et « en avril la pluie de pollen ». La pignada ajoute « à notre pays » (on appréciera le possessif) « la diversité de ses paysages et de ses essences forestières ». Une autre

[1] Joseph PEYRÉ, *Feu et sang de juillet*, Paris, Flammarion, 1964, p. 97.
[2] Joseph PEYRÉ, *De mon Béarn à la mer basque*, Paris, Flammarion, 1952, p. 64.

dynamique, cette fois du sud au nord, emmène le narrateur vers « les plages rectilignes des Landes »[3]. Il y a aussi, au nord, l'Adour, le coude que fait le fleuve à Riscle, donc dans le Gers et la barre de l'Adour, ce choc entre les eaux du fleuve et l'océan, à Bayonne, est vue comme une autre limite puisqu'elle « étend le désert qui protège du Nord nos terres jalouses » : au possessif déjà relevé s'ajoute un adjectif qui pourra surprendre.

Un périmètre s'est constitué, à partir de deux Sud-Ouest, unis et complémentaires (« mon » Béarn et l'espace basque, terre et mer confondues), faisant des Landes, en tant que région ou département, d'une partie du Gers, et du fleuve Adour, une suite de marches, au-delà d'un espace qui reste privilégié, « prédestiné » dit le romancier. Or, il n'en va pas tout à fait de même quand on interroge l'univers romanesque. De roman en roman, se profile – épisodique, fragmenté, proche et lointain tout à la fois – un ensemble de lieux que je n'ai pas pu appeler autrement qu'un « troisième Sud-Ouest », en ayant, il est vrai, à l'esprit un bel article de Roland Barthes qui me servira aussi de conclusion, je veux dire de point d'arrivée. C'est ainsi que ma relecture n'est pas seulement une contribution à une poétique de l'espace : elle s'est transformée en un parcours, une succession de haltes, offrant des éléments d'ordre géographique, historique, culturel, autant de matériaux pour l'inventaire, fort incomplet au demeurant, d'un imaginaire romanesque.

Dans deux romans, les Landes apparaissent, dans leurs particularités ou singularités géographiques, et sont un peu plus qu'un cadre, un décor, à l'action et l'intrigue romanesque. *Les Complices*, premier roman de Peyré, sorti en 1928, couvre un espace qui va de la frontière espagnole, de la côte basque (Bayonne, Biarritz) au Paris des quartiers chics, en passant par Annecy, Deauville, et Orthez et ses environs, un château situé à Bernède, près du village appelé Noarrieu. Le toponyme renvoie aussi au roman en vers de Francis Jammes – associé pendant de longues années à Orthez – *Jean de Noarrieu* (1902). C'est évidemment ce lieu qui retient mon attention. Il est situé « à la lisière des Landes », avec majuscule donc renvoyant au département[4]. Le château, est-il précisé, « appartenait déjà au pays pauvre, de lande maigre et de forêt ». Sur ces forêts appelées « *pinadas* » passe « la brise chaude venue d'Espagne ». D'une lande, « de la lande après la barrière », on apercevait la Tour Moncade, c'est-à-dire Orthez[5]. Nous sommes donc à la limite des deux départements, les Landes et les actuelles Pyrénées-Atlantiques.

C'est une présence bien fugitive, mais les quelques caractéristiques relevées sont suffisantes pour offrir un contrepoint marqué avec d'autres lieux luxueux, mondains. Bernède, c'est la propriété de Mme Mac Carthy :

---

[3] *Ibid.*, p. 65.
[4] Joseph PEYRÉ, *Les Complices*, Paris, Éditions de France, 1936, p. 21.
[5] *Ibid.*, p. 22, 79, 84, 204.

elle est née dans la « métairie » voisine, située sur une « aire chauve »[6]. Sa fille, Suzanne, va épouser Maurice Daguerre, un avocat sans scrupule, ambitieux, à la recherche d'une belle dot. Le couple se séparera, Suzanne épousera un Basque très riche. Son mystérieux assassinat permettra au jeune couple de se retrouver et de mener grande vie. Mais la présence d'un sulfureux comte russe qui change de nom ne laisse planer aucun doute sur le responsable de la disparition du riche Eguiazabal. Bernède, c'est le lieu morne, triste, associé à la mort de la mère, à l'église et au cimetière de Noarrieu, où Suzanne revient « en pèlerinage », ou plutôt en expiation, demandant pardon à sa mère défunte[7]. « La tiédeur d'octobre » n'enlève rien à la mélancolie du lieu où Suzanne se réfugie, à deux reprises, prélude à un autre enfermement, contrôlé par le mari, dénouement qui préfigure, soit dit en passant, l'intrigue de *Roc Gibraltar*.

D'une tout autre ampleur sont le statut et le rôle dévolu au paysage landais dans *L'Étang Réal* (1949). Pourtant, le cadre du roman est la Camargue, et l'Étang Réal est présenté proche du Vaccarès. Mais, dans ce récit à la première personne, le narrateur, le Dr Lagarde, est landais d'origine. Il a beau être « importé dans le pays », les marais et le « désert » – mot répété – expliquent un mouvement de sympathie très vive envers son pays d'adoption. Il se présente : « habitué dès l'enfance à la ligne monotone et basse des marais, des berges aquatiques ». Ce pays, la Camargue, est « frère du mien »[8]. Il a commencé sa carrière près de l'étang de Soustons ; conquis par le pays, il refusera de retourner dans ses landes natales, alors qu'une proposition avantageuse lui est faite à Parentis-en-Born.

Ce que Peyré décrit, dans de courtes scènes, c'est la Camargue dont il a fait lui aussi la découverte : le monde des oiseaux, un paysage où terre et eau se mêlent et qui lui rappellent la *Marisma* andalouse qu'il a déjà évoquée et vers laquelle il reviendra dans son roman *Guadalquivir* (1952). Exemple de la touche rapide : « Certains jours, la brume du marais me rappelait mes novembres landais après le bref été de la Saint-Martin. »[9] Mais l'une des originalités de *L'Étang Réal*, c'est la progressive transformation physique et morale du narrateur qui a choisi « le chemin [...] qui conduit à la pauvreté »[10]. Parlons alors de fait d'« adoption »[11] et lisons plutôt sous ce mot la conversion à un nouveau régime de vie, simple, fruste, opposée à celle qu'il a pu mener auparavant et sur laquelle il nous faudra revenir.

Et puis il faut citer le personnage de la Comtesse d'Aimargues, la « Dame », l'amazone, qui, entre allégorie et symbole, incarne un pays qui a gardé sa dimension sauvage, primitive : elle est tout autant la protectrice du

---

[6] *Ibid.*, p. 14.
[7] *Ibid.*, p. 204-208.
[8] Joseph PEYRÉ, *L'Étang Réal*, Paris, Arthème Fayard, 1949, p. 39-40.
[9] *Ibid.*, p. 255.
[10] *Ibid.*, p. 271.
[11] *Ibid.*, p. 15.

pays que son âme. Lorsqu'elle s'oppose aux fêtes folkloriques, touristiques, et qu'elle affirme : « cette terre n'a pas encore sa poésie »[12], on peut aussi penser au romancier qui doit transcrire un pays qu'il a depuis peu découvert : *L'Étang Réal* est, pour surprenant que cela puisse paraître, une sorte de roman d'apprentissage tout aussi littéraire que moral.

Dans la perspective de la poétique de l'espace, on retiendra deux types d'écriture : celle de l'allusion, esquisse d'une dimension symbolique, pour *Les Complices*, et pour *l'Étang Réal*, celle de la superposition d'espaces ou de jeux, de glissements spatiaux d'espaces, variante de l'analogie, principe premier de toute poétique, variante de la « transparence universelle », si l'on en croit Octavio Paz dans *Le Singe grammairien/El Mono gramático* : « En ceci voir cela » /*En esto ver aquello*[13].

Je relève un autre procédé qui procède de l'association d'idées ou plutôt d'images, quand il s'agit d'évoquer l'Histoire qui intéresse à la fois l'espace natal et ce troisième Sud-Ouest que j'essaie de cerner. Mais là encore, faisons une distinction entre essais et romans. Dans *De mon Béarn à la mer basque* et *Souvenirs d'enfant*, le village natal est, pour le petit Joseph, le théâtre d'événements historiques transmis par le père ou inscrits dans la terre, avec la ferme de l'oncle Paul comme repère : ce sont les traces d'un camp romain, le chemin qu'empruntait, selon la légende, le futur Henri IV pour aller en quête d'aventures amoureuses, jusqu'à son château de Nérac ; ce sont les armées de Wellington campant dans le pays, alors que l'Empereur va abdiquer. Or, ce dernier événement est assez régulièrement localisé, dans nombre de romans de Peyré, à Aire-sur-l'Adour, la dernière petite ville des Landes qui bénéficie ainsi d'une singulière fortune romanesque. Un exemple qui ne peut s'expliquer qu'à l'intérieur d'une sorte de thématique qui s'est imposée : la grand-mère de Reyes, dans *Guadalquivir*, emportée « vers son couvent d'Aire-sur-Adour »[14], apparition sans lendemain.

J'imagine (mot prohibé par la critique littéraire universitaire) qu'il y a eu un jour une singulière « rencontre », pour reprendre un mot utilisé par le romancier, lorsque les souvenirs du pays natal ont comme été actualisés, à Gibraltar, à la faveur des uniformes écossais portés par les *Highlanders*, ceux-là mêmes qui sillonnaient les côtes du Béarn et la vallée de l'Adour, et de la présence du vainqueur des troupes impériales, Wellington, puisqu'à deux reprises, dans le roman *Roc Gibraltar* (1938), apparaît le « monument », « la colonne » qui lui est dédié[15]. Il y a dans ce roman sombre, oppressant parfois, un épisode haut en couleurs, dans la IIe partie, qu'il faut détailler.

---

[12] *Ibid.*, p. 77.

[13] Octavio PAZ, *Le Singe grammairien*, Paris, Flammarion, « Les sentiers de la création », 1972, p. 147.

[14] Joseph PEYRÉ, *Guadalquivir*, *op. cit.*, p. 34.

[15] Joseph PEYRÉ, *Roc Gibraltar*, Paris, Livre de poche, 1976, p. 12, 124.

Le décor habituel du roman, Pensacola, la sombre demeure qui retient prisonnière la jeune Marthe-Marie, s'efface devant l'élégant Rock Hôtel. Là, Marthe-Marie va pouvoir rencontrer celui-ci qu'elle aime, Felipe, et mener, pour un temps, une vie vaguement mondaine et insouciante. C'est dans cette ambiance, plutôt festive, que déboule un journaliste français, Gersac (Gers + ac...), natif d'Aire-sur-l'Adour. Double coïncidence : d'une part, la mère de Marthe-Marie est native d'Armagnac, une tante mystérieuse continue d'y vivre ; d'autre part, le capitaine Butler, sorte de fantoche rubicond, ne peut associer Aire-sur-l'Adour « un nom bizarrement jeté dans la mêlée »[16], qu'à la victoire des Gordon Highlanders, au son des cornemuses, lors de l'attaque du Mas d'Aire-sur-l'Adour, le faubourg qui domine la vallée. Au reste, il se trompe (et le narrateur avec lui) en mentionnant la date : c'est 1814 et non 1813. Il est amusant de noter que, pour Gersac, Aire est uniquement « le marché du mardi de son enfance » et que la splendide parade des Highlanders, la cérémonie de la remise des clés de la ville lui rappellent « la retraite à Aire-sur-l'Adour, la veille de la fête patronale »[17]. Pour Marthe-Marie c'est l'amorce d'une rêverie bucolique sur le paysage d'Armagnac que Gersac s'empressera de détruire.

L'association historique, mais imprévue, quelque peu cocasse, entre Gibraltar et Aire-sur-l'Adour va se retrouver, dans un autre contexte, dans un des épisodes des *Quatre capitaines* (1956). Un des représentants de la famille Cauvin, gloire de Saint-Tropez, Joseph Cauvin, est présenté comme le vainqueur de Wagram et... d'Aire-sur-l'Adour[18]. Ce Tropézien apparaît comme une sorte de mousquetaire qui, poussé par l'aventure, va se retrouver en Inde. Là, sur fond de chasse au tigre et de fastes orientaux, il retrouve son ancien ennemi, un certain Mac Evor, qu'il a fait prisonnier. Mais l'évocation de la « bataille » d'Aire-sur-l'Adour se fait, là encore, dans la bonne humeur :

> Le souvenir de la journée d'Aire les réjouissait chaque fois l'un et l'autre, Joseph parce qu'il avait fait prisonnier l'Écossais, Mac Evor parce que ce détail n'avait pas empêché Wellington de bousculer les arrière-gardes de Soult[19].

La défaite de Soult au Mas d'Aire est encore évoquée dans *L'Alcalde de San Juan* (1963), dernier volet de la trilogie consacrée à la guerre d'Espagne. Un autre épisode se situe plus près d'Aydie, au pont de Bernède. La rivalité franco-anglaise, réduite au couple Saint-Armou le Béarnais – Ronald Davies l'Anglais, se change en course-poursuite à travers tout le Sud-Ouest : une carte d'ailleurs est jointe au roman. Il est alors significatif, de notre point de vue, que la dernière mention de la campagne de 1814, dans la nouvelle *Feu et sang de juillet*, soit située non pas à Aire, mais aux environs d'Aydie, au

---

[16] *Ibid.*, p. 145.
[17] Joseph PEYRÉ, *Roc Gibraltar, op. cit.*, p. 146, 156.
[18] Joseph PEYRÉ, *Les Quatre capitaines*, Paris, Flammarion, 1956, p. 139.
[19] *Ibid.*, p. 162.

temps de la résistance d'un maquis venu du Gers. Dans ce contexte dramatique, « les Habits Rouges », les « Anglais de Wellington » sont associés à une colonne de SS (p. 98) :

> La colonne de SS venue de Pau et qui était allée tourner à Aire se rabattait par la vallée de Lhers, la même qu'avaient suivi en 1814 les Anglais de Wellington à la poursuite de Soult[20].

Et Albert, le jeune résistant qui se fera tuer, a été posté, « comme il connaissait le pays », « en sentinelle au tournant de la route d'Aire », appelé aussi « le tournant de Marsan »[21]. Aire, ici, retrouve sa place, sa fonction de limite, de frontière, entre un ailleurs qui est simplement rappelé sous forme d'une indication purement topographique et un territoire que le romancier fait sien, et à l'intérieur duquel va se dérouler le dernier acte d'une tragédie. Observons donc bien ce qui différencie le Sud-Ouest évoqué à travers les randonnées « de mon Béarn à la mer basque » et ce « troisième Sud-Ouest », fugitif, et pourtant présent. Aux rappels très cursifs de la situation géographique, ou mieux topographique, et de l'Histoire, s'ajoute une troisième donnée d'ordre culturel, plus nettement dessinée dans certains romans de Peyré et donc dans son imaginaire, que l'on peut présenter en ces termes : il ne peut y avoir de drame dans un espace qui fait partie du Sud-Ouest, assurément, mais qui est une terre – landaise – représentée, reconstituée, comme celle du bien vivre, de la nourriture abondante, des fêtes et des marchés. Et force est de constater que ces traits distinctifs – à la limite du stéréotype – n'ont pas leur place dans l'espace béarnais ou basque.

On se souviendra que pour le journaliste Gersac, dans *Roc Gibraltar*, Aire, sa ville natale, c'est avant tout les marchés du mardi. Relevons, en écho, le marché auquel Joseph-Marie de Saint-Armou emmène Léontine de Sauvelade, dans *L'Alcalde de San Juan* : c'est à Aire, la ville des « marchés réputés pour ses foies ». Le couple suit « la voie empruntée par les paysans les jours de marché à Aire, par le cortège des chars à bœufs, des cavaliers et des femmes portant paniers sur leurs chignons »[22]. Dans le même registre, il faut mentionner, dans le roman *La Tour de l'or* (1947), M. Ducourneau, du Club Taurin de Saint-Martin-des-Landes, qui invite le torero Miguel Santamaria non pas à manger, mais à « s'empiffrer », à « baffrer » des ortolans, « de vraies noisettes de beurre », et aussi le pâté de porc maison, le brochet, le civet de lièvre, les palombes, le tout arrosé de vin de sable[23]. L'épisode avait été précédé, dans *De Cape et d'Épée*, par la beuverie de la *cuadrilla* à Rivière d'Armagnac, en présence « de tonnes de paysans landais » et de quelques « amateurs landais » (traduisons : *aficionados*) au son du « *Se canti, que canti* »[24]. Bien plus : le narrateur de *L'Étang Réal*

---

[20] Joseph PEYRÉ, *Feu et sang de juillet*, *op. cit.*, p. 98.

[21] *Ibid.*, p. 111.

[22] Joseph PEYRÉ, *L'Alcalde de San Juan,* Paris, Flammarion, 1963, p. 209.

[23] Joseph PEYRÉ, *La Tour de l'or*, Paris, R. Laffont, 1947, p. 267.

[24] Joseph PEYRÉ, *De Cape et d'Épée*, Paris, Grasset, 1938, p. 70, 82.

débarque en Camargue avec un corps « de landais bien nourri », avec sa « mauvaise graisse de Landais trop nourri, comme nos ortolans », avec « toute la masse de mes cent quatre-vingts livres » et il est, bien sûr, « plus chasseur que médecin »[25]. On mesure alors ce qu'est son évolution vers « la pauvreté » à laquelle il a été fait allusion : changement de régime et respect de la Nature, à l'école de la « Dame ».

Quant aux fêtes, on retiendra, bien évidemment, les allusions, dans *Le Pont des sorts* (1959), aux fêtes de la Madeleine à Mont-de-Marsan, qui font penser à la *Feria* de Séville, associées à de solides menus, bien arrosés, qui rappellent au narrateur des escapades « au hasard des auberges landaises »[26]. Il est non moins significatif que les fêtes à Aydie, dans *Souvenirs d'un enfant*, à savoir « notre passe-rue » rappellent « sinon le défilé des *plazas* espagnoles, du moins celui des arènes landaises »[27].

Cet exemple, plutôt rare, ne fait pas partie de la prose fictionnelle, mais de celle, plus personnelle, des mémoires, de l'essai, comme pour *De mon Béarn à la mer basque*. Cet exemple n'est cependant pas de nature à oublier cette frontière qui a largement sa place dans l'imaginaire du romancier, entre deux Sud-Ouest (Béarn et Pays basque) et un troisième dont il est vain de nier la présence. Nous entrons dans ce que j'ai appelé, pour d'autres cas qui relèvent de l'imagologie, la logique de l'imaginaire. C'est pourquoi je préfère donner à cette expression « troisième Sud-Ouest » le sens que lui a donné Roland Barthes dans un article repris dans *Incidents* (éd. du Seuil, 1977). Il y a pour le critique trois Sud-Ouest : celui des nouvelles qui viennent « de cet espace qui me touche de façon personnelle » – une autre géographie personnelle ; puis un deuxième, « seulement une ligne » lorsque venant de Paris il dépasse Angoulême, « un signal » qui l'avertit qu'il a franchi un seuil. Et puis le troisième, « la ville où j'ai passé mon enfance » qui l'amène à conclure, superbement : « Au fond, il n'est de pays que de l'enfance. »

Cette tripartition de l'espace à la fois géographique, mais aussi intime, pourrait faire penser à la distinction faite par le même critique dans son célèbre *Sur Racine*, lorsqu'il discerne de façon très éclairante « trois Méditerranée » dans l'œuvre – dans l'imaginaire ? – du dramaturge. Je préfère, pour rester dans le Sud-Ouest, invoquer un autre exemple romanesque, celui de François Mauriac qui nous fait remonter jusqu'aux landes girondines, mais aussi à ce qui a été très finement appelé « la province intérieure »[28]. Nous voici à nouveau très près de la « géographie

---

[25] Joseph PEYRÉ, *L'Étang Réal*, *op. cit.*, p. 10, 20,140, 175.

[26] Joseph PEYRÉ, *Le Pont des sorts*, Paris, Flammarion, 1959, p. 154-156.

[27] Joseph PEYRÉ, *Souvenirs d'un enfant*, Paris, Grasset, 1958, p. 37.

[28] Voir Françoise TRIGEAUD, « Province intérieure et roman poétique chez François Mauriac », *Cahiers François Mauriac*, 1974/2, p. 53-64.

sentimentale » chère à Joseph Peyré, lorsqu'il revient, dans *Souvenirs d'un enfant*, à l'espace natal et au milieu dans lequel il s'est formé[29].

Revenons aux « trois Sud-Ouest » qu'a évoqués Roland Barthes. Il me semble que cette partition peut éclairer non seulement la brève contribution qui est ici présentée, mais, plus encore, de nouvelles lectures, de nouvelles approches critiques. Si l'on reprend, si j'ose dire, le décompte du critique pour servir de façon très analogique de modèle au « cas » Joseph Peyré, il y a ou plutôt il y aurait : 1/ un petit Béarnais, Joseph Peyré, devenu un romancier dont l'imaginaire est largement ouvert sur d'amples horizons (le désert, la haute montagne, les terres ibériques…), mais, parallèlement, perdure 2/ le poète de sa terre et des lieux qui parlent à son cœur, d'autant plus clairement que l'homme est resté fidèle 3/ à l'enfant qu'il a été et aux terres de l'enfance qui sont aussi celles du rêve.

C'est une sorte de trajectoire qui renvoie aussi au titre éclairant choisi par Pierre Peyré, dans l'ouvrage auquel nous venons de faire allusion. Et, à partir de ce Sud-Ouest vers lequel le romancier et l'homme reviennent en pensée, ce sont aussi, au-delà de l'espace et de ses divisions, au-delà du temps historique, trois regards posés sur la terre des hommes.

---

[29] Sur le contexte béarnais, et bien sûr pour l'ensemble de l'œuvre de Peyré, on consultera bien sûr avec grand profit l'étude monumentale de Pierre PEYRÉ, *Joseph Peyré. Le Béarn pour racines, l'horizon pour destin*, Biarritz, éd. Atlantica, 2018, p. 689.

Construction de l'imaginaire basque dans l'œuvre de Joseph Peyré

ROSA DE DIEGO
(Université du Pays Basque UPV/EHU)

Je me propose, dans ce travail, d'analyser la présence de références, de topiques, de stéréotypes *basques*, dans l'œuvre de Joseph Peyré, notamment dans son roman *Jean le Basque*, mais aussi je ferai des références au récit de jeunesse *Cheval piaffant* et *De mon Béarn à la mer basque. Essai de géographie personnelle,* une sorte de guide de son pays où l'écrivain devient l'initiateur de sa terre pour un touriste quelconque[1].

Joseph Peyré, autour de la soixantaine, a écrit plusieurs livres sur les territoires de l'enfance et de la jeunesse : la découverte du Pays basque provoque chez lui un sentiment d'adhésion comme espace de tradition et d'authenticité. La race basque conserve fidèlement toutes les valeurs essentielles et éternelles, qu'il regrette avec mélancolie, ce qui l'amène à construire toute une mythologie.

Il faut rappeler qu'à la fin du XIXe siècle, il y avait en France une énorme séparation entre Paris, capitale et métropole, et les différentes provinces, qui conservaient leurs traditions et leurs mœurs. Dans ce sens, Paris, protagoniste de plusieurs romans, est un véritable personnage littéraire. La capitale s'oppose au terroir, qui est présent dans quelques auteurs et romans, peu nombreux. Dans ce contexte, le Pays basque apparaît dans la littérature française grâce, principalement, à Pierre Loti et à son roman *Ramuntxo* :

> Et Ramuntxo sentait s'éveiller au fond de lui-même les vieilles aspirations ancestrales vers le foyer basque des campagnes, le foyer isolé, sans contact avec les foyers voisins ; il se hâtait davantage vers le primitif logis, où l'attendait sa mère[2].

Loti décrit les petits villages situés dans des vallées entourées par la montagne mythique de Larrun ou l'estuaire de la Bidasoa. Des villages de

---

[1] Joseph PEYRÉ, *De mon Béarn à la mer basque. Essai de géographie personnelle*, Paris, Flammarion, 1952, p. 105 ; Joseph PEYRÉ, *Jean le Basque*, Paris, Flammarion, 1953, p. 7 ; Joseph PEYRÉ, *Cheval piaffant*, Paris, Hachette, coll. « Bibliothèque verte », 1960.

[2] Pierre LOTI, *Ramuntcho*, dans *Romans*, Paris, Presses de la Cité, 1989, p. 756.

bergers, d'agriculteurs, exerçant des métiers primitifs. L'église, le cimetière, le jeu de pelote, des symboles qui tissent un imaginaire qui représente l'essence des origines primordiales, car les traditions y subsistent depuis des temps anciens. Loti, mélancolique, souligne l'importance des rituels qui réduisent le passage du temps et garantissent la continuité et l'authenticité :

> Faire les mêmes choses que depuis des âges sans nombre ont fait les ancêtres. Et réduire aveuglément les mêmes paroles de foi est une suprême sagesse, une suprême force… qu'on appelle une *race*[3].

L'essai de Peyré, *De mon Béarn à la mer basque*, est une rêverie à partir des parcours géographiques et intérieurs, dans le territoire de l'enfance et de l'adolescence, à Aydie, son village natal. Cet espace des origines mythiques est rapidement associé au Pays basque, un pays métaphorique et onirique, que Peyré découvre tout d'abord grâce aux chansons d'une Basquaise : « Je me rappelle encore l'Ene Maïtea, errazu', et l'émotion que m'avait causée cette langue inconnue, qui paraissait venir d'îles lointaines »[4].

Mais c'est surtout la lecture de Loti qui fait pénétrer Peyré dans cet imaginaire basque, « pays unique… où se mirait l'univers »[5]. Il répète la phrase qui ouvre *Ramuntcho* : « Les tristes courlis annonciateurs de l'automne… »[6], et ces paroles le transportent du côté de son enfance : « Dès que j'avais ouvert le roman de Loti, la phrase avait chanté en moi une mélancolie accordée sans doute à des secrets qui me préparaient à l'entendre »[7].

L'influence de Loti est évidente sur Peyré, quand il évoque le Pays basque, son paysage, sa langue, son histoire, ses traditions, son essence, comme exemple d'un peuple qui aime l'aventure, l'action et l'héroïsme et, peu à peu, Peyré, Béarnais, devient basque : « Là aussi, pour l'orgueil tout au moins, j'étais basque »[8]. Car en définitive il considère que les Basques et les Béarnais sont « étrangers par le sang et frères par le sol », de sorte qu'ils appartiennent à un pays parfait, béarnais et basque, qui offre en raccourci une image du monde[9].

Peyré avait déjà écrit, en 1928, un premier roman de thématique basque, *Les Complices*, où il racontait l'histoire d'un jeune de Bayonne. Le leitmotiv de l'aventurier basque et des départs pour l'Amérique en quête de fortune sont deux éléments aussi présents dans ce roman. Peyré, touché par cette émigration basque aux Amériques, avait toujours voulu écrire un roman sur

---

[3] *Ibid.*, p. 766.
[4] Joseph PEYRÉ, *De mon Béarn à la mer basque. Essai de géographie personnelle*, *op. cit.*, p. 56.
[5] *Ibid.*, p. 66.
[6] Pierre LOTI, *Ramuntxo*, *op. cit.*, p. 755.
[7] Joseph PEYRÉ, *De mon Béarn à la mer basque*, *op. cit.*, p. 56.
[8] *Ibid.*, p 84.
[9] *Ibid.*, p. 192-193.

ce sujet. Voici les paroles écrites dans son recueil de souvenirs personnels, *De mon Béarn à la mer basque* :

> Peut-être qu'un jour écrirai-je une histoire de ces Basques, marins et pourtant attachés à leur talus comme le cèpe. Jaloux plus qu'aucun peuple ne le fut de leur esprit, et de leur langue reçue comme un message de magie. Nés d'une terre immuable et close comme si jamais elle n'avait consenti à lâcher un seul de ses fils, et qui, cependant, ne cessa de les disperser sur les routes de ces Indes, qu'ils furent les premiers à découvrir[10].

Et en effet, deux ans plus tard, Peyré publie *Jean le Basque,* un roman qui raconte l'histoire d'un berger d'Artazu, un village situé au cœur du Pays basque français, tout près de la frontière espagnole. Un soir de fête, Jean Iribarren ainsi que son cousin Michel écoutent les paroles convaincantes d'un agent d'émigration, Oyamburu, qui organise le recrutement de jeunes pour l'Amérique du Nord pour y travailler comme bergers : « Partez pour les USA, la fortune vous attend, Bergers basques, les Américains ne veulent confier qu'à vous leurs troupeaux »[11].

L'immigration massive vers l'Amérique n'est pas nouvelle pour les Basques, c'est toute une tradition qui a commencé à la fin du XIXe siècle et surtout au début du XXe siècle[12], de sorte que les jeunes hommes célibataires basques étaient souhaités par les recruteurs pour le Far West, qui ne décrivaient pas avec exactitude ce qui les attendait dans cet Ouest lointain.

> (Ces) Basques français d'origine rurale et attachés aux valeurs traditionnelles de la terre, préféraient les professions liées au secteur agricole, [...] (et) en dépit de leur volonté d'intégration, les Basques français gardaient de fortes attaches au Pays basque et préservaient certaines de leurs pratiques familiales[13].

Dans le roman de Peyré, *Jean le Basque*, pendant une fête locale, on passe un film de propagande qui, avec l'art de la persuasion et de la manipulation, cherche à convaincre les jeunes Basques à aller travailler comme bergers en Amérique. On décrit la réalité américaine avec des espaces immenses, des troupeaux incalculables, suggérant l'abondance, la modernité et l'absence de solitude : « pareille immensité saisissait les gens d'Artazu, habitués à leurs distances à pas d'homme, [...] sans pour autant les détourner de la tentation ancestrale »[14]. Jean est naïf et, séduit, rêve de partir, de s'exiler, et cela malgré l'exemple de son oncle Chemartin, déjà parti aux

---

[10] *Ibid.*, p. 105.

[11] Joseph PEYRÉ, *Jean le Basque*, *op. cit.*, p. 7.

[12] Il y a plusieurs études de référence pour bien connaître et comprendre l'histoire de l'émigration des Basques français et espagnols. Je cite trois : Adrien GACHITEGUY, *Les Basques dans l'Ouest américain*, Bordeaux, Ezkila, 1955 ; William A. DOUGLAS et Jon BILBAO, *Amerikanuak, Basques in the new world*, Reno (USA), University of Nevada Press, 1975 ; Marie-Pierre ARRIZABALAGA, « Les Basques dans l'Ouest américain (1900-1910) », *Lapurdum*, V, 2001, p. 335-350.

[13] Marie-Pierre ARRIZABALAGA, art. cit., p. 348-349.

[14] Joseph PEYRÉ, *op. cit.*, p. 10.

Amériques, dont il est sans nouvelles, et aussi, malgré la crainte et l'angoisse de sa mère. Jean est habitué à la vie traditionnelle de son village : la partie de pelote ou de mus, les fêtes, la messe, mais possédant l'instinct de l'aventure, il veut suivre les traces de ses ancêtres qui ont fait fortune ou, parfois aussi, ont tout perdu dans ce monde moderne de l'autre côté de l'Atlantique.

> [Il] rentrerait en Pays basque avec huit ou dix mille dollars d'économie, et il aurait alors de quoi se marier, acheter une terre ou fonder un foyer. Au fond le nouveau desservant ne pensait dans un cas pareil qu'à assurer l'établissement d'un Basque au Pays basque, et, de surcroît le salut d'un chrétien car il savait le risque que courait là-bas l'exilé de perdre sa religion[15].

Il y a également l'avertissement d'une lettre publiée en langue basque par *Herria*, une sorte de bulletin, où Irazoqui, un autre basque, essaie de démontrer les mensonges de cette propagande américaine, et dénonce les agents, « de vrais négriers », « des trafiquants de chair humaine »[16], qui veulent transformer les pêcheurs basques en bergers sans expérience, qui doivent rejoindre les régions d'élevage intensif, avec des conditions de vie rendues difficiles, par le climat et l'isolement, et aussi parce que leur méconnaissance de l'anglais les empêche d'occuper un autre emploi. Mais les Basques ont la soif de l'aventure et une envie de prospérité[17].

Peyré va donc retracer cette aventure initiatique, où le berger basque, représenté surtout par Jean et Michel, connaît une existence très difficile, dans les déserts du Nevada qu'accompagnent la solitude, la présence des loups et des blizzards, l'angoisse, le silence et le dépaysement. L'initiation est un processus à travers lequel un individu subit une profonde transformation et devient un homme supérieur, un héros[18]. Dans la culture archaïque, l'initiation comprend toute une série de rites et d'enseignements oraux dont le but est de modifier absolument la condition sociale et religieuse des individus initiés. Le trajet initiatique a comme motif central la mort symbolique du néophyte, suivie de sa résurrection. Dans le schéma de toute initiation il y a plusieurs épreuves initiatiques qui se terminent avec la mort symbolique du protagoniste : « l'épreuve de la solitude..., l'éloignement, l'inquiétude et la jalousie, commençaient à faire leur œuvre »[19].

> Il avait été choisi pour l'épreuve la plus dure, lui qui ressuscitait de la mort de Storm Valley, et il se sentait le droit de dire adieu à cette terre étrangère – « pays

[15] *Ibid.*, p. 62.
[16] *Ibid.*, p. 56.
[17] *Ibid.*, p. 56-59.
[18] Mircea ELIADE a étudié ces rites et ce mythe dans plusieurs textes : *Mythes, rêves et mystères*, Paris, Gallimard, 1957 ; *Initiation, rites, sociétés secrètes*, Paris, Gallimard, 1976 ; *Images et symboles. Essai sur le symbolisme magico-religieux*, Paris, Gallimard, 1952 ; *Aspects du mythe*, Paris, Gallimard, 1963.
[19] Joseph PEYRÉ, *Jean le Basque*, *op. cit.*, p. 156.

de loups » disait avec raison le dicton basque où il avait souffert jusqu'à douter de la force dont s'était de tout temps nourri son orgueil[20].

En effet, grâce à la force aussi bien physique que morale, Jean, avec ténacité, avec un grand courage héroïque s'en tirera et, en même temps, grâce à un sentiment de fraternité, il va sauver également son ami et collègue Michel. Mais la mort symbolique n'est pas une fin, elle est toujours suivie d'une renaissance : « Sur le front de fortune, l'Iribarren vêtu de blanc... achevait sa résurrection »[21].

Je voudrais souligner l'intérêt de Peyré pour le sujet de la présence des Basques en Amérique, puisque son récit d'aventures, *Cheval piaffant*, va également aborder ce sujet. Dans ce roman, où les illustrations renforcent le stéréotype basque, Peyré fait référence aux premières expériences d'émigrants basques, au XIXe siècle, mais en Amérique latine, avant d'arriver aux États-Unis. Le récit raconte les péripéties de Sauveur Etchemendy, qui, en 1830, s'expatrie aux Amériques du Sud et puis du Nord, où il connaît toutes sortes d'avatars et d'ennuis : il est matelot clandestin, gaucho dans la Pampa argentine, il traverse la cordillère des Andes et le Mexique, il devient chercheur d'or en Californie, berger auprès des mormons, et chasseur de bisons dans une tribu de Sioux.

> Qu'on ne s'étonne pas. C'était ainsi qu'un Basque disparaissait, pour une raison ou pour une autre, pour s'échapper ou pour tenter fortune, et sans autre bagage que le mouchoir noué au bout de son bâton de route. C'était ainsi que s'en allait un Basque, pour rentrer un beau jour couvert d'or, ou pour ne jamais revenir[22].

Les protagonistes de ces deux romans, *Jean le Basque* et *Cheval piaffant*, après leurs aventures initiatiques, deviennent « une manière de héros local »[23]. Et, à la fin, tous les deux vont prendre la décision de repartir pour l'Amérique et vivre de nouvelles aventures.

Peyré décrit minutieusement la vie au Pays basque, le folklore, les mœurs, d'abord à travers l'existence quotidienne de Jean, de sa famille, de ses amis, dans leurs maisons blanches, puis dans ses descriptions des frontons, de l'église, de quelques cafés, de la place, de la fête patronale, voire, en évoquant les valeurs de la tradition. Plusieurs leitmotivs se répètent dans les deux romans : la chanson basque « Nere Etxea », la fidélité et l'orgueil des Basques, la force de la religion, l'amour de la terre, la domination de la femme, le goût de l'aventure, la langue. Je vais donc signaler quelques éléments qui lui servent pour la construction d'un imaginaire.

Peyré fait une description réaliste détaillée du cadre géographique, avec un pouvoir d'évocation énorme : le village frontalier d'Artazu, la vallée

---

[20] *Ibid.*, p. 211.
[21] *Ibid.*, p. 234.
[22] Joseph PEYRÉ, *Cheval piaffant*, *op. cit.*, p. 31.
[23] Joseph PEYRÉ, *Jean le Basque*, *op. cit.*, p. 223.

d'Artenéguy, le pont de Bidarray, Ciboure, Saint-Jean-Pied-de-Port, Baïgorry, Iribarrenia, Lizoain, les Pyrénées, la cave d'Irouleguy, le fronton d'Espelette, et la petite église d'Artazu. Malgré le parallélisme que l'on veut créer avec les villes et les paysages américains : « Reno, ville des Basques, capitale de Nevada »[24], où encore un port qui a pour nom « Portuchua »[25], l'auteur souligne constamment les différences entre les deux pays, à travers un sentiment de manque et de nostalgie et cet amour si profond ressenti pour le Pays basque : ce paysage vert, authentique, paradisiaque, apparaît comme un refuge familial et protecteur, en opposition avec l'environnement américain, étrange et hostile, « la monotonie d'une terre aride »[26], immense, moderne, espace du dépaysement et des dangers[27] :

> Au Pays basque, tu es Jean Iribarren, de la maison Iribarrenia d'Artazu, et tu le restes toute ta vie… Ici, tu n'es plus Jean Iribarren, tu t'en es déjà aperçu. Même si tu réussissais, tu ne serais plus rien. Cette terre est trop grande. Elle ne connaît pas l'homme[28].

Et Sauveur, le protagoniste de *Cheval piaffant*, connaît ce même sentiment nostalgique :

> Sauveur, demeuré seul ne put se garder d'un mouvement de crainte, qu'il n'avait jamais ressenti […] Combien peu ce repaire de matelots, d'aventuriers et de hors-la-loi ressemblait à la riante et honnête auberge de Saint-Étienne-de-Baïgorry, et à ses sœurs de tout le Pays basque avec leurs murs blancs, leurs platanes dorés, et le claquement familier de pelote venu du fronton ensoleillé ! […] Où dirigerait-il ses pas sans le secours d'un autre Basque ? Pour la première fois, il se trouvait séparé de sa nation, de ses frères, désemparé[29].

Peyré considère que « les Basques sont un peuple à part »[30], une race *mystérieuse*, de pionniers[31], que les Américains admirent : « Pour qui aurait voulu étudier les caractères de la race, la galerie était complète : Basques paysans et bergers, Basques marins, Basques remaniés par l'exil. »[32] Pour la définir, il utilise énormément d'éléments topiques et folkloriques, en en faisant des usages répétitifs : la chemise blanche, le béret et les espadrilles comme vêtements, les rencontres des garçons et des filles sur la place, le café et la partie de mus, le jeu de pelote, le cri sauvage de l'*irrintzina*, « ce cri atavique des Basques, cri de défi de joie, nulle autre poitrine n'était assez puissante pour le pousser avec une force pareille, et le soutenir aussi

[24] *Ibid.*, p. 8.
[25] *Ibid.*, p. 104.
[26] *Ibid.*, p. 142.
[27] *Ibid.*, p. 127.
[28] *Ibid.*, p. 169.
[29] Joseph PEYRÉ, *Cheval piaffant*, *op. cit.*, p. 41-42.
[30] *Ibid.*, p. 10.
[31] Joseph PEYRÉ, *Jean le Basque*, *op. cit.*, p. 204.
[32] *Ibid.*, p. 19.

longtemps »[33]. Il évoque la dévotion pendant la nuit de Noël dans « la petite église d'Artazu [...] son parterre de dévotes, ses deux galeries chargées d'hommes, les rangées de bérets au mûr, le chœur puissant qui faisait raisonner la voûte, et les cantiques, plus chaleureuses que les prières »[34] ; ou la fête patronale avec la musique et les danses[35], et surtout la chanson *Nere Etchea*, la « maisonnette à façade blanche » qui se répète comme un refrain dans les deux romans[36].

Voyez-vous le matin
Une maisonnette à façade blanche ?...
Mais le cœur crie :
Retourne au Pays basque[37].

Peyré aborde également la présence, l'importance et l'ensorcellement de la langue basque, « une langue magique, véritable patrie, dont n'avaient pu les dépouiller les avatars de leur histoire »[38], qu'il décrit plus présente dans le côté français qu'au Pays basque espagnol, par des raisons historiques, et qu'il souhaite conserver comme signe irréfutable d'une identité propre[39].

L'auteur affirme que les Basques sont « un peuple privilégié, inaccessible à l'étranger », différent, « qui ne ressemblait à aucun autre peuple »[40], « inouï »[41], car, mesuré et prudent, il se caractérise par un manque de communication et une extrême réserve par rapport aux sentiments[42]. Il définit « l'âme basque, attachée à l'homme, à son sang, à sa langue »[43], et il insiste sur quelques aspects comme la fidélité, la religion, la courtoisie, l'orgueil ou la force, « le colosse basque »[44]. Il souligne également l'importance de la femme dans la vie quotidienne, surtout à travers Dominica, la mère de Jean, car, « au Pays basque, ce n'est pas l'homme, c'est la femme, la maîtresse de maison, qui commande réellement »[45]. En effet, les historiens signalent que le Pays basque a eu une organisation matriarcale depuis les temps anciens et, dans ce sens, la religion a transmis l'obéissance et le respect dus à la femme considérée comme un pilier fondamental, bien qu'invisible.

---

[33] Joseph PEYRÉ, *Cheval piaffant*, *op. cit.*, p. 17.
[34] Joseph PEYRÉ, *Jean le Basque*, *op. cit.*, p. 129.
[35] Malgré quelques « fandangos » et « pasodobles ».
[36] Joseph PEYRÉ, *Jean le Basque*, *op. cit.*, p. 106, 157. Joseph PEYRÉ, *Cheval piaffant*, *op. cit.*, p. 21.
[37] Joseph PEYRÉ, *Jean le Basque*, *op. cit.*, p. 154-157.
[38] *Ibid.*, p. 24, 25.
[39] Il y a plusieurs mots en espagnol comme « yo », « novio », *ibid.*, p. 34.
[40] *Ibid.*, p. 25.
[41] *Ibid.*, p. 195.
[42] *Ibid.*, p. 219.
[43] Joseph PEYRÉ, *De mon Béarn à la mer basque*, *op. cit.*, p. 94.
[44] Joseph PEYRÉ, *Jean le Basque*, *op. cit.*, p. 232, 230, 19, 225, 71, 139.
[45] Joseph PEYRÉ, *De mon Béarn à la mer basque*, *op. cit.*, p. 16.

J'ai voulu aborder la présence d'un imaginaire basque dans quelques textes de Peyré, à travers la description d'un univers qu'il identifie à *son Béarn*, l'espace mythique de son enfance. Le récit d'une aventure initiatique, qui s'appuie sur la question de l'émigration basque aux Amériques, est le prétexte pour faire le portrait mélancolique d'un pays différent, d'une race authentique. Un monde rural, vert, de traditions ancestrales, avec une vie tranquille, monotone, est décrit comme un paradis, et s'oppose à la modernité et au progrès représentés par l'univers américain. Peyré ne fait pas une revendication nationaliste : il fait un plaidoyer pour garder et conserver les mœurs de ce petit peuple étrange et insolite : les traditions, l'esprit d'aventure, et les valeurs originales, primordiales.

Toujours en avant,
tout droit,
marche le Basque[46].

[46] Joseph PEYRÉ, *Jean le Basque*, *op. cit.*, p. 198.

Jean le Basque (1953) de Joseph Peyré

RAQUEL GUTIÉRREZ SEBASTIÁN
(Universidad de Cantabria)

En 1992, à l'occasion du centenaire de Joseph Peyré dans le petit village d'Aydie, le président de l'Académie de Béarn prononça une conférence qui, quelque temps plus tard, devait être publiée sous forme d'un article dans le *Bulletin de l'Académie du Var*[1]. Dans cette étude, Pierre Tucoo-Chala se penchait sur la biographie et l'œuvre littéraire de Peyré, explorant le contenu des quarante-cinq volumes que l'écrivain composa entre 1928 et 1963, soit une œuvre de taille – plus d'un volume par an – produite par un écrivain d'aspect fragile, à la santé délicate, possédant une vaste culture universitaire, fasciné par toute une série de personnages qui vivaient l'expérience de l'extrême, qu'il a transformés en protagonistes de son monde narratif : alpinistes, toreros, soldats expéditionnaires en Afrique, paysans, bergers. Des personnages, en général, ayant peu d'affinité pour la lecture, croquant la vie à belles dents, qui, à coup sûr, insufflaient de l'énergie à leur créateur car une évidence s'impose immédiatement : Peyré vivait à travers ses propres créatures littéraires leurs énormes prises de risques, leurs extraordinaires gestes et aventures que sa complexion chétive ne lui permettait pas d'affronter au quotidien.

Tucoo-Chala proposait une division en cinq cycles de l'œuvre de l'écrivain béarnais, des cycles étroitement liés à la thématique des récits. Ainsi, selon lui, un certain nombre de romans de Peyré appartenaient-ils au cycle ibérique, au nombre desquels figurait le prix Goncourt, *Sang et Lumières* de 1935 ; d'autres romans formaient un ensemble sur l'alpinisme ; le troisième cycle avait la Provence pour centre d'intérêt ; le quatrième portait la dénomination de cycle africain, certainement le plus étudié des chercheurs ; et le cinquième était le cycle basco-béarnais qui incluait des volumes publiés entre 1952 et 1959, dans lequel Pierre Tucoo-Chala regroupait six œuvres de Peyré, dont *Jean le Basque*, le second volume[2],

[1] Pierre TUCOO-CHALA, « Du Béarn à la Provence. L'itinéraire de Joseph Peyré », *Bulletin de l'Académie du Var*, Toulon, 1992, p. 143-162.
[2] Joseph PEYRÉ, *Jean le Basque*, Paris, Flammarion, 1953.

après *De mon Béarn à la mer basque* (1952). Au roman qui nous occupe succède *Cheval piaffant, un Basque chez les Sioux* (1960).

Convenons-en, le texte sur lequel porte notre étude, *Jean le Basque* (1953), est un roman basque à part entière, à commencer par son propre titre, qui est basé sur un phénomène sociohistorique des plus réel et bien étudié par les chercheurs[3]. Il s'agit d'un récit dont les protagonistes sont des frontaliers, qui met en relief le désir de son auteur de créer des ponts entre des cultures, en ce cas précis entre la France, l'Espagne, les Basques émigrés aux Amériques et les Indiens américains, un désir que le romancier exprime continuellement, comme l'a montré le professeur Manso dans son étude[4] sur un autre roman du cycle basco-béarnais de Peyré, *Le Pont des sorts* (1959), étude publiée dans le volume *Desde ambas laderas : Culturas entre la tradición y la modernidad* (2015).

En tant que roman basque, nous sommes en mesure de qualifier ce roman de roman régional[5], terminologie ne comportant en rien quelque trait de « provincianisme », sous l'appellation de laquelle Peyré présente sa cosmovision. À ce titre, Bernardo Atxaga a justement écrit : « Se entra en lo universal por el hueco de una ratonera / L'on entre dans l'universel par un trou de souris. »[6]

Un signe de ces dispositions impénétrables du destin plus ou moins universel des œuvres littéraires se vérifia lumineusement dans le fait que, seulement deux ans après sa publication en français, ce roman fut traduit en espagnol. Il est fort curieux, en effet, que dans l'Espagne franquiste des années 1950 ce roman ait pu se voir traduit et publié dans notre pays par une femme progressiste originaire d'Avila, Josefina Carabias, ayant à son actif

---

[3] Iban BILBAO y Chantal EGUILUZ (éd.), Información sobre posibles vascos contenida en los censos de población de 1900 de los estados de Arizona, Colorado, Idaho, Montana, Nevada, Nuevo México, Oregón, Utah, Washington y Wyoming de los Estados Unidos de América, Vitoria, Diputación Foral de Álava, Consejo de Cultura, Sección de Bibliografía y Diáspora Vascas, 1980.
Iker SAITUA IDARRAGA, « The Best Sheepherder. The racial stereotype of basque immigrants in the american west between the end of the nineteenth and the beginning of the twentieth centuries », *Historia contemporánea*, 56, 2017, p. 81-119.
Iker SAITUA IDARRAGA, « Los pastores vascos y la guerra de las praderas. Inmigración vasca, industria ganadera y conflictos por las tierras federales en el estado de Nevada, 1890-193 », *Cuadernos de historia contemporánea*, 39, 2018, ejemplar dedicado a *Masculinidades, nación y civilización en la España contemporánea*, p. 191-211.

[4] Christian MANSO, « Un Goncourt transpirenaico : Joseph Peyré. *Le Pont des sorts* (1959) », *Desde ambas laderas. Culturas entre la tradición y la modernidad.* María Luisa SOTELO VÁZQUEZ, Dolores THION SORIANO-MOLLA, Luis BELTRÁN ALMERÍA y Rosa DE DIEGO (coord.), Barcelona, Edicions de la Universitat de Barcelona, 2015, p. 205-210.

[5] Dolores THION SORIANO-MOLLÁ, « La revolución de Asturias novelada: *L'Homme de choc* de Joseph Peyré », *Desde ambas laderas. Culturas entre la tradición y la modernidad, op. cit.*, p. 211-234.

[6] David RÍO RAIGADAS, David ROBERT LAXALT, *La voz de los vascos en la literatura norteamericana*, Bilbao, Servicio editorial de la Universidad del País Vasco, 2002.

une solide carrière de journaliste qui lui avait valu, à l'époque, de se voir confier le poste de correspondante aux États-Unis du journal *Informaciones*. Nous soulignons ce genre d'anomalie tant en raison du peu d'affinité que ressentait la journaliste à l'égard du régime franquiste que du contenu louangeur des valeurs basques qui ressort de ce livre. Parfois, la censure fermait les yeux de façon inexplicable, et fort heureusement, sur des œuvres qu'elle aurait dû lire en redoublant de clairvoyance. La traduction en espagnol de *Jean le Basque* parut à Barcelone en 1955, éditée par Juventud, avec une couverture de Ramiro Arrue qui silhouettait le protagoniste en premier plan. Elle eut peu de répercussion dans le monde hispanique. Nous n'avons pu retrouver qu'une brève recension de cette traduction, publiée dans le journal *La Vanguardia Española* du 22 juin 1955, note anonyme dans laquelle le roman obtint une critique positive, où sont mis en exergue le caractère héroïque du protagoniste, la qualité de la description du paysage et de la gent pyrénéenne, la force de Jean lui permettant de vivre dans un monde hostile, celui des déserts du Nevada, son importance littéraire[7] ; en raison de la qualité de sa prose, l'auteur de cette brève note bibliographique situe ce roman au-dessus du roman de Peyré couronné par le prix Goncourt. L'œuvre est qualifiée de « libro viril, con hondo drama humano que iguala y aún sobrepasa a *Sangre y Luces* : livre viril, contenant un profond drame humain, qui égale et même qui surpasse *Sang et Lumières* »[8].

Roman de frontaliers, œuvre française traduite par une Espagnole depuis Washington, le récit dans sa configuration se présente comme le produit de ces fils invisibles qui ont uni les deux rives de l'Atlantique. Il est charpenté par l'entrecroisement des fils des allées et venues d'Américains, de Français et d'Espagnols, des Basques dans ce cas précis. Ce roman est un récit sur les bergers basques qui émigrent aux déserts du Nevada, un récit des travaux, des pénuries, des soucis, des nostalgies de ces hommes durs du Nord, dont la vie est incarnée par ce gaillard herculéen, à propos duquel le narrateur indique au début du roman : « No se llamaba Juan el vasco pero yo le doy ese nombre porque era vasco ante todo / Il ne s'appelait pas Jean le Basque, mas je lui donne ce nom parce qu'il était basque avant tout. »[9] De plus, un personnage de la deuxième partie du roman, surnommé Le Sauvage, en s'adressant au protagoniste, lui dit : « Eres el prototipo de la víctima, el modelo acabado del vasco que se explota hasta que revienta (182) / Tu es le prototype même de la victime, le modèle parfait du basque que l'on exploite jusqu'à ce qu'il crève (263) ».

---

[7] Dolores THION a déjà indiqué la maîtrise de l'art narratif qui se manifeste dans ce roman de Peyré, *op. cit.*, p. 211.

[8] *La Vanguardia Española*, 1955.

[9] Joseph PEYRÉ, *Juan el vasco*, Barcelona, Editorial Juventud, trad. Josefina CARABIAS, 1955, p. 5. Le texte de Joseph Peyré provient de Joseph PEYRÉ, *Jean le Basque*, Paris, J'ai Lu, Éditions Ditis, 1964, p. 4. Les citations qui suivent indiqueront uniquement leur pagination.

En effet, dans cette œuvre est racontée la vie de Jean Iribarren, un garçon d'Artazu, gardien de troupeaux de brebis, lequel, poussé par Oyamburu, un agent de la Atlantic American Airways, et suivant l'exemple de nombre de ses compatriotes, décide d'émigrer vers les montagnes du Nevada pour changer de sort. En ces terres américaines, ce basque souffre de la solitude propre des émigrés, est confronté à un monde hostile où triomphe la loi du plus fort et prédomine l'ambition. En outre, comme épreuve la plus redoutable, il lui faut affronter un hiver dans la terrible Storm Valley où une tourmente de neige lui fait frôler la mort. Finalement, il est arraché de ses griffes par une équipe de secours. Cependant cette expérience limite ne suscite pas chez le jeune homme un retour en sa terre natale, mais le pousse à continuer un certain temps dans ce monde américain afin d'atteindre une position économiquement prospère et de s'en retourner triomphant dans un futur non précisé, dans son Pays basque et vers ses racines.

Le discours narratif, riche en suggestions, écrit en une excellente prose qui ravit le lecteur, et qui offre une force descriptive remarquable, peut être interprété selon des points de vue différents et peut se concevoir comme intégré en des formules et des traditions narratives diverses.

D'un côté, nous pouvons le considérer comme ressortissant à un roman rural, rattaché à la tradition narrative basque, illustrée par des contes de Arturo Campión, tels que « Grachina » (1917)[10], dont le protagoniste revient après l'expérience de l'émigration dans une terre basque qui n'a plus de ressemblances avec celle de ses souvenirs, par l'œuvre de Domingo Aguirre, *Garoa* (*Fougère*) de 1912[11], située en un hameau, ou par le roman de José Manuel Etxeita, *Jayoterri maitia* (*Chère patrie*) de 1910[12], histoire d'un groupe de Basques qui vivent dans la vallée idyllique de Ardibaso, mais qui se voient dans l'obligation d'émigrer en Amérique compte tenu de leur insupportable situation économique. La nostalgie, le regret, de la terre mère, sont le moteur qui pousse au retour, après avoir fait fortune, en leur chère patrie les riches « indianos ».

Les romans de José María de Pereda peuvent, également, être considérés comme les antécédents les plus lointains de ce ruralisme qui exalte les valeurs primitives de la campagne face à la mesquinerie et l'immoralité du monde urbain et qui condamne ceux qui ont abandonné ce monde de l'Arcadie pour s'enrichir et revenir en leurs villages, pour le cas où le sort leur a été favorable, comme de stupides « indianos » faisant ostentation de leurs écus jalousement amassés en leurs bas de laine. Ce récit de Peyré a quelques ressemblances avec les romans de Pereda, ressemblances afférentes à l'évocation quelque peu idyllique de la montagne, à la création chez l'un

---

[10] Arturo CAMPIÓN, « Grachina », *Narraciones vascas*, Hernani, Egin Biblioteka, 1995, p. 107-118.

[11] Domingo AGUIRRE, *Garoa*, Donostia, Hiria, 2009.

[12] José Manuel ETXEITA, *Jayoterri maitia (Querida patria)*, Bilbao, Editorial Labayru Ikastegia, 1988.

comme chez l'autre des romanciers de personnages héroïques à côté d'autres à peine ébauchés et moralement détestables, et à la magnifique peinture littéraire du paysage, grâce à laquelle chacun des deux auteurs régale son lecteur. De l'autre côté de l'océan, quelque soixante-quinze ans après que Pereda a chanté les louanges de son village natal dans *El sabor de la tierruca* (1882)[13], et seulement quatre ans après l'édition du roman de Peyré, Robert Laxalt publiait *Sweet Promised Land (Douce terre promise)* (1957), un texte narratif où réapparaît le même récit de l'âpreté de la vie des Basques aux États-Unis, et qui affiche le même souvenir nostalgique et idéalisé de la terre natale, exprimé, pour l'occasion, à travers la psyché du fils de l'un des nombreux bergers basques émigrés au Nouveau Monde.

Pío Baroja, qui s'autodéfinissait comme un Basque lombard et comme un Pyrénéen de souche alpine, écrivit que le roman est un genre polymorphe et protéiforme[14]. Ce caractère hybride du genre narratif rend possible le fait que dans ce roman de Joseph Peyré le monde rural et son traitement narratif se présentent également sous le format d'une sorte de roman d'apprentissage, appréhendé comme la recréation discursive de la trajectoire d'un protagoniste qui, à travers une aventure ou expérience vitale, part d'une situation d'ingénuité ou d'ignorance du monde et parvient à l'acquisition de la maturité d'esprit. Considéré sous cet angle, *Jean le Basque* se compose de trois parties, correspondant à trois moments de l'aventure vitale qui constituent le processus d'apprentissage de son protagoniste, et aux trois parties qui, de fait, divisent le récit.

La première partie est la présentation de l'initiation à l'aventure, où le héros Jean doit accomplir une série de rites. Elle se compose de 11 chapitres, 116 pages dans la traduction dont on se sert, des 276 qui composent le livre. La deuxième partie est constituée de l'adaptation au nouveau pays après que le héros a triomphé d'une série d'épreuves ; elle se compose de 15 chapitres, et finalement, dans la troisième partie, une sorte d'épilogue, non structurée en chapitres, se produit la confirmation du processus d'apprentissage culminant par la réussite sociale du protagoniste parmi les émigrés. Le triomphe semble présager celui qu'obtiendra le personnage à son retour en ses terres, qui s'annonce, mais qui ne se matérialisera pas, car Jean effectuera une deuxième initiation lorsque commence sa deuxième expédition comme berger en Amérique et qu'il diffère le retour en sa terre basque.

L'une des habiletés structurelles du roman réside dans la présence, dans chacune des trois parties énoncées, d'éléments réitérés qui procurent de la cohérence au récit. Ainsi, en chaque partie se répètent trois éléments

---

[13] José María DE PEREDA, *El sabor de la tierruca, Obras completas*, T. V, Anthony CLARKE y José Manuel GONZÁLEZ HERRÁN (dir.), ed. Anthony H. CLARKE, Santander, Editorial Tantín, 1992.

[14] Pío BAROJA, « Prólogo casi doctrinal sobre la novela » en *La nave de los locos*, ed. Francisco FLÓREZ ARROYUELO, Madrid, Caro Raggio/Cátedra, 1999.

solidement chevillés au contenu lui-même du roman, à ses personnages et à la recréation du monde relaté : la composante de la tradition et de l'identité, les agents ou guides, positifs ou négatifs de ce processus d'apprentissage de Jean le Basque, et la peinture circonstanciée du paysage, qui réussit à se hisser au statut de personnage supplémentaire, et l'un de ceux de portée maximale du discours littéraire.

Nous nous arrêterons plus avant sur l'analyse du sens et de la fonction des éléments identitaires et traditionnels de ce roman, dans ce qu'ils ont à voir avec sa construction, et nous laisserons pour d'autres études postérieures l'approche des autres éléments cités, les personnages-guides et le paysage.

Dans la première partie du roman, le narrateur présente Jean comme un personnage héroïque ; c'est le représentant d'une race, celle des Basques. Cette race est intimement liée à la terre, à la tradition, à la religiosité, à la culture orale, aux rites et aux relations familiales qui induisent au départ du personnage, à la trahison de la terre. C'est ce que le professeur Luis Beltrán a appelé l'imaginaire de la tradition[15] qui est concomitant à l'apprentissage idyllique ou familial au cours duquel le jeune primitif doit effectuer une série de rites de passage qui le transforment en un adulte. Dans ce roman que nous étudions, avant de commencer l'aventure, le héros Jean doit réaliser des rites initiatiques qui consistent à renforcer son identité basque et doit s'acquitter d'une somme d'épreuves qui socialement sont nécessaires. Ces rites sociaux sont de trois natures : la religiosité, la démonstration de sa force et de son adresse, et la rupture des liens affectifs, soit ceux qui sont en rapport avec le monde féminin, c'est-à-dire, la séparation d'avec sa mère, Dominica, et sa rupture avec la femme, considérée comme un élément érotique, un être de tentation susceptible de le faire renoncer à son intention d'abandon du monde rural basque. Ce qui suppose l'éloignement de Jean de sa mère et des femmes qui pour différentes raisons l'attirent : Estéfana, qui représente la beauté et un certain pouvoir économique, et Marimen, jeune Navarraise aux yeux innocents qui déroutent les défenses émotionnelles du berger, mais aux charmes et attentions de laquelle il n'a pas non plus succombé.

Mais plus que sur cette rupture de Jean avec le monde féminin, nous souhaitons insister dans les propos qui suivent sur les deux premiers éléments énoncés antérieurement : la religiosité et les rites sociaux ainsi que les démonstrations de force et d'adresse qui incombent au protagoniste de cette œuvre. Pour ce qui est de la recréation de ces éléments, le narrateur recourt à l'évocation de divers vecteurs folkloriques et de scènes costumbristes, qui moyennant leur composante de constante réitération, telle que l'arrivée des saisons ou les cycles de la vie et de la mort, sont des plus adéquats pour rendre manifeste le lien de Jean le Basque avec sa communauté identitaire et sa terre. Ainsi, la recréation littéraire de la

---

[15] Luis BELTRÁN ALMERÍA, *Genvs, Genealogía de la imaginación literaria. De la tradición a la modernidad*, Barcelona, Calambur, 2017.

présence du personnage à la messe de son village, rituel qui suppose la pureté spirituelle du protagoniste et de ses compatriotes ainsi que le renforcement de son identité collective, en tant que fait social, apparaît-elle sous forme d'une brève scène costumbriste qui est écourtée par l'irruption de l'agent de l'émigration qui vient perturber l'idylle présidant au monde relaté :

> La iglesia de Artazu, que resultaba pequeña el día de la fiesta para contener a los feligreses y a sus invitados de los valles y de la España fronteriza, se iba vaciando poco a poco mientras resonaban aún los ecos de las voces que cantaron vísperas. Los hombres se ponían de nuevo las boinas que dejaron colgadas en los clavos de la pared, detrás de ellos, y descendiendo de las galerías de encina, se encaminaron al salón de cine, donde Oyamburu, el agente de la inmigración, iba a mostrarles su película publicitaria[16].

Ces manifestations de religiosité populaire se répètent tout au long de la première partie du roman ; elles sont en étroit rapport avec la caractérisation du personnage et avec les liens très solides qui l'unissent à sa terre :

> Aparte este paneuskarismo confuso, pero tan fuerte en él, Juan el vasco tenía cariño a la capilla como buen hijo de Artazu muy apegado a sus ritos. El día anterior habían tenido efecto en la iglesia del pueblo la misa solemne y las vísperas de la fiesta patronal; pero, en el mes de junio, era a esta capilla a donde se efectuaba la peregrinación de los hombres, más emocionante para el pastor que las mismas rogativas. [...] La peregrinación a la capilla fronteriza, por el contrario, con su lentitud, su fatiga de camino por la montaña, y en la que no figuraban más que hombres, tenía un carácter viril muy propio para agradar a Iribarren (42)[17].

Parmi les rites religieux est également à dénombrer la messe de minuit au chapitre VII de la première partie. Ce sont des rites gros de dévotion dont la voix narrative a soin de collecter précisément les chants, exécutés sous la houlette du jeune curé, se déroulant dans l'ambiance idyllique de la montagne.

---

[16] Le texte en espagnol de Joseph Peyré provient de Joseph PEYRÉ, *Juan el vasco*, Barcelona, Editorial Juventud, Traducción de Josefina CARABIAS, 1955. Les citations qui suivent, en français et en espagnol, indiqueront uniquement leur pagination. « Retentissant encore de cantiques, l'église d'Artazu, trop étroite en ce jour de fête patronale pour contenir ses paroissiens et leurs invités de la vallée et de l'Espagne frontalière, s'était vidée après les vêpres. Reprenant leur béret accroché au mur derrière eux, les hommes étaient descendus des galeries de chêne et, pour se rendre à la salle de cinéma où Oyamburu, l'agent d'émigration, allait montrer son film publicitaire » (5).

[17] « La part faite de ce paneuskarisme confus, mais si puissant en lui, et qui ajoutait à sa force, Jean le Basque, pour son usage, tenait à la chapelle en fils d'Artazu attaché à ses rites. La veille, c'étaient, à l'église, la messe et les vêpres de la fête patronale. Au mois de juin, ce serait, à cette chapelle, le pèlerinage des hommes, plus exaltant pour le berger que les Rogations elles-mêmes [...]. Le pèlerinage à la chapelle frontalière au contraire, avec sa longueur, sa peine de course en montagne, et qui n'engageait que les hommes, avait un caractère masculin bien fait pour plaire à l'Iribarren » (57).

Le second élément rituel de cette initiation est constitué par les démonstrations d'adresse et de force de Jean le Basque dans son milieu social, qui ont lieu également dans le cadre de scènes costumbristes, tout spécialement celles qui relatent le jeu de la pelote basque et les combats de béliers. Elles s'emploient à compléter l'image du personnage essentiellement basque dans sa physionomie et dans son caractère, chez lequel se détachent la volonté et la force. Il y a deux parties de pelote qui sont décrites dans la première partie du roman. La première présente le village réuni assistant à ce jeu ; elle a pour fonction d'exalter la figure du curé Arostéguy, en tant que guide spirituel et héros populaire qui est capable de retourner la situation lorsque l'équipe du village d'Artazu est en train de perdre la partie :

> Fue preciso, además, el apóstrofe del Padre Arostegui, el nuevo cura de la parroquia, que parecía llamado a inmortalizar su nombre en la comarca a causa de su manera de hacer vibrar a la juventud, tanto por sus conocimientos pastorales como por sus dotes de pelotari (19)[18].

L'arrivée du curé destinée à relancer le jeu, après son interruption à la sonnerie de l'Angélus, rituel qui constituait une démonstration de la puissance de la religiosité dans le monde rural basque, revitalise les joueurs, et cet « ángel batallador (19) / ange batailleur (25) » leur insuffle les forces suffisantes pour remporter la victoire. La seconde partie du jeu de pelote basque porte sur l'engagement physique de Jean ; sa fonction narrative a pour but de présenter le personnage comme un être herculéen dont la ténacité et la force assurent la victoire à son équipe. Sa position d'arrière dans une équipe composée du curé-pilotari et du berger, ajoute un contenu symbolique que soulignent à nouveau l'indestructibilité et la vigueur du protagoniste que dans le récit l'on désigne comme « zaguero-muralla (108) / un mur à l'arrière (151) ».

Pour ce qui est de la scène du combat des béliers au chapitre VI de la première partie, elle présente Manech, un bélier aussi paisible que puissant, à l'image de son maître, qui affronte et vainc le sale bélier de Urritiaguer. Ces deux animaux, comme nous l'avons souligné, sont des incarnations du caractère et des vertus – et également des défauts – de leurs maîtres respectifs. Le bélier de Jean représente la quiétude et la force du personnage, ainsi que l'orgueil de sa race. L'épisode se termine avec ces paroles de la voix narrative : « Agotado, el rabioso carnero de Urrutiaguer reventó al día siguiente. Juan el Vasco podía bajar del Izalmendi con la frente muy alta. (56) / Épuisé, le bélier rageur creva le lendemain. Jean le Basque pouvait descendre sans rougir de l'Izalmendi (78) ».

Ce qui fonde de telles scènes, c'est à coup sûr la présence d'un public, celui des compatriotes du protagoniste, des bergers qui observent le combat

---

[18] « Il fallut par-dessus le marché l'apostrophe de l'abbé Arostéguy, le nouveau curé de la paroisse, et qui promettait de laisser un nom dans le pays pour sa manière de secouer la jeunesse autant que pour ses connaissances pastorales ou ses dons de pilotari » (23).

des béliers, les habitants des villages qui assistent aux parties de pelote basque, les jeunes gens et les jeunes filles qui dansent lors des fêtes, les clients qui boivent du vin rouge à l'auberge Anchorena, « el único que mantenía el antiguo ambiente vasco (60) / seule à maintenir le climat vieux basque (83) ». Dans toutes ces scènes, l'action de Jean est soulignée par les commentaires sur sa force, sa noblesse, son adresse ; ses concitoyens se prononcent pour ou contre son départ pour les terres américaines.

Ce sont des fragments extraordinairement tissés d'un monde idyllique qui a pour cadre le paysage des montagnes qui entourent le hameau de la famille de Jean, Iribarrenia, où les vertes et solitaires collines abritent et stimulent la noblesse du personnage, avec comme présence lointaine une mer déchaînée où gouvernent les vents et les pluies. Son paysage sonore est formé de celui des chants religieux en euskera, des chansons populaires, des orchestres des pèlerinages, des mélodies égrenées par l'accordéon de Miguel, l'ami de Jean, et de la bande sonore du film Ramuntcho.

Dans les deuxième et troisième parties du roman se reproduisent les rites, les mythes et les coutumes basques de la première partie. La ville de Elk Creek, créée par les émigrés basques, apporte au protagoniste quelque quiétude, car il y retrouve certains éléments identitaires de son lieu d'origine, mais très vite Jean et son ami se rendent compte de la précarité du lieu : « decorados de madera o de cemento llamados a desaparecer de esta tierra para no dejar más que residuos (132) / décors de bois ou de ciment appelés un jour à disparaître de cette terre pour n'y laisser que des débris (189) » ; ils prennent conscience de son allure d'imposture. Dans ce monde pseudo-basque, il s'est produit une adultération de la tradition en raison de l'avarice des hommes, de leur propension aux jeux, à la boisson et à la fréquentation des filles de joie. Aussi, l'arrivée du curé Arostéguy en cette ville de Elk Creek est-elle rendue nécessaire. N'est-il pas le personnage emblématique des essences du Pays basque ? Elle se justifie en raison de l'éloignement des Basques de leur patrie et de leurs traditions familiales et aussi après que Jean le Basque a effectué celle qui doit être considérée comme sa plus grande épreuve dans le processus d'apprentissage que constitue le récit : son retour de Storm Valley où il a passé le très rude hiver à garder son troupeau qu'il a réussi à sauver miraculeusement des tourmentes de neige en risquant sa propre vie.

Ce prêtre est une sorte de missionnaire, dont la voix narrative se fait écho dans la troisième partie du roman :

> Él sabía del lento desvanecimiento de la fe y el espíritu vasco entre los exiliados, y dudaba – a menos que los dos pudiesen un día conciliarse – entre su vocación monátisca y la de reevangelizar y « revasquizar » a sus compatriotas del Oeste lejano (251-252).

> Il savait le lent évanouissement de la foi autant que de l'esprit basque chez les exilés et hésitait – à moins que les deux puissent un jour se concilier – entre sa

vocation monastique et celle de réévangéliser et de « rebasquiser » ses compatriotes de l'Ouest lointain (367).

La mission du curé s'effectue par l'entremise de la messe et de la fête populaire. Mais ceux qui se rendent à cette messe du père Arostéguy n'arrivent pas des maisons dispersées dans les montagnes, ne forment pas un groupe de paysans et de bergers qui allégrement arrivent en parlant de leurs hameaux ; ce sont des gens venus de très loin en voitures, en charrettes, à cheval. Ce sont des êtres quelque peu fantomatiques à peine ébauchés comme personnages qui après avoir passé des années à vaguer par les rues de la petite ville de l'Ouest américain imaginent qu'ils vivent quelques heures dans un monde pour lequel ils soupirent de nostalgie. En définitive, il s'agit de créatures littéraires qui habitent une sorte d'avatar moderne de l'Arcadie.

Ce curé oint ces malheureux de l'esprit de la foi grâce à la messe, aux cantiques et aux rituels de la fête. De façon ininterrompue la voix narrative signale les concordances entre les coutumes basques et leur recréation en pareil moment : « igual que los grupos de los caseríos bajaban al pueblo el día de la fiesta de Artazu » (252) et « lo mismo que en la iglesia de Artazu (253) / comme les groupes descendant des fermes au village le jour de la fête d'Artazu (369) » ; « comme à l'église d'Artazu (370) ». Le repas est également un autre rituel qui renforce l'identité de ceux qui se trouvent à des milliers de kilomètres de leur lieu d'origine. De plus, les jeux traditionnels grâce auxquels les personnages mesurent leur courage et leur force sont les mêmes que ceux qui se pratiquaient au Pays basque.

En définitive, depuis la force de la tradition de ses racines basques, le personnage de Jean le Basque se hisse au statut de héros et sa renommée passe des environs de son hameau aux pages des journaux américains. Dans son processus d'apprentissage, il a appris à survivre dans le désert américain et il veut répéter ce rude rite initiatique pour terminer de consolider sa réputation et sa fortune. Le récit de Peyré ne ferme pas le cercle avec le retour du personnage sur sa terre natale, mais il pose une problématique assurément plus originale avec cette deuxième tentative du personnage qui le replonge dans l'aventure. Dans un roman excellemment construit et abondant en suggestions, le narrateur béarnais parvient à présenter avec une force narrative extraordinaire la peinture de la tradition, à l'universaliser, comme l'écrit Todorov : « Un escritor es más universal cuanto más arraigado está en su cultura / Un écrivain est d'autant plus universel qu'il est d'autant plus enraciné en sa culture »[19].

Nous concluons notre étude avec les bouleversantes paroles finales du roman, où le narrateur nous offre la dernière image de Jean dans cette deuxième aventure en tant que héros aux allures cervantines, monté sur son bourricot, une image qui relie à nouveau le personnage à sa tradition, au

[19] David RÍO RAIGADAS, *op. cit.*, p. 69.

jeune homme qui partit d'Iribarrenia et qui trouve la tombe de son oncle Chemartin, frère de sa mère mort sur les terres américaines, un personnage qui l'a guidé dans son expérience d'apprentissage. Ce sont des paroles qui produisent une intense émotion chez un lecteur qui capte le lien, parfois ineffable, de l'homme et de sa terre et aussi de l'homme et de ses ancêtres :

> Detrás de su rebaño resucitado, con su borrico y sus perros, como un pastor eterno Juan el Vasco caminaba de nuevo hacia Storm Valley. Y, a los treinta y siete días de camino, vió la cruz de Chemartin (256).

> Derrière son troupeau ressuscité, avec son bourricot, ses chiens, comme le berger éternel, Jean le Basque reprenait la route de Storm Valley. Et, le trente-septième jour, il voyait la croix de Chemartin (375).

Joseph Peyré et sa conception de l'art romanesque

LUIS BELTRÁN ALMERÍA
(Universidad de Zaragoza)[1]

Joseph Peyré est à présent un romancier quasiment oublié. Ses œuvres ne connaissent ni rééditions ni traduction nouvelle. Cependant, ses romans méritent d'être lus et étudiés. Il est possible, aujourd'hui, de trouver de brillantes, bien que rares, approches de son œuvre. Le Congrès international que lui a consacré l'Université de Pau en 1992 a réuni de précieux travaux. Plus récemment, Christian Manso et Dolores Thion ont exploré certains de ses ouvrages et ont organisé des manifestations scientifiques destinées à approfondir l'œuvre du romancier. En Espagne, en provenance du monde de la tauromachie, il y a lieu de souligner les deux magnifiques plaidoyers qu'a publiés Jean Palette-Cazajus en faveur des romans taurins de Peyré, *Sang et Lumières* et *Guadalquivir*[2].

Peyré s'est essayé à diverses formules en matière de roman. Parmi ses quarante-cinq romans, l'on distingue trois thématiques : le Sahara, l'Espagne et la montagne. Parmi les romans qui portent sur l'Espagne, il est à peu près certain que ce sont les deux romans taurins ci-dessus référencés qui ont recueilli le plus d'applaudissements. L'un comme l'autre ont été traduits en espagnol, auxquels est venue s'ajouter la traduction de l'essai, *La Passion selon Séville.* Les qualifier de romans taurins est à la fois fondé et injuste. C'est fondé parce qu'aux yeux du savant et expert taurin Palette, ce seraient ceux qui se sont approchés au plus près du monde du taureau, tant dans la littérature française que dans sa voisine espagnole. Et c'est injuste car ce sont des romans dont la portée transcende leur stricte substance. Nous allons essayer d'expliquer un tel paradoxe.

Sang et Lumières et *Guadalquivir* furent écrits sur une durée embrassant presque deux décennies. Le premier apparut en 1935 et le second en 1952.

---

[1] Cet article fait partie du projet de recherche GENVS NOVEL du Gouvernement d'Espagne (MINECO FF12017-82662-P).

[2] Jean PALETTE-CAZAJUS, « De Montherlant à Joseph Peyré. Historia, ética y autenticidad en dos novelas taurinas francesas », *Revista de Estudios Taurinos*, 24, 2008, p. 149-198.
Jean PALETTE-CAZAJUS, « Autenticidad del toro, ética del aficionado e indiferencia de la historia (Disquisiciones alrededor de *Guadalquivir* de Joseph Peyré) », *Revista de Estudios Taurinos*, 25, 2008, p. 125-208.

Cependant ils peuvent – et ils doivent se lire comme faisant partie d'un continuum. La première raison de semblable continuité réside dans la présence d'un narrateur-témoin dans chacun de ces romans : Don José. Le narrateur-témoin est la réplique du propre Peyré. Il situe ses romans dans un domaine qu'aujourd'hui l'on appelle autofiction, encore que pour être plus précis il faille l'appeler plus simplement *matériel autobiographique modifié*. C'est ce qu'a déjà fait remarquer Andrée Manseau[3]. Ce qui signifie que dans chaque roman, Peyré transfuse ses propres expériences dans le monde taurin et surtout dans la vie sociale de Madrid et de Séville. Dans le cas de Madrid, il s'agit de la vie sociale des années précédant la Guerre civile. Quant à Séville, il est question de la vie sociale et culturelle des années de l'après-guerre, du milieu du XXe siècle.

Plus importante, toutefois, que la présence du narrateur-témoin Don José, est la similitude de la forme interne de chacun des romans. Tous deux – et cela peut se dire de la totalité des romans de Peyré – sont des romans symbolistes. En eux le symbolisme vise à cristalliser une image caractéristique de l'homme qui est aux prises avec la nature, représentée par le taureau. Ce symbolisme a déjà été souligné de façon fragmentaire dans les études de Andrée Manseau, Michel Laforcade, Dominique Escourrou et Christian Manso[4]. Cette forme intérieure, Peyré la construit en trois strates : le narrateur-témoin, un roman d'épreuves et un roman urbain. Les trois strates reposent sur l'observation et sur le témoignage du narrateur-témoin ; en effet, la clé de ces romans est fournie par la capacité de voir du romancier dont la vision possède une portée qui est bien supérieure à celle dont on serait en droit d'attendre des protagonistes, et dans ce cas précis, des Espagnols. Cette observation participe d'un débat plus large qui porte sur l'authenticité de la tauromachie, lequel en occulte un autre – plus profond – qui a trait à la lutte pour la vie, visant à préserver l'humanité de la dégénérescence moderne, ce en quoi consiste justement l'esthétique symboliste du narrateur. Le second roman apporte la conclusion au débat ouvert dans le premier. Le destin unifie les 2 romans – avec une nuance tragique dans le premier et comique dans le second –.

Commençons par *Sang et Lumières*, traduit en espagnol sous le titre de *Luces y sangre*. Ce roman, prix Goncourt en 1935, apparaît dans un contexte

---

[3] Andrée MANSEAU, « De la course landaise à la corrida : la quête de l'homme de Joseph de Pesquidoux à Joseph Peyré », VV. AA., *Joseph Peyré. L'homme de ses livres*, Biarritz, J & D Éditions, 1994, p. 249 (247-258).

[4] Andrée MANSEAU a fait remarquer : « ces luttes dans lesquelles l'homme triomphe de l'animal mais aussi de sa propre bestialité », *op. cit.*, p. 251. Michel LAFORCADE voit dans la tauromachie une métaphore de la vie et de l'activité littéraire, « Joseph Peyré aficionado », *ibid.*, p. 237. Dominique ESCOURROU a étudié le symbolisme du voyage et d'autres éléments tragiques dans *Sang et Lumières* : « La problématique du voyage dans le roman de Joseph Peyré : *Sang et Lumières* », *ibid.*, p. 275-285. Et Christian MANSO a vu l'extraordinaire symbolisme de l'eau dans *Guadalquivir* : « L'hydrisme dans *Guadalquivir* », *ibid.*, p. 287-300.

où le thème taurin est parvenu à une certaine notoriété. Ses précédents romanesques sont *Sangre y Arena* de Blasco Ibáñez (1908), *Las águilas* (1911), roman de José López Pinillos, *Pármeno*, et *Les bestiaires* de Montherlant (1926). L'essai de Hemingway, *Death in the Afternoon* avait été publié en 1932 et trois ans plus tard était apparue la biographie de Manuel Chaves Nogales, *Juan Belmonte, matador de toros*. Un tel afflux n'a rien d'étrange. Nous nous trouvons à l'âge d'or de la tauromachie ; c'est l'époque de Joselito et de Belmonte. Et plus loin dans le temps, demeuraient les récits des voyageurs français du XIXe siècle, de Mérimée, Dumas et Gautier, entre autres.

Dans *Sang et Lumières* nous pouvons mettre en évidence les trois strates que nous avons énoncées précédemment. Le narrateur-témoin est Don José, un Français récemment arrivé à Madrid, qui jour et nuit accompagne le torero Ricardo García. Ils se sont liés d'amitié dans les casinos de Biarritz ; Don José est devenu l'ombre du torero et le confident de ses moindres tribulations[5]. Le rôle de Don José est purement fonctionnel : c'est le notaire de quelques semaines agitées, prélude de la tragédie. C'est seulement dans le dernier chapitre qui relate la corrida de la Plaza Vieja de Madrid, le 24 mars 1934, que la conscience de Don José vibre aux turbulences annonciatrices du tragique mais annoncé trépas du torero. Cette fonction est la clé du roman parce qu'elle rend possible la vision tragique des strates 2 et 3, ainsi que nous le verrons plus avant. Mais, en la circonstance, le témoin ne se limite pas à accomplir sa fonction ; il est aussi à l'origine d'une forme de roman qui, généralement, est passée inaperçue aux yeux du critique : c'est le roman spatial qui surgit de la vision d'un voyageur. Dans ce genre de roman, le personnage n'est considéré que comme un point qui se déplace dans l'espace ; il ne représente aucunement le centre d'intérêt de l'auteur ni du lecteur. C'est ainsi que le romancier est en mesure de mettre en relief l'hétérogénéité sociale, ce qui se traduit ici par la mise en évidence de la différence nationale et de ses conditions de vie (Madrid, Espagne) que caractérise un omniprésent statisme. Le romancier composera, en un tel cadre, une mosaïque que constitueront différences et contrastes. La vie est conçue comme une succession de chance et de malchance, de bonheur et de malheur, de victoires et de défaites. Tout est statique. Ce qui se perçoit de façon fragmentaire et sous forme d'éléments successifs. Cette dynamique de différences et de contrastes permet, du coup, à l'exotisme de se manifester. Ainsi Peyré pratique-t-il un dessin à l'estompe pour exprimer semblable exotisme de la différence – pour faire cas de ce qui est typiquement espagnol aux yeux du Français – tout en accentuant les dimensions sentimentales ou sociales des deux autres strates, et ce, dans la perspective du symbolisme de la lutte entre l'humanité et la nature, représentée par le torero et le taureau.

Le roman d'épreuves – la 2e strate – est le roman taurin, le roman de Ricardo García. La vision du témoin et les nombreux signaux qui annoncent

[5] Dominique ESCOURROU, *op. cit.*, p. 281.

la tragédie lui confèrent une aura d'événement extraordinaire. Cette forme de roman – que constitue l'épreuve – est associée, à l'accoutumée, au roman spatial du témoin ; il devient le centre d'intérêt et pour l'auteur et pour le lecteur, au moins en apparence. Dans *Sang et Lumières*, l'épreuve est à considérer comme une déviation survenue dans la vie de Ricardo. Il a abandonné les arènes mais des forces extérieures le poussent finalement à y revenir contre son gré. Cette déviation va mettre à l'épreuve son courage, sa noblesse, sa fidélité, ou comme le dit Palette-Cazajus, son authenticité. Cette épreuve, de par sa nature, revêt un caractère pathético-psychologique et idéologique. Ce type d'épreuve requiert un personnage faible. Le rapport qu'entretient Ricardo avec Marilena, une femme fatale, lui confère le caractère d'homme inutile, d'homme de trop, pour reprendre la caractérisation de cette figure qui provient de l'œuvre de Ivan Tourgueniev. L'homme inutile est un personnage en proie au doute, à l'instabilité ; il est ruiné. C'est une marionnette entre les mains d'une femme forte et, dans bien des cas, fatale. Mais cet être inutile ressortit également à un motif idéologique. Dans ce roman Ricardo García est une marionnette entre les mains de Marilena, qui le détruit. Il est, nonobstant, le sujet d'un débat versant sur l'authenticité de la tauromachie. Lui et son compère Manué ressentent que le public désire la mort du torero et ce désir est à l'origine d'un débat sur le sens de la « fête », sur son authenticité qui, comme nous le verrons à propos de *Guadalquivir*, a porté en soi la dégradation de la tauromachie.

Le milieu est un élément indispensable dans le roman d'épreuves. Le milieu se compose d'une cohorte de personnages secondaires et d'une foule de situations passagères qui sont totalement subordonnées au personnage. Ce monde ne peut changer ce personnage. Il ne peut que le mettre à l'épreuve. Le personnage ne peut non plus changer le monde, ni ne le prétend. Il ne peut que le supporter. Dans ce roman de Peyré, le monde acquiert une importance qui déborde le cadre du roman d'épreuves. C'est la 3e strate de *Sang et Lumières*. Dans cette strate se trouve le point de confluence, d'une part, de la capacité d'observation sociale du narrateur-témoin et, d'autre part, de la puissance constitutive de l'idée d'épreuve, lequel dans de telles circonstances est à même d'organiser autour de la figure du personnage tout un matériau complexe qui tel un creuset rend possible le brassage des questions caractérologiques et des conflits sociaux. De cette confluence émerge un symbole : la ville, et dans ce cas précis, Madrid. Reprenons les assertions judicieuses de Palette-Cazajus sur la signification de Madrid dans ce roman :

> Un Madrid omnipresente que late en la novela por todos los pulsos de sus múltiples vidas contradictorias. Un Madrid con luminosos barrios modernos, opulentas zonas residenciales y también barriadas bagdadíes. Una urbe viva y veraz que respira y se despliega ante nosotros al modo de aquellas flores de papel japonesas que Proust transformó en metáfora insuperable del proteico despertar de la memoria. Una ciudad captada desde el hormigueante bullicio de los

cenáculos y mentideros taurinos. Pero en 1934 el aparente autismo del mundillo está profundamente alterado por la tensión social que enerva y desquicia una sociedad crispada y paradójica, a punto de romperse, constantemente recorrida por brotes de tensión y violencia, corroída por el resentimiento y la miseria, pero al mismo tiempo alegre y vividora[6].

À notre avis, c'est bien cette 3e strate qui valorise ce roman. Les deux premières ont connu un long parcours dans la généalogie du roman. Nous nous risquerions à dire que la cause de l'oubli dans lequel est tombé ce roman en incombe en partie à cette 2e strate : soit une forme par trop conventionnelle de faire du roman. De plus, comme nous venons de le mentionner, cette strate est celle qui attire le plus le lecteur. Palette-Cazajus lui-même procède à une approche de ce roman dans la seule perspective de roman taurin, laquelle implique une revendication affichée d'authenticité. Cependant, la ville est devenue l'un des symboles les plus prisés du roman du XXe siècle. Des romans comme *Petersburg* de Andreï. Bielyï, *Berlin Alexanderplatz* d'Alfred Döblin, *Manhattan Transfer* de John Dos Pasos, *La Ruche* de Camilo José Cela, *La peste* de Albert Camus, constituent, du point de vue du genre romanesque, l'authentique contexte de *Sang et lumières*. Quelques citations peuvent illustrer semblable affirmation. À la fin du chapitre IV, Ricardo qui a fait preuve de son courage en affrontant le climat hostile et très dangereux du Bar Huelva fait la confidence suivante à Don José :

> Si Madrid était aussi facile à retourner que les hommes du bar Huelva, je n'en serais pas où je suis. Mais Madrid est pire que la femme dont on voudrait le plus être aimé. Pire qu'elle. Vous croyez l'avoir un soir, vous défaillez. Et puis, rien. Le vent déchire les affiches[7].

Et au moment le plus dramatique du roman, alors qu'il affronte le taureau qui va le tuer, Ricardo García a ce geste : « Du centre de l'arène, comme le Niño de Coria l'avait fait le jour de sa vie, il offrit « Reverso », le taureau qu'il allait tuer, à Madrid, à la Ville entière, avec le geste circulaire qui embrasse tout l'amphithéâtre, geste si pathétique au cœur de la Vieille Plaza »[8]. La ville, comme symbole, relègue au second plan le typisme et

---

[6] « Un Madrid omniprésent, où tous les battements des pouls de ses multiples vies se font ressentir dans tout le roman. Un Madrid aux lumineux quartiers modernes, aux opulentes zones résidentielles, mais aussi avec ses banlieues bagdadiennes. Une ville vivante et authentique qui respire et se déploie devant nous à l'image de ces fleurs de papier japonaises que Proust a transformées en incomparables métaphores du protéiforme éveil de la mémoire. Une ville captée depuis le fourmillant brouhaha des potinières et des cénacles taurins. Mais en 1934 l'apparent autisme du "mundillo" est profondément altéré par la tension sociale qui énerve et bouleverse une société crispée et paradoxale, sur le point de se briser, constamment, parcourue par des poussées de tension et de violence, rongée par le ressentiment et la misère, mais en même temps joyeuse et jouisseuse », Jean PALETTE-CAZAJUS, « De Montherlant à Joseph Peyré… », *op. cit.*, p. 163.

[7] Joseph PEYRÉ, *Sang et Lumières*, Paris, Bernard Grasset, 1946, p. 47.

[8] Joseph PEYRÉ, *ibid.*, p. 313.

l'exotisme taurin. Dans ce roman, comme dans tous les autres qui ont été mentionnés, la ville est un enfer, un collectif pervers où il est impossible de vivre honorablement, ainsi que le constate Frank Biberkopf, le personnage de Döblin.

Le succès du torero se heurte à l'âme perverse des aficionados qui attendent la charge mortelle du taureau : « La gauche ! La gauche ! », crie le public au matador terrifié, exigeant qu'il s'expose au danger fatal. Les locaux taurins deviennent des fabriques de potins, de calomnies, de fielleux ragots. Et les quartiers pauvres sont des foyers de rébellion et sur eux plane le fantôme de l'insurrection. L'entourage amical du torero est incapable de contenir l'action des impresarios et des valets corrompus. La maladie a raison de la jeune épouse. La perverse amante occupe sa place et saigne le matador aux quatre veines. Tout suinte la perversion : misère économique, souffrance physique, déstabilisation terroriste. Tout conspire contre la vie. C'est le mal social. Ce que Galdós a appelé la *caquexia (cachexie)*. Peyré lui donne un autre nom : la *neurasthénie*. Il parvient, cependant, à quelque chose de plus important : d'en faire un symbole de la ville. Si le roman d'épreuves reflète la lutte de l'homme contre la nature, le roman de la ville nous permet de comprendre que, comme le disait Eschyle, le pire ennemi de l'homme c'est l'homme lui-même.

Semblable formule de roman, quoiqu'avec de sensibles variations, nous est proposée dans *Guadalquivir*, roman publié dix-sept années après *Sang et Lumières*. Est présent le même narrateur-témoin : Don José. Mais à présent, c'est moins un personnage secondaire ; il est plus impliqué que le confident du roman précédent. De lui nous savons qu'il est français, bien qu'au Ier chapitre il admette être sévillan, ce qu'il niera par la suite, parce que « n'est pas et ne sera jamais un Sévillan qui n'est pas né entre San Gil et la Giralda »[9]. Cette affirmation, ajoutée au titre du roman, et le commentaire qui en est fait dès l'ouverture du texte, sont des pistes qui nous conduisent directement au premier plan du symbolisme de cette œuvre : l'essence de la terre andalouse et de la ville de Séville, la nature et la ville. C'est par conséquent, un roman de la terre vue par un étranger, car « j'avais beau habiter depuis assez longtemps Séville, je n'étais pas encore adopté »[10].

Ce symbolisme affecte les trois strates du roman : le rôle du narrateur – plus actif que dans *Sang et Lumières* ; le roman d'épreuves – qui dans ce cas précis est le roman de Juan Fernando Soria, personnage que, selon Palette – Cazajus, Peyré a élaboré en s'inspirant de Luis Miguel Dominguín – et le dualisme de la ville – Séville – et de la campagne – les Marismas. Les 2es et 3es strates souffrent d'une transformation sensible qui, comme nous le verrons, sert un dessein didactico-symbolique.

Du narrateur nous savons que c'est le même qui apparaissait dans le roman de 1935. Déjà dans le paragraphe final de *Sang et Lumières* il est dit

---

[9] Jean PALETTE-CAZAJUS, « Autenticidad del toro... », *op. cit.*, p. 17.
[10] *Ibid.*, p. 17.

qu'il a été nommé directeur des « Forces Hydro-électriques du Haut Tage ». À présent nous le retrouvons installé à Séville depuis deux ans, où il travaille dans ladite entreprise. Si dans le roman précédent, dont il est fait mention en permanence, le témoin ne se réduisait, pour ainsi dire, qu'à sa dimension de témoin muet, dans *Guadalquivir* Don José est un personnage impliqué dans la trame du roman d'épreuves. On peut dire que c'est un personnage militant. Au Ier chapitre il nous fait part de l'antipathie qu'il ressent pour Juan Fernando et de sa préoccupation quant à l'annonce que celui-ci vient de faire de son prochain mariage avec Alegria, la Duchesse de Ayamontel, une jeune Sévillane ayant reçu une éducation britannique, « plus anglaise qu'espagnole », dont il est amoureux. Le lie une vieille amitié avec sa mère, Reyes, la comtesse de Fuenterreal, qui est veuve. Le caractère militant du narrateur est immédiatement mis en exergue. Le torero Juan Fernando est l'illustration même de la dégradation de la tauromachie.

Le débat sur l'authenticité du combat de taureaux qui plane sur *Sang et Lumières*, dans *Guadalquivir* s'érige bien vite en un plaidoyer contre le modèle de « fête », qui est un scandale, une fraude basée sur le combat de taureaux amoindris, aux cornes sciées, un bluff de certains toreros qui remportent des succès faciles devant un public d'incompétents et au sein de la gent féminine. Le narrateur cesse d'être un témoin pour devenir l'idéologue d'une cause : la défense de l'authenticité de la tauromachie qu'il y a lieu d'entendre comme la cause principale de la défense de la terre andalouse, menacée par la dégradation des temps modernes. Le personnage de Don José va même faire preuve d'un redoublement de conscience quand en assistant au sciage des cornes des taureaux, et devant la souffrance criminelle infligée à ces animaux, il conjure les doutes qui le tenaillaient quant à la survivance de la grande tradition taurine et sur le culte du taureau souverain. De même, le personnage de Alegria connaîtra un moment de sursaut de conscience lorsqu'elle découvrira la perversion de Juan Fernando.

Le roman d'épreuves subit une telle mutation que le résultat ressemble à une comédie. Le couple homme inutile – femme fatale est remplacé par un autre couple de signes différents : homme séducteur – femme jeune et mal éduquée (Juan Fernando et Alegria).

Si dans le roman précédent demeurait en arrière-plan une troisième personne – la moribonde Nieves – dans ce roman nous rencontrons un troisième personnage bien plus vigoureux et bien mieux ébauché : l'homme de bien, Julián Guadiamar, l'éleveur des taureaux de combat.

Le séducteur Juan Fernando, outre qu'il repose sur un personnage réel – Luis Miguel Dominguín –, est une figure littéraire : le *trickster*, ou le mystificateur, une sorte de Don Juan qui prendra la fuite en compagnie de Alegria.

La jeune Alegria, de son côté, est également une figure littéraire, même si l'on peut lui trouver des fondements historiques puisque son personnage est bâti moyennant des éléments empruntés à la biographie de Cayetana Fitz James Stuart, la duchesse de Alba ; il s'agit d'une figure relevant d'un mélange de sérieux et de comique, issue du roman biographique : la jeune femme au comportement capricieux et porteuse du scandale. De plus, elle présente un trait du roman familial : elle répète le comportement irresponsable qui fut un jour celui de sa mère, Reyes, laquelle, elle aussi, s'était enfuie avec un torero.

Ce changement romanesque a pour résultat de fusionner des éléments du roman d'épreuves et ceux du roman biographique. Aussi apparaît-il, de ce fait, un élément de déviation affectant le cadre de vie – la fuite de la jeune Alegria avec le torero, soit une marque indélébile de l'épreuve. S'ajoute aussi un élément générationnel, la répétition de la conduite mère-fille, propre au roman biographique-familial. La fin heureuse du roman lui donne un ton mélodramatique ; son orientation conduit ce produit vers la comédie, élément qui semble peser dans la mise en valeur qu'en tire Palette-Cazajus. Ce roman n'a rien à voir avec la tragédie de Ricardo Garcia.

Le troisième élément est, ici aussi, le plus précieux du roman. À nouveau, la ville est un symbole, mais à présent ce dernier est confronté à la campagne – les Marismas et le Guadalquivir. Pour Palette-Cazajus, cet aspect est à considérer comme un élément négatif :

> Guadalquivir retrata una Sevilla políticamente inerte, aparentemente varada en un remanso de la historia, una sociedad en estado casi cataléptico donde la callada morosidad de los motores que accionan habitualmente la sociedad da a la mayoría de los personajes una dimensión de actores ficticios o de lejanos supervivientes[11].

Il reconnaît qu'il s'agit d'un roman très amène, ce qui dans son esprit est également un élément négatif car, selon lui, cet aspect occulte le manque de « grandeza y la genialidad de las obras mayores/ grandeur et de la génialité des œuvres majeures »[12]. Ce roman est amène, car il réunit beaucoup de personnages, encore que moins bien profilés que dans *Sang et lumières*. Ils tendent à forger la typicité sévillane :

> porque el protagonismo auténtico de *Guadalquivir* lo asumen ciertamente Sevilla y la sevillanidad, cuyo difícil tratamiento, expuesto a todos los riesgos, centra buena parte del interés de la novela[13].

Cependant, il y a quelque chose de plus que le philosophe et anthropologue n'a pas semblé voir : l'image de Séville est très distincte de celle de Madrid. Madrid est la ville du conflit. C'est la capitale. Séville est la ville des traditions et des coutumes. C'est « Una Ciudad de jerarquías

---

[11] *Guadalquivir* portraiture une Séville politiquement atone, apparemment échouée en un jusant de l'Histoire, une société en état quasiment cataleptique, où la morosité silencieuse des moteurs qui habituellement actionnent la société donne à la majorité des personnages une dimension d'acteurs fictifs ou de lointains survivants, *ibid.*, p. 128.

[12] *Ibid.*, p. 168.

[13] « Parce que le premier rôle de l'authenticité dans *Guadalquivir* est, sans doute aucun, tenu par Séville et la « sévillanité », dont le traitement des plus délicat, et à très hauts risques, est au centre même de l'intérêt du roman », *ibid.*, p. 136.

sociales tan rígidas/ une ville aux hiérarchies sociales si rigides » qu'elle génère de la médiocrité chez certains de ses habitants[14]. C'est la ville de province par excellence[15].

Un moment tout particulièrement significatif, à cet égard, est celui du chapitre XVII où Don José accède à la pièce particulière où se trouve la Vierge de la Amargura. Auparavant il a vu broder un manteau destiné à cette Vierge, qui demandera quatre années d'ouvrage à la brodeuse. C'est alors que Jacinto qui l'introduit dans les arcanes de la confrérie, lui dit : « Nous sommes gens du Moyen Âge, et nous avons les défauts de notre âge. Mais nous travaillons pour l'éternité »[16]. Tel est l'esprit ensorceleur de Séville.

Pour notre part, nous prendrons le contre-pied de Palette-Cazajus quant à la valorisation de ce roman. Pour lui, le critère qu'il met en avant, c'est l'expression de l'authenticité de la tauromachie, laquelle dans ce roman n'atteint point la grandeur du roman précédent. De notre point de vue sa conception de l'authenticité est purement thématique. Notre critère n'est point apologétique. Il se propose de comprendre les lois du roman. Ces deux romans ont donné lieu à une approche relevant de leur dimension exotique. Ils ont fait l'objet de piètres critiques ; quant aux éloges ils ont été plutôt miteux.

À l'exception des cas déjà mentionnés, la critique n'a pas perçu leur trait fondamental : le symbolisme de la lutte qui se trame entre la nature et l'humanité elle-même, ce qui fonde l'esthétique de telles œuvres et de bien d'autres de Peyré. Ces romans fondent leur symbolisme sur un jeu tragicomique ainsi que sur des symboles traditionnels – les éléments naturels – et modernes – les urbains –. Ce jeu et ces symboles se placent au service de ce que Laforcade a appelé « la quête d'absolu ».

Le contraste entre le symbolisme urbain et celui des Marismas affirme la supériorité de Séville, en ce qu'elle est plus proche de la tradition taurine, sur celle de Madrid dans *Sang et Lumières*. Ce qui, par conséquent, a une incidence sur l'esthétique de Peyré : une esthétique qui repose essentiellement sur des différences et des contrastes, soit une esthétique dramatique. Dans le cas de Séville, le dramatisme confronte l'authenticité des Marismas et de l'homme de bien, au milieu de ses taureaux dans leur plénitude, de ses paysages exclusifs, face à la ville ambivalente qui est à la fois aimée pour sa beauté et abhorrée pour la complaisance qu'elle affiche envers l'avilissement. Dans le cas de Madrid, le combat pour l'authenticité n'est point pertinent parce que cette ville représente l'enfer, où triomphent des êtres toxiques comme Marilena. Telle est la leçon de Joseph Peyré. Aussi est-ce pour cette raison qu'il ne doit pas être oublié.

---

[14] *Ibid.*, p. 174.

[15] L'opposition entre capitale et province rappelle ce qu'écrivit Balzac dans son « Avant-propos » de 1842 sur la province à propos d'Eugénie *Grandet.*

[16] Jean PALETTE-CAZAJUS, « Autenticidad del toro… », *op. cit.*, p. 174.

Le puits et la maison : demain, un autre monde ?

CHRISTIAN MANSO
(Université de Pau et des Pays de l'Adour)

Dans la partie IV de ses *Curiosités esthétiques* (1868), consacrée essentiellement à l'Exposition universelle de 1855, Baudelaire a cette réflexion à propos de l'« idée moderne de progrès appliquée aux Beaux-Arts » : « Demandez à tout bon Français qui lit tous les matins son journal dans son estaminet, ce qu'il entend par progrès, il répondra que c'est la vapeur, l'électricité et l'éclairage au gaz, miracles inconnus aux Romains, et que ces découvertes témoignent pleinement de notre supériorité sur les anciens ; tant il s'est fait de ténèbres dans ce malheureux cerveau et tant les choses de l'ordre matériel et de l'ordre spirituel s'y sont si bizarrement confondues ! Le pauvre homme est tellement américanisé par ses philosophes zoocrates et industriels, qu'il a perdu la notion des différences qui caractérisent les phénomènes du monde physique et du monde moral, du naturel et du surnaturel [...]. Si les denrées sont aujourd'hui de meilleure qualité et à meilleur marché qu'elles n'étaient hier, c'est dans l'ordre matériel un progrès incontestable. Mais où est, je vous prie, la garantie du progrès pour le lendemain ? Car les disciples des philosophes de la vapeur et des allumettes chimiques l'entendent ainsi : le progrès ne leur apparaît que sous la forme d'une série indéfinie. Où est cette garantie ? Elle n'existe, dis-je, que dans votre crédulité et votre fatuité.

Je laisse de côté la question de savoir si, délicatisant l'humanité en proportion des jouissances nouvelles qu'il lui apporte, le progrès indéfini ne serait pas sa plus ingénieuse et sa plus cruelle torture ; si, procédant par une opiniâtre négation de lui-même, il ne serait pas un mode de suicide incessamment renouvelé, et si, enfermé dans le cercle de feu de la logique divine, il ne ressemblerait pas au scorpion qui se perce lui-même avec sa terrible queue, cet éternel *desideratum* qui fait son éternel désespoir ? »[1] Semblable citation, dont la longueur ne saurait être considérée comme intempestive, est, au contraire, des plus éclairante sur une dispute ô combien cruciale ! Elle énonce avec beaucoup d'acuité une problématique des plus

[1] Charles BAUDELAIRE, *Curiosités esthétiques* (édition définitive), Paris, Calmann-Lévy, p. 219-220.

controversée, qui n'a cessé de hanter l'humanité, et dont l'actualité est on ne peut plus patente. Aussi, lorsqu'en visionnaire, Joseph Peyré publie en 1955 *Le Puits et la maison* pour interpeller son lecteur quant au cataclysme qu'est susceptible de générer le surgissement du pétrole au cœur même de son Béarn natal, il ne fait aucun doute qu'il reprend la préoccupation baudelairienne dans toute la complexité de sa portée. Baudelaire ne s'interroge-t-il point, déjà, sur « le progrès pour le lendemain » ? Cette question demeure donc en débat, d'où le titre choisi pour la présente étude : « L'or noir en Béarn : vers des lendemains qui chantent ? » L'ambiguïté de l'interrogation étant en soi le fondement même de celle de l'illustre prédécesseur.

Pour peu que curieux soit le lecteur de cet ouvrage, il ne manquera pas, assurément, d'être comblé par le chapitre qui en ouvre la trame, tant Joseph Peyré tient, d'entrée, à asseoir les bases de son récit qui repose sur un balancement manifeste quant à la notion d'autre monde. Fort de sa propre expérience de terrain, il plante, en effet, son décor au cœur même de la singularité de son monde béarnais, à savoir le droit d'aînesse et les conséquences qui lui sont afférentes. Tandis qu'Auguste, l'aîné des Sabathé a conservé la maison familiale sise à Saint-Jean-des-Vignes, soit à Aydie, Saint-Jean-des-Vignes en étant le saint patronyme, Jacques, son cadet, a dû, dans la plus pure et implacable tradition du terroir, prendre le chemin des États-Unis où il a accumulé une « fortune de magnat »[2]. Il s'est, partant, quelque peu américanisé en se faisant appeler « oncle Jem » (7). On n'est, par conséquent, pas très loin de l'oncle Sam ! Et le balancement se fait grandement sentir d'une rive à l'autre de l'Atlantique et davantage ici, d'une rive de l'Atlantique à la rive du Pacifique, puisque cet oncle Jem s'est établi en Californie, à Santa Barbara précisément. Balancement entre l'ancien et le nouveau monde. Un autre monde pour demain ? Telle est la question qui pourrait être posée. Joseph Peyré brosse avec beaucoup de réalisme ce que signifie le gigantisme américain tout en en soulignant les excès, voire les fourvoiements. Oncle Jem se rend, à bord de son avion personnel, sur son exploitation agricole située à Marvel Valley, que non sans une pointe d'humour l'écrivain qualifie de « jardin des Hespérides » (7).

L'exploitation où l'on cultive « oranges et tomates » (10) en abondance, fait appel à une main-d'œuvre de « journaliers mexicains » (9). Son fonctionnement relève d'un immense et sophistiqué système hydraulique entièrement automatisé dont les commandes s'opèrent depuis une cabine et dont l'efficience se peut observer par l'intermédiaire d'écrans de contrôle. Bien sûr, en semblable espace, rien d'étonnant à ce que la présence du pétrole soit de mise. Elle est particulièrement spectaculaire à Marvel Valley d'où l'on peut distinguer, dans le lointain, un « geyser irisé par le soleil » (7), dont la sombre silhouette cyclopéenne semble sortir impétueusement de

[2] Joseph PEYRÉ, *Le Puits et la maison*, Bayonne, Les éditions du Mondarrain, 1997, p. 10. Dorénavant apparaîtra entre parenthèses le numéro de la page de l'ouvrage.

l'océan : il s'agit du « gusher » de la Sand River, « le puits de pétrole incontrôlé, en éruption depuis six mois, et que seul tuerait, à la fin, l'eau salée » (7). Ainsi, dans cette Amérique de l'immédiat après-guerre, des années 1950, tout est à l'avenant, tel ce « monstre de stuc » (11) auquel s'assortit en tout point le cottage de Santa Barbara de l'oncle Jem. De là cette réflexion de ce dernier qui, pris du vertige de l'empire qu'il a sur son environnement, se croit investi d'un véritable pouvoir démiurgique. Ne fait-il point référence aux techniques de Marvel Valley, « assez novatrices pour transgresser les règles mêmes de la Création » ? (9). Il va de soi que s'étalent devant le lecteur ces signes ostentatoires – de technique et de richesse qui sont, pour sûr, à mettre au compte de ces « séries indéfinies » dont il semble qu'elles puissent remettre en cause la Création elle-même, et qui concomitamment posent à l'évidence cette question glaçante : demain, un autre monde ? Cet autre monde n'apparaît-il pas qui appelle des lendemains horrifiants, issus d'une transgression majeure, vouée à une issue sans retour ?

Trait d'union entre l'ancien et le nouveau monde, il y a Pierre, qui est le fils d'Auguste et le neveu de Jacques. Polytechnicien, il s'est rendu une première fois en Californie à la fin de la Seconde Guerre mondiale pour y effectuer un stage de pilote militaire. Le conflit mondial terminé, il a intégré l'École nationale du pétrole (10), puis il est retourné en Amérique pour y réaliser un stage de perfectionnement « sur les sondes californiennes et texanes » (10). Son oncle souhaiterait, plus que tout, qu'il reste sur ses terres pour y diriger son exploitation, ne désirant nullement la confier aux gendres de ses deux « écervelées de filles » (9). Pierre s'y refuse catégoriquement. Durant son second stage, « l'Amérique lui pesait » (10), au point de ressentir à son égard de l'antipathie. Pierre est habité de cette volonté qui le tenaille en permanence de « fuir les terres inhumaines » (31) de cette Amérique, qui allaient le poursuivre longtemps, telles des visions cauchemardesques en son Béarn : « les terrains de Stanley Field et leur aurore boréale, la forêt de derricks ruisselante de feux, dont la rumeur le harcelait à travers les jalousies de sa chambre » (31).

Pierre n'aspire qu'à regagner au plus vite sa terre natale et, si possible, la maison Sabathé, « sa haute coiffure de tuiles de Béarnaise, ses cèdres bleus et son bouquet de chênes, les plumets blancs de ses touffes de gynérium » (12). Il est sûr de renouer avec tout ce qui va contribuer à lui faire retrouver son équilibre mental – et physique, soit ce qui, par contraste, se trouve aux antipodes de l'essence américaine : « Son séjour l'avait assuré qu'il lui serait aussi impossible de s'adapter au monde en train de naître que d'endurer l'exil. Il aspirait à la liberté vraie, à l'humaine douceur, à l'air des vignes et des jardins de son pays. Il lui fallait une maison durable, et de très vieux villages hors d'atteinte » (15). Décidément, « ce monde en train de naître », cet autre monde, n'a-t-il tien d'engageant.

À peine est-il de retour en Béarn, qu'il lui faut, la nuit tombée, réactualiser un rite initiatique lui permettant de vibrer à l'unisson de la nature environnante. Il est un sentier sous la châtaigneraie où Pierre « avait un premier secret » (41). En sa prime enfance il avait été initié au mystère du cèpe, dont la cache se trouve « sous une souche saillant comme un serpent au flanc d'un talus jaune » (41). S'il est capable d'opérer la jonction avec l'objet caché, il aura, alors, rétabli le lien qui le relie à son milieu, à la nature, et en fait un initié d'un lien sacré. Aussi n'est-ce pas sans émotion et appréhension qu'il entreprend sa quête : « il écarta les feuilles mortes de châtaignier. Avait-il perdu ses pouvoirs ? La question mesurait l'abîme qui séparait l'homme de Stanley Field de l'homme de Saint-Jean. Mais il reconnut sous sa main le velours spongieux et odorant d'une tête de cèpe, qu'il détacha d'un tour de doigt, dans un arrachement de fibres sèches [...]. Pierre se sentait reconnu » (41). Aussi, au terme de cet acte secret qui repousse définitivement tout ce qui est attenant à l'Amérique, se sent-il réinvesti de cette apaisante appartenance à cet ordre naturel qui lui tient tant à cœur. Cependant, en tant qu'ingénieur des mines, Pierre nourrit une passion dont il envisage qu'elle puisse être pleinement assouvie sur un territoire proche de sa petite patrie. N'a-t-il pas appris qu'à quelques pas de la maison Sabathé, à Auriet exactement, la Société pétrolière qui l'emploie désormais, s'est déjà livrée à un forage qui s'est avéré infructueux, mais dont il y a lieu d'espérer qu'il soit suivi d'autres tentatives susceptibles d'ouvrir en son Béarn des champs d'exploitation ?

Amoureux de son petit coin du Béarn, comment va-t-il donc pouvoir résoudre cette épineuse contradiction consistant à y implanter un forage sans lui porter préjudice ? Et ce d'autant plus que visitant le puits abandonné d'Auriet, c'est une souffrance physique qu'il ressent personnellement en voyant le sous-bois « meurtri » (36), couvert de « cicatrices » (36), « profané » (36). Il a réellement « l'impression de l'avoir abîmé de ses mains » (36).

Quant à Auguste, il ne porte pas en vain un tel prénom. C'est le maître de la maison, avec tout ce que cela suppose en semblable parage. Une maison qu'il a héritée de son père Léonce et dont il souhaiterait qu'elle ait Pierre pour successeur. Avec le titre de son ouvrage apparaît, par conséquent, le dessein de l'écrivain qui oppose cette maison – sa stabilité, sa durabilité, sa tradition – au puits (de pétrole) qui en est l'antinomie. N'est-il pas étroitement attaché à la « roulotte des trailers américains » (19) ? N'est-il pas inscrit dans sa vocation d'aller « quêter soleil et travail ailleurs » ? (19). Dans de telles conditions, Auguste se présente comme la contre-figure de l'oncle Jem ; c'est, à lui seul, un autre monde. C'est l'ancien monde, avec cette hantise du lendemain pour des raisons de plusieurs ordres qu'il va, bien entendu, falloir nuancer.

Auguste est résolument hostile à la marche du temps. Il a lutté contre l'électrification du village, n'a accepté l'électricité que dans sa cuisine, préférant dans sa chambre à coucher l'éclairage d'une lampe à pétrole « Matador » (27) ; de même, il y a banni l'entrée du poste de radio (27). Il a refusé toute mécanisation sur ses terres où il cultive la vigne et où il pratique, autant que possible, une totale autarcie. Il ne peut supporter l'apparition du pacherenc doux, une déviance à son avis, dont il rend responsables et la mode et l'esprit de lucre. L'alimentation en eau de son exploitation qui recourt au « puits système Vermeulen » – « qui avait été l'un des clous de l'Exposition de 1900 » (22) – ne cesse de tomber en panne. Et pas question, pour autant, d'installer l'eau courante dans sa cuisine pour soulager les maux de sa domestique Sourine qui n'est plus toute jeune (27).

De plus, ses lubies lui coûtent cher : « Les porcs yorkshire achetés à feu d'argent qui crèvent, les leghorns qui attrapent le choléra », etc. (30). Et avec cela c'est un homme colérique, tyrannique avec ses domestiques, qui refuse les dollars de l'oncle Jem pour réparer les gouttières du toit et acheter un tracteur. Nonobstant, c'est un inconditionnel de son vignoble et tout particulièrement de ses vieilles vignes pour lesquelles il a été jusqu'à supprimer soufrage et sulfatage, lesquelles se trouvent sur la parcelle d'Arrens composée de bois, de landes et de la fontaine « réputée autrefois pour la pureté, la saveur de son eau » (34).

Aussi, ce n'est pas sans raison ni gravité que Joseph Peyré fait le commentaire suivant à propos de ce lieu de prédilection : « C'était le cœur même du Sabathé » (34). Et qu'il révèle en même temps ce qui habite foncièrement Auguste : « un amour effréné de sa terre, un attachement aveugle au passé, la révolte d'un colérique contre la main forcée du temps nouveau » (34).

Au grand dam de son père, Pierre « avait pris le mal » (11). Ce qu'il ne manque pas, à l'occasion, de lui faire véhémentement savoir, même si la Société pétrolière qui l'emploie – la SRP – l'a affecté sur le site de Castelnau d'Ariège, c'est-à-dire hors de sa vue. Mais voilà qu'un beau matin « le grand singe à lunettes » de la SRP (78) lui rend visite en vue d'installer « un derrick sur la lande attenant à la vigne de la fontaine » (74). C'est pour Auguste le suprême outrage que l'on puisse lui infliger.

Aussi se décide-t-il, séance tenante, à se « battre [...] comme nous ne nous sommes jamais battus depuis 14 » (79). Contre la S.R.P., contre la Préfecture dont elle a, manifestement, le soutien, contre le maire de Saint-Jean qui pense au pactole susceptible d'échoir à sa commune. Dans ce but, il va faire campagne pour les municipales de 1953 sur un programme ne comportant qu'un seul point : proscrire cette « saleté de puits de pétrole (qui) pousse comme l'ivraie » (79).

Cet homme bourru cache, en fait, une sensibilité à fleur de peau que l'extrême gravité de la situation fait affleurer. Devant l'imminence du cataclysme qu'il prévoit, Joseph Peyré adresse un message à son lecteur, qui n'a rien de subliminal, mais qui, pour l'époque, n'a peut-être pas effleuré les consciences. Demain, un autre monde ? Oui, pour Auguste qui prône une attention toute particulière à l'écosystème incluant sa vigne – bois, landes, fontaine : « seule ma terre compte [...]. Antonin se moque de moi parce que je cours mes vignes avant le jour [...]. Mais tu sais pourquoi ? Parce que j'y suis seul, et que je crois les voir pousser devant mes yeux. Je les connais, je sais ce qui les fait souffrir, et ce qui leur ferait du bien » (79). Auguste a bien pris le pouls de ses vignes et c'est là une toute nouvelle voie qu'il ouvre à l'écologie.

Dans cette approche il est question d'un autre monde susceptible d'être lié à un lendemain radieux, l'un n'allant pas sans l'autre, puisque sous-tendu par cette idée de progrès qui n'a cessé de tarauder de tout temps l'humanité. Joseph Peyré a été très inspiré à ce propos de se saisir de cette problématique à travers ce qui lui a semblé hautement significatif en l'occurrence : la tradition béarnaise dans tous ses tenants et ses aboutissants. Les personnages qu'il a judicieusement mis en scène ne pouvaient être mieux représentatifs pour illustrer son dessein volontairement contradictoire et tenter de trouver non pas une solution tranchée, catégorique, mais plutôt une synthèse de sagesse.

Pierre, est, à coup sûr, le personnage qui est le plus à même de la réaliser tout en s'évertuant à concilier cette avancée du progrès technique et technologique et cette défense énergique de l'environnement. Sera-ce la voie de la sagesse préconisée par Joseph Peyré ? C'est, assurément, la solution de la voie moyenne, ménageant, en quelque sorte, la part revenant naturellement à l'humanité, prévenant tous les excès susceptibles d'en réduire la présence et le rayonnement. Il est, par conséquent, un équilibre à rechercher par l'homme, un homme qui entend réguler tout ce qui est attenant à son environnement, ce qui en fait un adepte de l'anthropocène.

À côté de Pierre, il y a, toutefois, Auguste, plus radical, qui refuse tout progrès matériel, technique, qui est bien décidé à enrayer coûte que coûte cette plaie qui, d'après lui, pourrait avoir raison de tout ce qu'il prise au plus haut point : le respect total, inconditionnel qu'il voue à sa vigne, ce qui implique qu'à ses yeux, elle est pleinement dotée d'une existence à part entière à laquelle il ne saurait être question de porter le moindre préjudice. Chez elle, il perçoit, sans se les expliquer clairement, des signes intangibles l'amenant à soupçonner tout un monde d'expressivité, d'intellection, un langage, une potentialité communicative.

Il est certain que Joseph Peyré ouvre par là la voie à des courants écologiques qui attachent la plus grande importance à cette complexité vitale que forme l'environnement, qu'il faut préserver au nom même de l'humanité. L'on est en droit de se demander si sa préférence ne pencherait pas du côté du patriarche Auguste, lequel apparaît comme un visionnaire de ces courants contemporains de la première décennie du XXIe siècle. Il n'est que de songer à l'ouvrage de Richard Powers, *L'Arbre-Monde*[3]. Demain, un autre monde.

[3] Richard POWERS, *L'Arbre-Monde*, Paris, Éd. du Cherche midi, 2018.

Joseph Peyré, pionnier du roman d'alpinisme

MONTSERRAT LÓPEZ MÚJICA
GIECO – Instituto Franklin – UAH

> Quelle force n'a-t-il pas fallu pour rompre et pour balayer tout ce qui manque à cette pyramide ! Car on ne voit autour d'elle aucun entassement de fragments ; on n'y voit que d'autres cimes qui sont elles-mêmes adhérentes au sol et dont les flancs, également déchirés, indiquent d'immenses débris, dont on ne voit aucune trace dans le voisinage. Sans doute ce sont ces débris qui, sous la forme de cailloux, de blocs et de sable, remplissent nos vallées et nos bassins, où ils sont descendus, les uns par le Valais, les autres par la Vallée d'Aoste, du côté de la Lombardie[1].

Cent cinquante-quatre ans ont passé depuis la première ascension du Cervin par la cordée formée par Edward Whymper (1840-1911) et de la tragédie qui en a résulté. L'alpinisme a beaucoup changé depuis et le caractère original des Alpes inexplorées, et peut-être inaccessibles, et de presque toutes les montagnes du monde, a également été perdu. Mais la silhouette du Cervin est toujours là, éclatante et belle, en tant que référence géographique, esthétique et alpiniste, focalisant de façon magique le regard des excursionnistes et attirant les alpinistes qui souhaitent le conquérir, en tant que paysage et en tant que défi. Si les Alpes sont le canon des montagnes, le Cervin est le modèle de la montagne élancée, du pic pointu, de la beauté pyramidale de la nature, de la dent de la terre. Sanctuaire de la montagne et de l'alpinisme. Si le Cervin n'existait pas, la Terre ne serait pas si magnifique, si grande, si exigeante et inaccessible, même si raffinée. C'est la montagne des montagnes, la plus photographiée au monde. Le mythe et l'emblème des alpinistes comme des photographes. L'image de marque et le symbole de la Suisse.

À l'instar du Cervin, l'œuvre de Joseph Peyré, *Matterhorn*, n'a rien perdu de son intérêt et reste aussi moderne qu'il y a presque un siècle. Elle continue à nous faire rêver dès sa première page :

[1] Horace Bénédict DE SAUSSURE, *Voyage dans les Alpes. Des Voyages en Valais, au Mont Cervin et autour du Mont-Rose*, Seconde édition augmentée, Paris, Joël Cherbuliez, 1852, p. 363.

Rumeur d'abeilles dans les mélèzes, le bourdonnement des prières étourdissait la rue sombre de Zermatt. La procession allait quitter le reposoir dressé entre le musée des victimes du Matterhorn et le « Mont-Cervin » pavoisé aux couleurs rouge et blanc, vert et noir, rouge et noir des cantons, et poursuivre sa lente route[2].

Mais d'où vient cet intérêt de Joseph Peyré pour les Alpes ? Quelle est l'origine de cette admiration pour cette chaîne de montagnes et surtout pour l'alpinisme, – un sport qu'il n'a, d'ailleurs, jamais pratiqué ?[3]. Passionné d'escalade et d'alpinisme et admirateur des pionniers des sommets, Joseph Peyré nourrit depuis l'enfance une passion viscérale pour la haute montagne. En fait, la montagne a toujours fait partie de la vie de l'auteur. Les Pyrénées ont toujours été présentes dans l'horizon de Joseph Peyré, mais en s'approchant des Alpes, ce passionné des altitudes, va apporter sa petite graine à un nouveau genre de roman : le roman de montagne[4]. La conquête des sommets et l'esprit qui y règne lui fournissent un sujet à sa mesure : les Alpes deviennent le théâtre où l'homme se magnifie et se grandit[5]. Inspiré, donc, par le pic du Midi d'Ossau, son « Cervin » pyrénéen, le Béarnais se transporte dans les Alpes d'où il revient avec *Matterhorn* en 1939. Mais, retournons à la source.

C'est en 1925 que tout commence. Étant chef de cabinet du préfet de la Haute-Vienne, à Limoges, Joseph Peyré démissionne de ce poste pour accompagner son ami et pupille Édouard Pourtalé, atteint d'une tuberculose à Leysin, en Suisse. C'est ainsi qu'il va avoir un premier contact avec les Alpes, à travers la station à la mode du canton de Vaud. La commune vaudoise est à cette époque l'une des plus importantes stations climatiques d'altitude en Europe et elle s'est spécialisée dans l'héliothérapie pour la cure et la prévention de différentes maladies, parmi lesquelles la tuberculose osseuse. Ce n'est pas encore la vraie montagne, mais ce long séjour à Leysin va lui permettre de retrouver son ami, l'écrivain Francis Carco, et faire la connaissance de Joseph Kessel, lesquels vont favoriser ses débuts dans le grand journalisme parisien.

Ce long séjour de 1926 à la station de Leysin va lui servir de cadre alpestre pour son deuxième roman, publié en 1930, *Xénia*, préfacé par Joseph Kessel. L'action se situe au cœur du Tyrol, à l'hôtel de l'Aldelsberg. Son héroïne, la comtesse Xenia Ileguine, est une sorte d'aventurière et de

---

[2] Joseph PEYRÉ, *Matterhorn*, Paris, Grasset, Les Cahiers Rouges, 1939, p. 15.

[3] Michel BALLERINI compare le cas d'Henri Troyat avec celui de Joseph Peyré : « l'un et l'autre n'ont jamais pratiqué l'alpinisme, mais l'un et l'autre ont écrit des œuvres qui comptent parmi les meilleures de la littérature alpine romanesque » (*Le Roman de montagne en France*, 1973).

[4] Si les débuts de la littérature de montagne ou d'alpinisme ne sont pas tout à fait clairs, selon Michel BALLERINI, le début de la littérature himalayiste se produit avec la parution de *Mont Everest* de Joseph PEYRÉ en 1942 (Gilles Mossière).

[5] Même Roger Frison-Roche, un vrai montagnard, auteur de best-sellers sur le sujet, disait avoir trouvé en lui un maître et un inspirateur.

femme fatale qui va entraîner son malheureux admirateur Bernard de Sergy, à sa perte. Les Alpes sont présentes à travers la vie de la station : la maison de santé rappelle énormément l'atmosphère du sanatorium de Leysin où Peyré connut la femme de Joseph Kessel, elle aussi atteinte d'une tuberculose. Mais on y retrouve également tous les professionnels qui font vivre la station : médecins, infirmières, hôteliers, animateurs, moniteurs de ski ou de patinage et, bien sûr, le personnel des salons de jeux. Et toute la série de personnages bizarres qui font partie de cet ensemble : à savoir, les barons vrais ou faux, les étrangers fortunés ou escrocs, les femmes à la recherche d'un mari fortuné ou d'un amant (ou même d'un gigolo), sans compter quelques jeunes très riches dont les parents ont fait fortune de l'autre côté de l'Atlantique.

Mais c'est avec *Matterhorn*, publié en 1939, que Joseph Peyré marquera le début du roman d'alpinisme, c'est-à-dire, des romans qui se déroulent non seulement dans la moyenne montagne mais aussi dans la haute montagne, et où l'alpinisme même devient un élément prépondérant dans le récit. Voici la définition que Roger Frison-Roche proposait sur l'alpinisme :

> L'alpinisme commence à partir du moment où l'ascension d'une montagne, d'une falaise ou d'un sommet secondaire, bref d'un accident de relief terrestre, devient dangereuse par le fait même du relief ou du climat. C'est uniquement la notion de danger et la technique forgée par l'homme pour déjouer ces dangers qui constituent ce qu'on nomme communément l'alpinisme et qui est, en fait, une grande passion humaine tendant à devenir un sport à l'état pur, où le désir de la performance fait passer au second plan les qualités esthétiques demandées jadis à une ascension[6].

Joseph Peyré va s'inspirer de la « première » tragique du Cervin/Matterhorn, le 15 août 1865, puisque quatre des grimpeurs firent une chute mortelle à la descente. Cet accident eut un retentissement énorme dans toute l'Europe : Yves Ballu nous rappelle que l'ascension du Cervin a enrichi l'imagerie de l'alpinisme « d'un inusable cliché, celui de l'"Alpe homicide" »[7]. C'est donc sur la double base de cet événement historique et de ce cliché que Peyré a composé son œuvre. Les ombres de ces alpinistes morts en voulant conquérir le Cervin reviennent hanter, dans les années 1930, l'aventure héroïque du guide Jos-Mari et de sa cliente Kate qui comptait sauver son couple en défiant avec son mari la montagne.

Dans les années 1930, c'est l'alpinisme héroïque qui, au nom de la « défense nationale spirituelle », façonne l'image des Alpes. Le genre du « roman de montagne » et celui du « film de montagne » – par exemple, les

---

[6] Roger FRISON-ROCHE et Sylvain JOUTY, *Histoire de l'alpinisme*, Paris, Arthaud, 2017, p. 7.

[7] Yves BALLU, *Les Alpinistes*, Grenoble, Glénat, 1997, p. 119. BALLU consacre le chapitre 10 de cet ouvrage à Whymper et à la première ascension du Cervin (97-122).

productions de Luis Trenker – représentent les Alpes comme un espace de sécurité, garants de vertus et des valeurs de la nation[8].

Défier la montagne ! Telle est la question, car la présence de la montagne s'impose d'elle-même dans chacune de ses pages. Elle est omniprésente, elle est redoutable et redoutée, c'est un personnage à part entière qui a ses humeurs, surtout lorsqu'elle se met en colère, car elle refuse d'être conquise par les hommes. C'est un univers hostile de roches cassantes et de glaces silencieuses. C'est un mont Olympe peuplé de héros, de légendes, de succès et de tragédies : « Le Matterhorn semblait appartenir au ciel »[9]. Sa forme iconique, qui trône au-dessus de Zermatt, est un puissant aimant à touristes qui permet de faire vivre la petite communauté soudée des guides de montagne de la station valaisanne.

Jos-Mari Tannenwalder est guide de montagne à Zermatt. Mais nous sommes bien éloignés des années 1855 à 1865 connues comme les années de l'âge d'or de l'alpinisme. Cette décennie a assisté à la conquête des sommets les plus importants des Alpes. Le récit de Peyré commence en 1939 : « dix ans plus tôt, dix ans à peine un homme de la vallée pouvait encore se faire une gloire »[10]. Jos-Mari, dernier des Tannenwalder, est malheureusement arrivé trop tard, tel est le thème essentiel de ce roman : « Maintenant, quel espoir restait-il à un Jos-Mari ? Pour quoi se passionner ? Au Matterhorn plus rien à faire »[11]. Le métier de guide en 1939 était en pleine mutation, la montagne qui avait fait la race héroïque des guides, en même temps que la fortune de Zermatt semblait s'éteindre : « Le métier de guide de montagne était fini [...] le Matterhorn lui-même était fini »[12].

> Ni victoire sportive à remporter encore, ni plaisir de marcher avec des « clients » comme les grands Anglais d'autrefois, dignes émules de leurs guides, ni « mission » à remplir auprès des autres. Quelle histoire, cette « mission » du guide, dont le président de la Commission cantonale se remplissait la bouche au cours des Guides de Martigny, devant les candidats valaisans et vaudois rassemblés ! Là, Rudi avait bien raison. Fini, les temps des vieux. Il n'y avait qu'à gagner sa vie le mieux possible – les choses coûtaient cher – sur le « trail » de l'arête de l'Est, « faire le client », tirer et décrocher la charge humaine. Et en vitesse, pour en avoir plus tôt fini[13].

Zermatt est devenu une de ces longues stations oisives où l'on va à la gare, sur la place ou devant les hôtels à la « chasse au client »[14], où l'on

---

[8] Barbara LAFOND-KETTLITZ, « L'esthétique des Alpes suisses et autrichiennes dans les discours littéraires (XVIIIe-XXe siècles) », *Guides des humanités environnementales*, Presses universitaires de Septentrium, 2016, p. 377.

[9] Joseph PEYRÉ, *Matterhorn*, Paris, Grasset, Les Cahiers Rouges, 1939, p. 57.

[10] *Ibid.*, p. 38.

[11] *Ibid.*, p. 39.

[12] *Ibid.*, p. 22.

[13] *Ibid.*, p. 39.

[14] *Ibid.*, p. 46.

maudit les « sans guides »[15], où l'on entend « les palabres de chômeurs »[16] ; où la corvée est ce client de hasard et presque anonyme, qu'on rejoint le plus tard possible au Belvédère, dans la cohue, en maudissant « la sacrée vie », en ne pensant qu'à faire rapidement la course « pour en avoir plus tôt fini »[17].

Malgré tout cela, Jos-Mari croit toujours à sa profession, car le métier de guide est investi d'une « mission » presque sacrée. Il ne s'agit pas seulement d'une simple course en montagne, le guide joue aussi un rôle important d'intermédiaire entre la montagne et les étrangers qui viennent la gravir : « nous devons nous arranger pour que les clients montent avec plaisir. Pour qu'ils soient heureux, là-haut, lorsqu'ils y arrivent. Comme ça, ils s'en retournent en aimant la montagne. Et la montagne leur fait du bien »[18].

Mais la Montagne sacrée a aussi son caractère à elle. Joseph Peyré nous montre ainsi la vraie montagne situant l'action dans un cadre qui n'a rien de romantique. Elle devient le protagoniste central du récit. Elle est personnifiée, inhumaine : « il n'y a pas d'histoire humaine au Matterhorn »[19], mais un Matterhorn à la « nuque de lion de mer dressé au combat »[20] à la fois bon et mauvais, ambigu. Tout dépendait « de l'humeur du Matterhorn, qui accueille ou qui rebute l'étranger »[21]. Tout dépendait « de son visage, qui inspire le désir, s'offre ou se refuse et, créant à ses pieds une communion unique, règne sur les imaginations et les jours »[22]. Parfois, elle semble inquiète, d'autres fois calme, se laissant faire :

> Il retenait sa respiration et ses pierres sous la maladroite foulée des sans-guides novices, des escaladeurs d'occasion crispés sur les saillies des prises. Il regardait d'en haut ses corbeaux tourner, et s'abattre sur les épaules et les mains des innocents époumonés soufflant à l'Alte Hutte, à la Solway, ou devant la niche du Christ. Et, pour les triomphants dont il supportait sur son front le gâteau de fourmis, il suspendait le vent qui aurait pu les coucher la face contre terre, leur interdire d'ouvrir les yeux sur le paysage et sur le ciel, étouffer leurs jodels pitoyables[23].

ou tout au contraire, irritée, donc dangereuse lorsqu'elle s'empanachait de nuées et se chargeait d'orages : « Nul sommet ne se couvre avec pareille rapidité »[24]. La montagne avec ses quatre mille cinq cents mètres, a été violée sur ses quatre arêtes et ses quatre faces, elle fait donc toujours payer très cher les profanations. Alors, elle devient même « exterminatrice »[25] :

---

[15] *Ibid.*, p. 58.
[16] *Ibid.*, p. 19.
[17] *Ibid.*, p. 39.
[18] *Ibid.*, p. 88.
[19] *Ibid.*, p. 135.
[20] *Ibid.*, p. 27-28.
[21] *Ibid.*, p. 43.
[22] *Ibid.*, p. 43.
[23] *Ibid.*, p. 104-105.
[24] *Ibid.*, p. 250.
[25] *Ibid.*, p. 28.

Le Matterhorn a été profané. Profané sur ses quatre arêtes. Profané sur ses quatre faces. Écartelé, cloué à sa croix comme un martyr […] Il a été livré aux hommes, enchaîné. Mais il a foudroyé ses chaînes. Il les a fondues comme des fils. Et il a tué ! Il s'est vengé. Il les a châtiés, ses profanateurs : les premiers, le jour même de sa défaite, Croz, Douglas, Hadow et Hudson. Et puis, les autres ! Même ceux qui ont cru le fuir, et qu'il a rattrapés au bout du monde, les Whymper, le Mummery, les Pellissier, les Schmid. Il les a poursuivis jusqu'au Caucase et à l'Himalaya. Car aucun horizon n'échappe à son pouvoir ![26]

Bien que Jos-Mari et sa cliente Kate soient les personnages principaux de ce roman, Peyré a donné une grande importance à celui de Davidsen, qu'il décrit comme un « juif errant », un « maniaque aux traits de Christ décloué […] qui jouait les chauves-souris de cimetières »[27]. Habillé de noir, Davidsen erre parmi les tombes et projette dans les rues de Zermatt, et sur tout le Matterhorn, l'ombre du culte macabre qu'il voue au Cervin, en plantant des petites croix blanches sur la maquette de la montagne qui occupe son salon[28]. Vers le milieu de *Matterhorn*, il révélera à Kate l'explication de cette obsession, qui le conduira peu à peu à la folie : n'ayant pas réussi à retrouver le corps de son fils unique, mort dans un accident d'alpinisme sur cette montagne, il est obnubilé par toutes les tragédies qui s'y sont produites et « il n'avait jamais pu guérir de son deuil »[29]. Derrière le récit d'aventures, l'ascension périlleuse du Matterhorn, se dénouent progressivement secrets, luttes et sentiments des personnages. Certains des faits et personnages sont réels. Nous assistons ainsi, à travers les souvenirs de Jos-Mari, à la tentative d'ascension de la Paroi Nord du Cervin de Kaspar Mooser en août 1928 : « Il se rappelait avoir vu passer Kaspar Mooser, le soir où celui-ci avait acheté sa lampe électrique au bazar. Du moins le croyait-il, dans son admiration d'enfant »[30]. Jos-Mari avait à l'époque seulement quatorze ans. Ou à cette première ascension, le 14 juillet 1865, par Edward Whymper, qui est bien présente tout au long du roman grâce à la recherche acharnée des victimes de Davidsen, le « maniaque de l'Alpenrose » :

Non content d'ennuyer les morts, le locataire de l'« Alpenrose » voulait-il maintenant ressusciter Lord Douglas ? Et le révérend Hudson, et Michel Croz le guide, et le petit Hadow, qui, lors de la grande catastrophe de 1865, les avait tous les trois entraînés avec lui dans le gouffre ? Qu'est-ce que c'était que ce Davidsen qui disait : « Il n'y avait qu'à prendre assez de corde. Je serais descendu moi-même… » comme s'il avait assisté, soixante-quatorze ans plus tôt, à la recherche des cadavres ?[31]

---

[26] *Ibid.*, p. 31.
[27] *Ibid.*, p. 20.
[28] *Ibid.*, p. 27-30.
[29] *Ibid.*, p. 141.
[30] *Ibid.*, p. 38.
[31] Joseph PEYRÉ, *Matterhorn*, Paris, Grasset, Les Cahiers Rouges, 1939, p. 49.

Le récit nous rappelle sans cesse la chute mortelle de quatre coéquipiers de l'alpiniste : « Remonter à la surface l'histoire des victimes de 1865, les morts impossibles à enterrer »[32]. Dans le récit nous assistons même à la reconstruction de la chute grâce à la réalisation d'un film sur le drame du Matterhorn :

> Il s'agissait de quatre mannequins représentant le Révérend Hudson, son disciple Hadow, le petit Lord Douglas et Michel Croz, le guide, et destinés à la reconstruction de la chute des quatre victimes pour un film du drame du Matterhorn réalisé par la Welt Film[33].

Whymper ne dut la vie sauve qu'à la rupture de la corde qui le liait à ses compagnons. Cette corde est aujourd'hui exposée, à côté d'autres objets-souvenirs du drame, retrouvés sur place – « livre de prières du Révérend Hudson, chapeau et rosaire de Croz, souliers de Hadow et de Douglas, fragments de corde »[34]-, dans le musée alpin de Zermatt, au cœur de ce village où l'on n'accède que par le train. À deux pas, un cimetière entoure une église anglicane, rassemblant les tombes des nombreux alpinistes décédés lors des ascensions du Cervin et des sommets voisins.

L'ombre de ce drame plane sur tout le roman, comme pour nous rappeler ou nous avertir des dangers de la haute montagne. Jos-Mari et Kate commencent leur course depuis Zermatt empruntant « à peu près le chemin suivi en 1865 par Whymper et ses compagnons »[35] afin d'atteindre « le pied de la muraille du Matterhorn »[36]. Ils passent la nuit à l'hôtel Belvédère, à trois mille trois cents mètres. Le lendemain, bien avant l'aube, ils se préparent à attaquer la cime : « c'était l'escalade de nuit »[37], malheureusement le temps en décida autrement. Après quelques heures d'escalade, ils ont dû rebrousser chemin : c'était « le lever du soleil funeste », signe que les conditions atmosphériques ne sont pas les plus appropriées pour culminer : « surgissant brusquement, le soleil venait de bondir au levant comme un disque rouge, et, perdant aussitôt son feu, il était en train de pâlir, tandis qu'un rideau gris se tirait sur l'abîme »[38]. S'agissait-il d'un premier avertissement ? La tourmente du Matterhorn couvrira le sommet de la montagne. Ce jour-là chaque hôtel compta les siens, seul « le Mont Cervin » accusait une cordée dehors : celle du couple Hermann

---

[32] *Ibid.*, p. 121.

[33] Le film muet suisse-allemand de 1928 *Struggle for the Matterhorn* décrit l'ascension, Luis Trenker y joue le rôle de Jean-Antoine Carrel. En 1937-38, le film est à nouveau tourné et cette fois sonorisé, il sort sous le titre *L'Appel de la montagne* (Der Berg ruft!) avec Trenker qui est à la fois acteur et metteur en scène. Joseph Peyré aurait pu s'inspirer de la réalisation de ce film pour la création de ce passage. Ce fut un grand succès en salle, filmé sur place à Zermatt, sur le Cervin et aux ateliers Ufa à Berlin-Tempelhof (juillet-octobre 1937).

[34] Joseph PEYRÉ, *Matterhorn*, *op. cit.*, p. 126.

[35] *Ibid.*, p. 182.

[36] *Ibid.*, p. 182.

[37] *Ibid.*, p. 195.

[38] *Ibid.*, p. 199.

Werner, parti sans-guide : « le cimetière ajouta leurs tombes à la file laissée ouverte »[39].

La course de Jos-Mari et Kate s'annonce sous le signe de la catastrophe. Le Matterhorn fait son mois d'août : « les guides savaient bien que, sur ce Matterhorn « fini », cette montagne faite et refaite, le mois d'août ne passe jamais sans entraîner ses victimes »[40]. Les doutes commencent à affleurer : « Devait-il enfin se refuser à poursuivre une aventure qui menaçait dorénavant d'être mortelle ? »[41], et les sauvetages deviennent de plus en plus réguliers et dangereux. Le Matterhorn « redressait sa tête dangereuse » en cette fin de saison « comme s'il ne lui eût pas suffi de ses deux innocentes victimes »[42]. Mais, ils ne seront pas les dernières victimes de l'époque : « tragiques enchaînements des fins d'août, un autre mort vint en effet s'ajouter au martyrologue, celle d'un étudiant allemand, un autre sans-guide… »[43]

Cependant, Jos-Mary et Kate, loin de se laisser emporter par ces drames, vont tenter l'ascension une deuxième fois. Et pour être sûrs d'avoir une chance, ils montent « au "Belvédère" pour y attendre le jour décisif »[44]. L'ombre funeste du Matterhorn était toujours bien présente. Les jours passèrent, les nuits aussi, et la montagne ne se laissait pas faire. Mais ils étaient bien déterminés cette fois-ci, rien ni personne ne pouvait les en empêcher (climatologie adverse, fermeture de l'hôtel, même la visite des esprits qui cherchaient leur corps sans sépulture). Dans ces heures d'isolement, Jos-Mary avait eu « le sentiment d'un tête-à-tête entre la cime qui se savait guettée, et lui, le seul homme à survivre, à la menacer »[45]. Joseph Peyré mène le suspense jusqu'à la dernière page et le climat devient de plus en plus angoissant.

Le jour du départ arriva enfin ! Il ne ressembla guère à celui du jour funeste. Mais arrivés à la Paroi Nord le souvenir des quatre premières victimes du Matterhorn resurgit chez Kate :

> C'était donc sur cette pente ténébreuse, condamnée à l'ombre éternelle, au gel de l'éternelle nuit, que les premiers vainqueurs du Matterhorn, ses premières victimes, les compagnons de Wympher, avaient été précipités. Croz frappé par les pieds de Hadow à la nuque, les autres, l'un sur l'autre arrachés jusqu'à la rupture de la corde[46].

Le Matterhorn redevint soudain cette montagne imprenable qui « ne semblait pas vouloir se prêter plus longtemps à ce jeu » et ayant senti les pas

---

[39] *Ibid.*, p. 207.
[40] *Ibid.*, p. 206.
[41] *Ibid.*, p. 212-123.
[42] *Ibid.*, p. 212.
[43] *Ibid.*, p. 217.
[44] *Ibid.*, p. 229.
[45] *Ibid.*, p. 235.
[46] *Ibid.*, p. 245.

de Kate et de Jos-Mari, « paraissait tressaillir »[47]. Et le drame commença. Les montagnes semblaient maintenant communiquer entre elles, s'entre-aider : « Déjà les nuages en forme de poissons annonciateurs des tourmentes se détachaient du Mont-Blanc et de son ensoleillement majestueux, et, à l'appel du Matterhorn, cinglaient vers lui comme des grands navires »[48]. Mais il faut lire la conquête âpre du sommet, la lutte terrible dans la tempête et dans les tourbillons de neige et de grêle dans la descente lorsque « le monstre courait sous eux »[49]. Ce sont des pages d'une justesse, d'une émotion, d'une discrétion et aussi d'une plénitude admirable. Comme deux naufragés blancs, Kate et Jos-Mary échappent à Matterhorn et à la mort après une lutte acharnée contre les éléments, après une pure et glaciale accolade dans l'épaisseur d'une corniche, où ils n'ont fait qu'« un seul corps, une seule chaleur »[50].

Puis tout s'apaise et se ferme, tout se résout sans un mot, sans une petitesse et sans un espoir, dans la virginité du silence. Quelques jours plus tard, il n'y a plus que deux êtres muets et déchirés sur le quai de la gare du funiculaire de Zermatt où Kate n'arrive pas à parler. Le seul lien, le seul signe qui leur reste est Wolf, le chien fidèle qui, sur le quai du départ, court des mains disparaissantes de l'une aux genoux de l'autre qui y reste, et pour qui tout est désormais différent si rien n'est changé. Et voilà pourquoi, *Matterhorn*, c'est le roman de l'élévation extrême, du dépassement de soi-même, par l'effort, le dépouillement, le renoncement et l'oubli de soi-même. On entend malgré soi, en fermant ce livre, comme un écho étouffé de l'immortel « invitus dimisit » : « Et le Matterhorn demeurait... »[51]. La grandeur du Matterhorn sera toujours là, même si Whymper avait déjà prévu la mortalité de sa montagne, qui s'use lentement :

> Un jour viendra où le Cervin lui-même aura disparu ; seul un amas de débris informes marquera la place où s'élevait cette belle montagne ; atome par atome, centimètre par centimètre, mètre par mètre, elle subit peu à peu l'action destructive de forces éternelles auxquelles rien ne saurait résister. Ce jour est bien éloigné encore ; avant qu'il arrive, des siècles passeront, et bien des générations futures viendront contempler les effrayants précipices du Cervin, admirer sa forme qui n'a pas d'égale dans toutes les Alpes. Si exaltées que soient ses idées, si exagérées qu'aient été ses espérances, nul de ceux qui auront le bonheur de la voir ne s'en retournera déçu par la réalité[52].

La passion que Joseph Peyré ressent pour la haute montagne non seulement assurera sa célébrité mais inspirera des vocations comme celle du célèbre écrivain Roger Frison-Roche :

---

[47] *Ibid.*, p. 249.
[48] *Ibid.*, p. 249.
[49] *Ibid.*, p. 253.
[50] *Ibid.*, p. 254.
[51] *Ibid.*, p. 257.
[52] Édouard WHYMPER, *Escalades dans les Alpes, de 1860 à 1869*, Paris, Librairie Hachette, 1873, p. 405.

Cette passion du Sahara, qui domine toujours et encore mes mémoires d'aventures, c'est à mon grand ancien Joseph Peyré que je la dois. Un « grand merci », Joseph Peyré, pour m'avoir fortifié par ces récits prémonitoires de la montagne et des déserts, qui m'ont dicté ma propre aventure[53].

Il faut lui rendre la place qu'il a toujours méritée ! Joseph Peyré – et son *Matterhorn* (1939) – devrait être reconnu comme le pionnier du roman d'alpinisme[54]. Car bien avant *Premier de cordée* (1941), roman mythique de Roger Frison-Roche et de la *Neige en deuil* (1952), d'Henri Troyat, Peyré nous faisait déjà gravir la haute montagne au style des grands escaladeurs. Il nous montre les techniques spécifiques et le savoir-faire qui permet au pratiquant d'appréhender les risques inhérents à l'altitude et au milieu hostile dans lequel il évolue, il nous entraîne à la préparation de la course et n'hésite pas à nous confronter à la peur, au drame, au danger de la montagne et même à la mort. Il nous montre l'alpinisme à l'état pur, et non seulement avec *Matterhorn.* Quelques années plus tard, il nous amène jusqu'à la cime de l'Everest avec son « Mont Everest » (1942) devenant ainsi le pionnier de la littérature de l'himalayisme. Sa trilogie de la montagne est complétée en 1947 avec « Mallory et son Dieu », un hommage à cet alpiniste britannique devenu déjà un mythe, George Herbert Leigh Mallory (1886-1924), disparu avant de pouvoir toucher la cime de la montagne sacrée. Ou peut-être pas ?

Évidemment, rien de tout cela n'aurait existé sans ses chères Pyrénées : « Matterhorn, chef-d'œuvre incontestable, procède d'une préalable contemplation du "Cervin Béarnais". Il n'a jamais cherché à tromper ses lecteurs : Peyré n'est pas un homme de la montagne mais le premier regard qu'il a jeté sur la montagne a donné naissance à son imagination. »[55] Ce retour constant vers ses montagnes, où tout a commencé, est aussi présent dans plusieurs de ses personnages et de ses romans. Ainsi, dans *Le Puits et la maison* nous observons Pierre Sabathé, l'enfant du pays devenu polytechnicien, revenir d'Amérique se voir chargé des recherches pétrolières sur les terres de Saint-Jean-des-Vignes, petit village béarnais où il est né et où il a grandi. Mais toujours attiré pour les montagnes, il ne résiste pas au plaisir de gravir une nouvelle fois le Pic du Midi d'Ossau, « le Cervin béarnais » :

> Il avait été élevé dans le culte des grands grimpeurs des capérans et des aiguilles, et lui-même il avait fait à l'Ossau ses premières armes de rochassier. La guerre ayant interrompu ses courses, il avait dû attendre la libération pour connaître les Alpes. C'était ainsi qu'au Matterhorn il s'était lié avec Dittert, qui allait commencer sa carrière d'Himalayen, et qui, ouvrant la voie à Hillary, devait pousser jusqu'au Col Sud la première expédition suisse à l'Everest. Mais le sang

---

[53] Roger FRISON-ROCHE, « Je dois à Joseph Peyré ma vocation saharienne », *Les Voyages romanesques de Joseph Peyré*, catalogue de l'exposition du centenaire de la naissance de Joseph Peyré, Bibliothèque municipale de Pau, Imprimerie Géronis, 1992, p. 33.

[54] Le terme « alpinisme » décrit les ascensions dans les Alpes.

[55] Pierre DELAY, *Joseph Peyré. L'homme et l'œuvre*, J & D Éditions, 1992, p. 199.

béarnais l'avait ramené à ses Pyrénées maternelles, et il était revenu à l'Ossau pour y recouper, notamment sur la paroi de Pombie, les traces des Ollivier et des Mailly. Rentré d'Amérique, c'était encore dans ce massif de sa prédilection qu'il allait reprendre ses courses.

Comme Pierre Sabathé, Joseph Peyré revient toujours à ses chères Pyrénées maternelles, à son village béarnais, Aydie, à la région qui a inspiré toutes ses aventures, où tout a commencé…

Croix du Sud ou le roman d'une vocation

THANH-VÂN TON THAT
(Université Paris-Est Créteil)

Après *L'Escadron blanc* (1930) couronné par le prix de la Renaissance, qui fait partie du cycle des romans sahariens[1] et introduit une continuité héroïque dans la geste du désert, le roman *Croix du Sud*[2] célèbre le désert tout comme *Sahara éternel* (1944), de même que d'autres romans de Peyré évoquent la montagne à travers un autre imaginaire de l'infini, cette fois-ci vertical. Il s'inscrit dans la lignée des romans d'aventures et des récits de voyage, comme les romans de Saint-Exupéry et de Frison-Roche. Bref et parfois par endroits un peu sec, ce roman précis et au rythme soutenu offre un tableau complexe et paradoxal du désert, avec une riche palette d'impressions et de sensations, une présence humaine qui confère à cet univers une dimension virile. Peyré finit par transformer l'existence en vocation et la vie en destin.

Plénitude et richesse au cœur du désert

Une cartographie sentimentale et héroïque se dessine sous la plume de « ce prodigieux voyageur sédentaire[3] » qui paradoxalement n'a connu indirectement le désert qu'à travers les récits de son frère Émile, médecin méhariste et capitaine major qui y passa trois années. Cet espace-temps est désigné à travers des toponymes (p. 71) : « [...] l'aventure héroïque de Fort-Polignac et d'Aïn-el-Hadjadj, ce n'était plus tant le fait d'armes qu'il regrettait que la vie même de ce temps. Le nomade éternel tenait alors à ces lieux. » Le désert est rattrapé par le monde moderne qui ternit sa beauté éternelle (p. 45) : « Ouargla, la "Porte du Désert", ouvrait toujours sur la même étendue, vers l'horizon violet de la gara Krima, le grand erg oriental, les Hammadas, le tumulte noir des Tassilis, et les ciels nocturnes visités pas la Croix du Sud ». Au lieu du vide attendu, tous les sens sont sollicités : aux

[1] Joseph PEYRÉ, *Le Chef à l'étoile d'argent* (1933) et *Sous l'étendard vert* (1934).
[2] Joseph PEYRÉ, *Croix du Sud*, Livre de Poche, 1972 (Grasset, 1942). Toutes les pages entre parenthèses renverront à cette édition.
[3] Joseph KESSEL, *Le Matin*, 11 août 1933.

variations en noir, gris et blanc des photographies de l'époque (p. 8 « éthels gris », p. 10 « palmeraies noires », p. 21 « un sarouel noir et nu [...] et un simple blanc à galons mobiles ») s'opposent des couleurs plus vives (p. 22 « le gilet rouge à boutons dorés », p. 62 « Le clairon à l'épaulette verte sonnait ») ou un effet nocturne (p. 16 « la lune débordant par la vitre a cru », p. 29 « la clarté blanche qui glaçait les cimetières »). La Croix du Sud, constellation éponyme, éclaire, rythme et oriente le roman comme le leitmotiv poétique de ce récit auquel font écho le départ d'Anne-Marie prenant « du service à la Croix-Rouge » (p. 147) ou les variations symboliques et christiques autour de la croix (p. 5, p. 59) : « Mais il avait choisi, décidé de vivre sous sa croix. », « La Croix du Sud ne montait pas encore à l'horizon des nuits ».

La marâtre nature efface les mirages d'un *locus amoenus* quand souffle le vent « éternel des mers de l'erg » (p. 10), « le vent acharné à interdire ses espaces » (p. 61) dont la « flagellation » annonce le rôle de témoin (au sens de « martyr ») de Brécourt, acteur et contemplateur du désert. Le réalisme documentaire d'une écriture faussement journalistique – Kessel est émerveillé « par l'étendue et la minutie de ses connaissances[4] » même de seconde main – a remplacé l'idéalisme romantique de l'orientalisme (p. 5) : « Il n'a rien ignoré du Sud, ni réalités, ni misères. » L'enfer terrestre est représenté par la palmeraie frappée par les « fléaux, trachome, syphilis, misère » (p. 116, p. 118) : « Djanet était morte. Le Sahara était mort. » La sécheresse du paysage venteux et hostile est mise en relief par la nature morte du « broc vide » (p. 15 « Pas une goutte d'eau ») : « Et l'eau, une source magnésienne qu'il fallait, après chaque tempête de sable, retrouver, défouir, ramener au jour. Car le vent, qui avait rongé les pierres, possédait l'étendue » (p. 127).

Le désert n'est plus qu'un mot vide de sens et de sensations, l'illusion, « l'hallucination contrôlée[5] » d'un monde ancien ressuscité, menacé par la vitesse et la technologie ou bien réinventé avec une couleur locale factice de cartes postales (p. 51-52) : « Tant pis si le « Sud », défilant par le travers du Latil à l'allure des vergers de Touraine derrière une glace de wagon-restaurant, ne lui rendait plus que monnaie dévaluée, vaines images. Tant pis s'il n'était plus possible d'y user sa vie, comme les anciens, au pas des chameaux, à la truelle, au compas d'étoiles, et même au mousqueton, au jour inespéré. » Même les méharas ont disparu, comme des animaux préhistoriques réduits à des souvenirs, tels les « trophées du salon familial » (p. 54) ou des signes d'un autre temps (p. 52) : « Les derniers étaient morts de la gale. On conservait leurs os sur la Piste, pour les documents de la Mort de Soif des hebdomadaires en hélio, à l'usage du grand public. » Une forme de bovarysme est tournée en dérision, en décalage par rapport au passé et à la réalité (p. 52) : « Les légendes qui, par la faute de l'oncle Charles et de ses

[4] *Ibid.*
[5] *Ibid.*

livres, avaient depuis l'enfance enfiévrée les imaginations […]. » D'autres vestiges à demi enfouis ont presque une valeur archéologique (p. 62 « Et le mausolée de Sidi Moussa, condamné par les temps, semblait être rentré en terre. ») et Brécourt est qualifié de « fossile » (p. 49). À quelques années de distance, le roman parle déjà de nostalgie d'un monde disparu.

À cela s'ajoute la dysphorie sonore d'une vie urbaine envahissante avec la « rumeur d'échappement, de klaxons, de sirènes » (p. 22) qui s'oppose à la solitude animale (« Une grenouille essayait le silence, isolée » p. 29). Peyré joue sur les superpositions de paysages contrastés et inattendus (p. 22 « Heure de ville d'arsenal, de Besançon industrielle et militaire ») par rapport aux clichés du désert, tout en conservant une impression d'aridité quelque peu babélienne renforcée par le mélange d'odeurs désagréables (p. 23) : « sa poussière blanche, ses brindilles, ses détritus de palmeraie, et, fuyant sous les pieds, graisseuses, maculées […] les feuilles illustrées, magazines en toutes langues d'une sortie de gare de banlieue. » En effet l'unité et la pureté originelles du désert sont menacées par la bigarrure et la diversité (p. 24) : « la cohue ouarglie, mécanos, dépanneurs, radios et ajusteurs, toutes races nées des garages, et de leur haleine d'essence, de cambouis et de caoutchouc brûlé. » La mauvaise odeur devient métonymiquement contagieuse avec des « flaques d'odeur d'huile rance, d'humanité croupie » (p. 30).

Ainsi le temps des épopées semble-t-il révolu, remplacé par le tableau de « la ville impie » et d'« une race expirante » (p. 26) lorsqu'à la gloire des pères succède « le fils coupable » (p. 29) qui a « dégénéré, ruiné l'honneur de son père » Attalah ben Cheikh (p. 26), loin de l'éthique cornélienne. Le regret d'un paradis (presque) perdu a des accents jammiens quand résonnent « L'heure des coqs, des ânes et des bêtes candides » (p. 27), « le chant des coqs » (p. 121). Le désert humanisé, urbanisé, s'est éloigné de la nature. Avec sa foi et « ses motifs surannés » (p. 52) Brécourt appartient à une génération d'un autre temps, préférant la lenteur des méharas à la mécanique inhumaine.

Terre des hommes

Brécourt revit par identification les réminiscences d'une épopée dégradée, celle du Chef tragiquement disparu dont les terres sont grignotées par le monde moderne. « Aujourd'hui le désert reculait » (p. 71) : « Le bordj où il avait régné reculait derrière la ville militaire et ses alignements, ses avenues futures, le sillage de ses convois, l'aviation […] » (p. 62). Au lieu d'être vide, le désert est peuplé, hanté par les « âmes sahariennes » (p. 33) vouées au « silence » des figures masculines, comme celles de *L'Escadron blanc* qui offrait déjà des modèles héroïques. Ou ce sont des souvenirs plus anciens comme « la légende du Chef à l'étoile d'argent » (p. 14) dont Brécourt veut « revivre dans son secret l'émotion » (p. 61) à la lecture d'une lettre, dans une mise en abyme de l'écriture comme réminiscence et résurrection du passé. Cependant cette époque glorieuse semble révolue et « le Sud fermé à de nouvelles épopées », aliéné par « l'esprit motorisé, artilleur, légionnaire » (p. 55). La légende vivante risque d'être oubliée, spectre d'un héroïsme dépassé, souligné par l'antonomase « malheureux à la façon des don Quichotte » (p. 68), « nouveaux Marçay et Kermeur » (p. 174) ou l'avatar du mythe d'Hercule revisité (p. 54) : « Restait-il quelqu'un pour se souvenir » du « bouclier en peaux de lion qui portait à la hauteur du cœur, entre ses deux croix écarlates, la blessure mortelle reçue par le Guépard dans la gloire de Tit » ? Ce bestiaire nous fait penser au Gattopardo déchu de Lampedusa. Peyré loue « la noblesse des grands nomades », celle du Chaambi « dont les mains n'étaient pas faites, dans son pays, pour les besognes des harratines remueurs de boue » (p. 59), alors que les nouveaux « maîtres brutaux » (p. 71) apparaissent comme les conquérants d'un espace vidé de son âme.

Lieu de la vertu au sens étymologique du terme, le désert est aussi le lieu de l'action et de la bravoure masculines. La femme et l'eau y sont rares car la *virtus* masculine n'a rien à voir avec la vertu féminine. Pourtant la jeune fille qui est venue rejoindre son héros sort de sa réserve et fait preuve de qualités presque masculines (p. 66) : « “Elle a du cran, cette petite de Cissac”, dit à ce moment le chef de route. » Il l'a vue « se dépanner seule [...] N'était-elle pas en France une ambulancière volontaire, une vraie ? » (p. 67). Pour avoir passé une nuit entière auprès de lui Anne-Marie prendre des risques (p. 35 « Mlle de Cissac, qui avait découragé les ragots, serait perdue ») p. 36-37 : « il n'avait pas plus de raison de la cacher à l'aurore qu'il ne l'aurait fait d'une fille surprise dans son lit par l'entrée d'un boy avec son plateau ». Cependant le couple romanesque est promis à la séparation et au silence, malgré une brève fusion spirituelle et peut-être une confusion des sentiments du côté de la jeune aristocrate, qualifiée de « jeune fille », parfois de « femme » dans tous les sens du terme. Elle déclare dans un télégramme qu'elle est « fiancée » (p. 92) : « Encouragé par le silence de la femme, le jeune officier se confia davantage » (p. 33), « “C'est ta femme ?” lui demanda Attalah » (p. 37), « Une fille épatante. Celui qui l'épousera ne se trompera pas », déclare le lieutenant Constant (p. 67). Pourtant il est question plus loin de « son unique épouse indigène [...] laissée à Hassy-Imoulaye » (p. 138). L'amitié virile l'emporte sur l'idylle ou l'amour plus sensuel (p. 61) : « Mais ce n'était pas la tendresse de Fatoum, c'était l'amitié des hommes qui le touchait, le bonjour de tous les voisins Iforas adressé à leur ancien chef par la fin de la lettre ». En réalité « il s'aperçut qu'il n'avait pas regardé Anne-Marie comme une femme » (p. 113). D'ailleur la jeune Française a une allure de vierge guerrière (p. 111 « Il s'était fait d'Anne-Marie une manière d'amazone ») et de sœur d'élection alors que l'épouse autochtone, « Fatoum, la petite Ifora, venant autrefois à ce puits sur sa chamelle blanche, à la rencontre de son époux blessé » (p. 67), qui n'est pas tout à fait une rivale a une présence plus charnelle (p. 68) : « […] il imagina le baume du blessé qui, étouffant à flanc de méhari, sentirait une main d'épouse s'insinuer sous la sangle, et, la desserrant, libérer son cœur. »

En général les personnages féminins sont peu valorisés ou réduits à une fonction particulière dans une périphrase assez floue mais claire en même temps (p. 73 « "Vous amenez des femmes ?" interrogeait Fort-Polignac. Les femmes, grand souci du Sud, et dont ne parle jamais. »). Quant aux « fillettes de la ville, poupées à perruque et à robes longues, avec leurs mouchoirs à ramages et leurs cris » (p. 30), elles renforcent le cliché de l'opposition entre l'homme taciturne, proche de la nature, de la nuit et la femme bavarde de « la ville impie » (p. 32). Or, la nuit près des sépultures mozabites est propice aux confidences et les réunit contre toute attente.

À l'orée du chapitre V, le choix existentiel du héros (le désert ou la femme, le désert ou la France) est métaphorisé par les deux chemins, le lieutenant Constant se moquant de Brécourt qui préfère la belle chamelle à l'autostrade, « la piste chamelière » antique à « la route automobile » « goudronnée » (p. 45) avec « les échappements des cinq camions » qui « vomissaient leurs vapeurs d'huile » et leurs phares aveuglants (p. 46). La « déchéance du nomade » (p. 32) révèle que le « temps nomade était passé » (p. 70). En effet le désert a été envahi par les *realia* prosaïques, tel le « puits de Tabelbalet » marqué par la présence humaine (p. 67-68) : « palmiers bourrus, cornes de gazelle, bouts de cordes, chiffons, boîtes de conserve crevées, ordures des abords de l'eau ». Comment réenchanter le désert, retrouver « son Sahara héroïque » (p. 69) quand « il n'y [a] plus de Sahara, au sens romantique » (p. 54-55), seulement l'écho d'un nom ? « Ainsi cuisait le pain éternel. » qui rappelle la vision cosmique du « Le Riz » de Claudel dans Connaissance de l'Est.

L'appel du désert

Le romancier esquisse les contours d'un espace érémitique, loin de la douceur de la vie conjugale ou familiale et même à l'écart des hommes, afin de se rapprocher d'un double infini, dans « le décor qui parlait au cœur de Brécourt parce qu'il ouvrait le dernier cercle du désert », une fois franchie « la Porte de la Solitude » (p. 98). Ce désert perd sa dimension humaine pour s'ouvrir sur un mystère d'ordre spirituel, voire religieux : « Mais la falaise donnait toujours sur le mystère, les profondeurs de l'Est, la route des sanctuaires » (p. 98). Mieux qu'un pèlerinage, le voyage est un retour aux sources et une quête de soi, le désert étant choisi, non subi (p. 121) : « Le lieutenant de Brécourt allait rejoindre son désert. À chacun son pays, son église, et ses compagnons de fidélité. » Comme la montagne dans d'autres romans de Peyré, le désert devient ainsi église à ciel ouvert, lieu de rassemblement d'une vaste famille d'esprit et de cœur : « Son église attendait, celle qu'avait élue avant lui, pour des raisons demeurées leur secret, les héros de son culte, la plus vaste, la plus large et nue qui s'ouvre à la prière de l'homme. » À la métamorphose du paysage s'ajoute la symbolique religieuse des « galettes de farine sur les braises et la cendre » (p. 142) : « Ainsi cuisait le pain éternel. »

L'amour pour le désert est plus fort que tous les autres et l'homme développe une relation particulière et unique avec cet univers personnifié (p. 102) : « Chacun a sa manière, ils aimaient, confessaient leur désert. » Il est propice aux confidences de Brécourt « promettant de se confesser à elle le jour où il serait déçu. » (p. 113) : « Si un jour vous arrivez au regret, c'est à moi que vous le direz. J'ai votre promesse. » (p. 150) Le dialogue est équilibré même si « le tête-à-tête avec lui-même » (p. 5) l'emportera, puisque durant cette étrange nuit, ils ont été tour à tour à l'écoute de l'autre : « Il l'avait seulement écoutée, au bord des cimetières mozabites. » La vocation est symétrique car « la nuit aux cimetières mozabites l'avait vouée » (p. 149 et p. 5), mais l'objet de leur amour est différent (p. 150) : « Mais si son héros demeurait au désert, si sa foi y était jamais satisfaite, il lui resterait, à elle, d'avoir découvert l'amour, qui est, même dans l'absence, l'élection d'un compagnon de vie. » En effet ce qui est qualifié d'« attachement » (p. 116) ou d'« amour » (p. 118, p. 120) concerne moins les êtres aimés qu'un lieu cher. À ce premier choix s'ajoute un second, plus douloureux (p. 119) : « La place du lieutenant de Brécourt serait sur le front de France, et non sur celui de la palmeraie morte. » C'est exactement l'inverse qui se produira à la fin de la Seconde Guerre mondiale quand les soldats français seront envoyés en Indochine, passant des batailles de la Libération à la guerre de décolonisation[6].

L'« appel de sanctuaire » du « salon de la rue Cassette, le « salon saharien » monté jadis par Charles de Brécourt » (p. 53) ou l'« appel de la lointaine Croix du Sud » font penser au personnage de Jeanne d'Arc, en particulier lorsqu'il est question pour Brécourt de ce « cœur prédestiné [qui] peut entendre ses voix » (p. 31). Il s'agit d'une filiation, d'un héritage spirituel et moral familial, « une passion du Sud inassouvie et le désir du vétéran de susciter du moins, dans un autre Brécourt une vocation saharienne efficace » (p. 53), transmise par l'oncle à son neveu et par contagion à son ami d'enfance Jacques Chavannes.

À partir du chapitre XIII, au fur et à mesure que le profane (p. 123 « Il leur fallait la nouvelle retraite qui attendait derrière la montagne l'initié. ») se rapproche de son « espace sacré » (p. 140), le champ lexical religieux s'enrichit et prolifère avec un effet de réduplication litanique au plan stylistique (p. 128-129) : « confesser leur foi » (« Le jour n'était certes pas venu où il confesserait à Anne-Marie la défaillance d'un cœur déçu dans sa ferveur et dans sa foi »), « ce royaume » (« son règne »), « Le désert dont Brécourt avait résolu de retrouver et de subir la règle s'offrait à lui dans son suprême dénuement, afin que fussent remplis les vœux qu'il avait

[6] Cf. p. 146 : « Terre maternelle ou Empire ».

prononcés. », « règle de pauvreté » (p. 140), « berger » (« sa tâche de pasteur » p. 134), « Armées Saintes », « grâce du combat » ; « continuer à croire » (p. 129) et « sa confiance dans l'éternité » (p. 70) ; « le nouveau converti » (p. 134) et « le nouvel ascète » (p. 136). La fin du roman célèbre ainsi la transfiguration d'un monde et d'un être qui se sent investi d'une mission.

En évoquant « le silence des pierres » (p. 121), une terre, ses hommes et ses métamorphoses, Peyré s'interroge sur la justification d'une « vocation saharienne », d'une quête de soi fondée sur « la liberté et la grandeur » (p. 5). Filant la métaphore religieuse il envisage une perspective humaniste plus universelle – Kessel parle de « don simultané de communication universelle et de reploiement décisif, de prise directe sur les choses, les êtres et de rêve solitaire effréné[7] » – ce qui dépasse les dimensions mystique et patriotique puisque le héros complexe n'est plus seulement français (p. 5 : « Brécourt, Saharien, a aimé le Sahara comme sa vie ») :

« Le désert accueille toujours l'âme consumée par le désir, lui accorde son épreuve. Il n'y faut ni la grâce d'une circonstance héroïque, ni même celle de l'oraison » (p. 139).

[7] Joseph KESSEL, *art. cit.*

Une fille de Saragosse, un roman historique

LEONARDO ROMERO TOBAR
(Universidad de Zaragoza)

Joseph Peyré, ce « Français à l'âme espagnole » comme cela a été affirmé par quelques admirateurs de l'écrivain béarnais, ressentit une singulière attraction pour les événements historiques modernes qui, au milieu d'un déchaînement de violence, virent s'affronter Français et Espagnols. *Le Pont des sorts* (1959), tout d'abord, qui met en exergue les effets de l'émigration induits par la guerre civile espagnole, puis, située lors du passage du XVIII au XIXe siècle, cette trilogie sur la guerre de l'Indépendance vécue dans le sud de l'Espagne – *Les Lanciers de Jérez* (1961), *Les Remparts de Cadix* (1962) et *L'Alcade de San Juan* (1963) – à laquelle vient s'ajouter, enfin, le roman consacré aux sièges – *Une fille de Saragosse* (1957) – roman historique dont je vais entreprendre une approche de lecteur critique, qu'anime la volonté de synthétiser sa structure narrative ainsi que sa signification symbolique[1].

Ces récits, et d'autres textes consacrés au monde taurin, à des villes espagnoles, comme Séville – *La Passion selon Séville* – ou Oviedo – *Prélude in Oviedo* –, au monde basque dont l'écrivain est si proche, et, pour sûr, d'autres pages à caractère plus général dédiées à l'Espagne, sont autant de témoignages on ne peut plus fidèles de son hispanophilie. Cette attitude de Peyré est formellement exposée dans les pages qu'il écrivit pour le *Prologue* du livre d'auteurs français et espagnols, intitulé *L'Espagne* (1951), un volume appartenant aux suppléments de la série de la collection des Guides touristiques, « Le Monde en couleurs », éditée entre 1943 et 1965 par Doré Ogrizek. Dans ce texte d'à peine quatre pages Peyré apporte, une fois de plus, le témoignage de son humanisme universel, car lorsqu'il qualifie l'idiosyncrasie de l'Espagne comme celle « d'un pays plus éloigné du nôtre, par l'espace, le temps ou par le caractère », il ne se fixe pas sur le topique suranné selon lequel l'Afrique s'arrête aux Pyrénées, mais il va bien plus

[1] Le roman *Une fille de Saragosse* fut publié à Paris aux éditions Flammarion en 1957, il se compose de 252 pages.

loin dans la vision géographique et spatiale qu'il adresse au lecteur de ce livre, qu'il considère déjà comme un possible futur voyageur[2].

Franchis le paysage basque et les douceurs des vallées cantabriques, la Castille est considérée comme le cœur de la Péninsule ; pour Peyré, elle « évoque les hauts plateaux d'Asie Mineure et les met à notre portée ». Une fois passés le Guadarrama, les « rues américaines de Madrid » et la steppe de la Manche – Don Quichotte est cité ! –, le voyageur accède aux terres andalouses où « les plateaux asiatiques ont fait place au paysage africain [...]. Asie, Afrique, terres violentes, élémentaires, dures à l'homme et dont notre cap occidental ignore les esprits ». Un commentaire qui est répété à la fin de *Une fille de Saragosse.*

Fondements historiques et littéraires

Les sièges de Saragosse et le madrilène 2 mai constituent les mythes fondateurs de la moderne nation espagnole. Ils sont issus de la guerre d'Indépendance face à l'occupation napoléonienne et ont été magnifiés par la série d'événements guerriers et politiques qui couvrent la vie espagnole de 1808 à 1814. La singularité de tels sièges réside dans l'exemplaire mobilisation des habitants de cette ville, toutes classes sociales confondues, leur ardeur dans la défense de leur ville a été considérablement décuplée par la dévotion religieuse qu'ils vouent à la Vierge du Pilar. À quoi s'est ajouté un comportement inouï émanant des répliques de Palafox devant les intimidations dont il était l'objet, l'incitant à la reddition.

Les événements commencèrent le 24 mai 1808. Ce fut une réaction populaire des Saragossans contre les autorités constituées, lorsque fut diffusée la nouvelle de l'abdication de Ferdinand VII à Bayonne. Le gouverneur militaire de la place, Guillelmi, fut remplacé par le jeune général José Palafox y Melci qui, en tant que capitaine général, s'érigea en chef de la résistance de la ville, déterminé à stopper l'avancée des troupes du général Lefebvre. Ce dernier assiégea la ville le 15 juin, date à laquelle les Saragossans gagnèrent la « bataille de las Eras », une action qui fut à l'origine de l'égrènement de l'héroïcité spontanée qu'affichèrent tant les militaires que les civils au cours du siège dans les jours qui suivirent.

Verdier, remplaçant de Lefebvre, bombarda la ville, parvint à y pénétrer le 4 août, moment où, à nouveau, se manifesta la capacité de réaction des assiégés dans un affrontement acharné qui se répandit dans toutes les rues,

---

[2] Doré OGRIZEK, *L'Espagne*, avant-propos par Joseph PEYRÉ. Textes Suzanne de CHANTAL, Henri DANJOU, Jean DESTERNES, Olivier MERLIN, Francis de MIOMANDRE, J.M. PLA QUIROGA, Illustrations BEUVILLE, A. BRENET, Paulo FERERRIRA, Lorenzo GOÑI, Jacques LIOZU, Pierre NOËL, Marianne PERETTI, R.DE VILLEPREUX, Ed. Odé, 1951. Je cite cette édition dont il a été fait une traduction espagnole (Ediciones Castilla, Madrid, 1965) portant des variantes dans les collaborations.

sans exception aucune. Verdier leva le siège le 13 août lorsque fut annoncée la victoire espagnole de Bailén.

Le 21 décembre, un important détachement militaire composé de vétérans que commandait le maréchal Lannes planta le siège qui connut un épisode d'extrême violence le 28 janvier 1809 où s'engagea la population en son entier, y compris les blessés, les malades, les curés et les femmes. Les trois semaines qui suivirent furent marquées par une épouvantable cruauté : les combats affectèrent chacune des habitations de la ville et il fut procédé au minage des sous-sols de la ville par l'un comme par l'autre des camps en présence. L'épidémie de choléra qui éclata eut une influence décisive sur la capitulation qui intervint le 19 février 1809. Les spécialistes estiment que les pertes de la garnison, entre les morts et les blessés, approchèrent les 50 000 personnes.

L'héroïque défense de Saragosse s'inscrivait dans les glorieux antécédents de la résistance des péninsulaires devant les Carthaginois à Sagonte, et devant les Romains à Numance. L'inouï de la résistance et la conjoncture politico-militaire qui, en l'Espagne et en Europe opposait les adversaires et les partisans de Napoléon, suscitèrent à Saragosse la production simultanée d'abondants textes informatifs et émotionnellement engagés, tels que les gazettes, les journaux, les avis, les édits, les proclamations, les tracts, qui s'imprimèrent au cours de ces événements. Il y en eut à foison. En outre, la réaction des poètes et des écrivains fut également considérable depuis les mois des sièges jusqu'au temps présent, ce qui a donné lieu à la création d'un « thème littéraire » qui a été forgé à partir de l'exaltation de la ville aragonaise et de celle des individus qui se sont illustrés par la bravoure de leurs actions[3].

Une synthèse des motivations qui ont été à la source de ce comportement collectif peut se découvrir dans cette assertion baignée d'admiration d'une brochure de 1815 : « Quel émouvant spectacle que celui de ces humbles laboureurs qui, las de manier la houe et le glaive, se saisissent du portrait du roi et de la statue de la Vierge pour les embrasser et qui, tout revigorés, s'en retournent à leur labeur en leur offrant leurs vies. » L'écho de la résistance patriotique est mentionné, par exemple, en une scène du roman de Tolstoï, *Guerre et Paix* (1865-1869, deuxième partie, chapitre XI, 3) où les militaires qui font partie de la garde rapprochée du général Koutousov entendent parler avec admiration de la résistance des Saragossans.

---

[3] Voir le chapitre « Sitios de Zaragoza » élaboré par Leonardo ROMERO TOBAR et Carmen PEÑA ARDID dans le volume réunissant plusieurs auteurs, *Temas Hispánicos* (II), Zaragoza, Prensas de la Universidad, 2014, p. 359-372. Sur la diffusion des sièges dans diverses littératures on peut consulter l'étude de Leonardo ROMERO TOBAR, « Los sitios de Zaragoza, tema literario internacional, 1808-1814 » dans le volume réunissant plusieurs auteurs, *El comienzo de la Guerra de la Independencia, Congreso Internacional del Bicentenario*, Emilio de DIEGO (dir) y José Luis MARTINEZ SANZ (coord), Madrid, Editorial Actas, 2009, p. 571-588.

La bibliographie historique consacrée aux sièges de Saragosse est fort abondante ; de même les écrits littéraires induits par de tels événements ont fait l'objet d'un méticuleux catalogue confectionné par María del Pilar Salas Yus qui, à l'origine, fut la thèse doctorale que j'ai moi-même dirigée et qui décrit 526 textes correspondant aux modèles de la Poétique et de la Rhétorique classiques[4]. La musique et la peinture ont aussi contribué à l'exaltation des événements au moyen de pièces sonores très populaires, telles que *Los Sitios de Zaragoza* de Cristóbal Oudrid (1848) et de compositions picturales très impressionnantes telles que celles de Goya, Gálvez y Brambila.

Les textes écrits ou publiés dans les années proches des événements offrent l'expression gonflée d'émotion de faits qui ont forcé l'admiration des Espagnols et des étrangers. De ces derniers, les premières manifestations imprimées furent *La Relation des Sites de Saragosse et de Tortose* (1814 ; traduction espagnole, 1908), du baron de Rogniat, ou les expériences de Charles R. Vaugham racontées dans sa *Narrative o the Siege of Saragosse* (1809, traduction espagnole, 2008), récits qui seront suivis par les mémoires de militaires des deux camps (Belmas, Lejeune, Palafox) et la chronique scandée des événements telle que la présenta Agustín Alcalde Ibieca dans sa *Historia de los Sitios que pusieron a Zaragoza en los años 1808 y 1809 las tropas de Napoleón* (1830, 3 volumes), œuvre qui fut la primordiale source d'information pour les écrivains postérieurs.

Peyré dans son roman sur les sièges de Saragosse

Joseph Peyré a pu utiliser quelques-unes de ces sources afin de documenter le fond historique de son roman ; il a pu consulter, également, des plans de la ville et – c'est ma proposition – le roman de Pérez Galdós, *Zaragoza* (1874) dont la trame fictionnelle ajoute la présence de Gabriel Araceli à la liaison amoureuse de deux jeunes patriotes – Agustín et Mariquilla – dont la position sociale est l'inverse de celle des deux protagonistes de *Une fille de Saragosse*, car chez Galdós Agustín est un fils du peuple et Mariquilla est la fille d'un nanti venimeux dont la maison est détruite par les bombes de même que celle de Pilar dans *Une fille de Saragosse.* Dans ce roman Peyré invente les noms et la caractérisation des personnages qui interviennent dans l'action, attribuant le nom de la protagoniste – Pilar García – à une rue de Saragosse qui n'existe pas et inventant un Décret Royal qui la distingue comme « sous-lieutenant », texte qui clôt le roman et qui est présenté comme une découverte qu'aurait faite le romancier (?) dans les archives de Saragosse. Je pose une telle question car je n'ai pu, jusqu'au moment présent, vérifier si l'écrivain fit des recherches dans les archives de la ville aragonaise.

---

[4] María del Pilar SALAS YUS, *Descripción bibliográfica de los textos literarios relativos a los Sitios de Zaragoza*, Zaragoza, Institución Fernando el Católico, 2007, p. 590.

L'organisation du tissu narratif s'opère à partir d'une structure bipolaire, transparente dans les deux sièges que la ville eut à subir et les deux armées qui, en pareille circonstance, s'affrontèrent. Cette bipolarisation est patente à divers moments, à commencer par le chapitre I où l'on reconstruit le climat populaire qui va s'électrisant à la lecture d'un texte imprimé dans la *Gaceta*, et, pour finir, l'épilogue qui reproduit le document mentionné, et qui se polarise sur la position sociale des deux protagonistes – le « señorito » Juan Ruiz de la Mata et la jeune prolétaire, Pilar García – et, comme synthèse, l'effondrement des demeures de chacun d'entre eux : la maison de celle-ci dans la rue miteuse de Pabostre (chapitre XVI) et le palais somptueux de Juan situé dans le Coso (chapitre XXXI, et final).

Le message du roman repose sur l'exaltation de l'héroïsme des patriotes de Saragosse qui ajoutent l'exaltation nationale à la dévotion religieuse, un type d'héroïsme que soulignent les différents passages faisant état de la brutalité qui accompagna de tels événements : canonnades et minages souterrains, fusils et couteaux devenus des objets indispensables, spectaculaires effondrements d'églises et de maisons d'habitation, terribles effets de la peste, déblayages d'espaces de transit induits par l'expulsion des morts sur des lieux des plus sinistres et la désintégration des cadavres du couvent de San Francisco causée par l'explosion de leurs sépultures.

Le temps de l'action romanesque correspond à celui du second siège ; il est signalé dans les premières lignes du roman (« cet après-midi de janvier 1809 ») puis dans la dernière ligne, « trente août 1809 », date du décret ci-dessus mentionné. Durant une telle période, Pilar apparaît – au premier chapitre – comme une charmante jeune fille qui, aux côtés d'une autre, parcourt les rues de la ville en chantant la jota « La Virgen del Pilar… » (traduite en français) ; elle fait la rencontre de Juan, un élégant jeune homme, à la mine d'étudiant. À partir de cet instant, l'intimité du couple sera indissociable des événements les plus marquants du siège, au cours duquel Pilar apportera les premiers soins aux blessés et fera également le coup de feu tandis que Juan s'enrôlera dans un régiment qui va essuyer des revers dont il réussira à se sortir, pour réapparaître à San Fernando (chapitre XIX) et retrouver Pilar en cette église où :

> (chap. IV, p. 24). Traversés par des langues de feu, de petits nuages angéliques sortaient en effet de la voûte, et les derniers habits bleus, criblés par cette grêle, lâchaient pied. "Ce sont ceux du clocher qui ont fait des trous dans la voûte" expliqua à Pilar un sacristain. Mais elle ne voyait que Juan. Juan vivant (p. 126).

Les lieux de l'action sont les intérieurs des maisons du faubourg – celle de Pilar, tout spécialement – le palais de la famille Ruiz de la Mata dans le Coso, le palais de la Aljafería, les souterrains et les couloirs creusés sous les rues, les couvents et les églises et les tours. Les soixante clochers de la ville, et tout particulièrement la Torre Nueva, fonctionnement non seulement comme éléments actifs de la défense mais encore comme des symboles de la force de résistance des Saragossans[5]. La rue de Pabostre est bien plus qu'un toponyme et l'espace urbain de la maison de Pilar, car elle se personnifie tel un personnage vivant et actif grâce aux gens qui l'occupent :

> Tío Andrés suivit plus avant la rue de Pabostre, boitillant sur son pied goutteux. Depuis cette chiennerie de siège, on ne se voyait plus entre amis, ni même en famille. Il n'allait pas laisser échapper cette chance de passer une minute avec sa nièce préférée, qu'il tenait plutôt pour sa fille, tellement elle ressemblait peu à son père, elle aussi. La rue populeuse n'avait plus sa rumeur de l'autre vie, braiments de bourricots, chant des coqs, de lavandiers, et d'aveugles porteurs de gazettes du jour, cris de gamins, des marchands ambulants [...]. Entre ses façades basses et ses murs fissurés par une canonnade continue, Pabostre s'était muée en chantier militaire sans nul besoin de San Genis, le Vauban dont s'enorgueillissait alors Saragosse (chap. IV, p. 24).

Les personnages qui interviennent, à l'instar de ceux du roman historique, se classent en personnages réels et personnages inventés, et ce sont ces derniers qui structurent l'action narrative, car les personnages historiques apparaissent comme de simples références – Agustina, Casta Álvarez, les généraux Lazán, Lannes, Reding, Wellington – ou lors de brèves séquences : Palafox, qualifié à un moment de « señorito », Manuela Sancho (« c'est vrai, Manuela Sancho. L'héroïne avait dansé la jota au son de la guitare avec les soldats du Réduit », p. 9) Et à propos de Manuela Sancho, ce paragraphe du chapitre VIII se rapportant aux héroïnes saragossanes, est à considérer comme l'illustration même que Peyré tient à apporter sur les femmes qui ont vécu ces sièges[6] :

> Mais sur le rempart de terre de la Puerta Quemada, dont le feu écharpait les vagues françaises, ce n'était pas aux filles héroïques appelées à laisser leurs noms aux places et aux rues de la Saragosse future, que pensait Pilar. Ni à María Agustín, avec ses cartouches et sa cruche d'eau-de-vie pour les soldats, ni à la Artillera qui, à la batterie du Portillo, avait mis feu le canon, et puis combattu au fusil. "On ne meurt qu'une fois". Ni à Casta Àlvarez, armée d'un épieu-baïonnette, ni à Manuela Sancho, fusilier du Réduit imprenable de Notre-Dame du Pilar (chap. VIII, p. 52).

Des personnages inventés, seuls ont un profil individualisé les Espagnols ; quant à leurs actions, elles s'inscrivent à l'évidence dans cette structure bipolaire par laquelle le roman se singularise. D'un côté se trouvent les personnages appartenant au peuple parmi lesquels figurent logiquement les membres de la famille de Pilar – son père qui meurt dans ses bras (chapitre VV), son oncle le tavernier Andrés, sa sœur – et ses amis et les proches, tels que le Padre Justo. Celui-ci et Pilar sont associés à Santiago Sas

---

[5] Pour sûr, apparaissent des références à divers lieux concernant l'environnement aragonais : Mallen, Cariñena, Sierra de Guara (écrite par erreur « Sierra de Guerra », p. 14) et, comme on le verra à la fin, une référence à la Castille.

[6] Voir Nuria MARÍN ARRUEGO, *Mujeres en los sitios de Zaragoza*, Zaragoza, Fundación Zaragoza, 2009.

et Manuela Sancho, respectivement. Dans l'entourage social de Juan Ruiz de la Mata, interviennent sa mère, la marquise présentée comme un être antipathique et autoritaire, sa sœur Inés, nonne au couvent des Filles de Jérusalem et les employés du palais.

Le discours linguistique du roman assigne également des qualificatifs et des images aux personnages ; par exemple, les Français reçoivent le sobriquet de « la bête » ou encore « le sape », les balles des fusils sont appelées parfois « abeilles » et pour Pilar García il est fait mention des « pigeons » qui se posent sur la toiture de sa demeure ; elle hérite de cette métaphore, elle qui est une jeune fille ravissante, baroudeuse et qui ne tient pas en place. Les interventions directes des personnages sont habituellement brèves et ourlées d'exclamations, car c'est le narrateur qui résume avec force détails les manifestations verbales de ces derniers.

Dans ce roman, le narrateur à la troisième personne est la VOIX dominante car il intervient pour la description des personnes, des lieux, l'exposition des faits, pour introduire les discours directs des personnages et pour synthétiser en discours indirect libre le monde intérieur de quelques-uns des personnages, tout spécialement pour introduire le lecteur dans la conscience de la protagoniste :

> Que lui importaient alors les objets de ses actes de la journée ? Son tourment n'était pour le palais et son salut. Ni pour le sort de Saragosse, engagé pourtant dans ses murs. Il était pour la vie de Juan, et prenait la constante d'une obsession, au point de suivre celui-ci pas à pas, et d'imaginer dès qu'il échappait à sa vue. Les dangers ne se pressaient-ils pas, ne refermaient-ils pas autour de lui leur cercle ? Après le canon, l'arme blanche, la peste. Maintenant la peur montait de la terre (chap. XXVI, p. 164).

Joseph Peyré énonce en français des mots qui désignent des objets caractéristiques des personnages – tels que la « faja » et le « cachirulo » de l'oncle Andrés (traduits comme « ceinture » et « serre-tête ») – ou les uniformes des soldats napoléoniens, mais il exprime en langue espagnole quelques mots et expressions caractéristiques du parler colloquial, tels que « gabachos », « señorito », « chavala », « la jota », « rediez », qui sont les plus répétés dans le texte. De même, il fait usage des suffixes diminutifs « -ico » et « -ica », appliqués aux noms de personnes pour leur apporter cette nuance de familiarité qu'introduit ce suffixe si aragonais. Un mot espagnol qui reçoit un traitement spécial est le verbe « matar », lequel apparaît dans l'évocation d'un exploit de Santiago Sas lors de l'affrontement dans le Coso qui a eu lieu le 4 août durant le premier siège, lorsqu'après avoir abattu dix-sept « gabachos » et coupé en deux un officier :

> Il hurlait : « Voilà qui est tuer ! » Dans la bouche de ces gens « tuer » se disait « matar », le plus espagnol des mots espagnols, sans égal dans aucune langue, et qui prenait l'homme de frénésie (cap. IX, p. 59).

La religiosité en tant qu'intense manifestation du patriotisme parcourt tout le corps du roman ; elle est bien présente au tout début lorsque les

Saragossans commentent les nouvelles de la *Gaceta* affirmant que les renforts de soixante mille hommes de Reding sont à considérer comme un autre miracle de la Vierge du Pilar, dont le temple et la statue sont bien souvent mentionnés. Les proclamations de Palafox, les prières et les célébrations d'actes liturgiques convoquent les patriotes pour qu'à leur issue ils se sentent regonflés de l'esprit de la résistance aragonaise. Cette ligne de force se prolonge jusqu'aux derniers chapitres où les assiégés du palais de la famille de Juan et les membres de cette dernière assistent à une messe que Peyré évoque dans toutes les caractéristiques qu'exige la circonstance historique (chapitres XXVIII à XXX).

Le chapitre final fait mention de l'entrée des Français dans la cité héroïque : « Avec ses soixante mille cadavres et la poussière de ses ruines, Saragosse avait fini par s'incliner » (chapitre XXXI, page 182), situation d'opprobre dont se tirent Juan et Pilar car ils parviennent à fuir et à pénétrer en Castille pour y retrouver les troupes anglaises qui leur portent secours en un lieu appelé Puente del Rey (situé à Melgar de Fernamental, un village de la province de Burgos). Ce nouveau site géographique transporte les protagonistes en un paysage fondamentalement hispanique ; Pilar avait réussi à arracher Juan des ruines et des prisons car :

> Pour trouver vie et liberté, elle serait allée jusqu'à marcher sur les genoux et, le matin encore, sur ce désert ravagé par un vent d'Asie (p. 184).

Allusion qui nous reporte aux mots du *Prologue* qu'écrivit Peyré pour le livre *L'Espagne* cité auparavant.

Aux prises de l'histoire des deux côtés des Pyrénées. Notes sur Pérez Galdós et sur Joseph Peyré

BLANCA RIPOLL SINTES
(SHProgramme – Universitat de Barcelona)

L'Histoire écrite en lettres majuscules que Unamuno a si bien particularisée, qui est présente sur les rayons des bibliothèques, dans les salles des musées, a été épisodiquement jalonnée de faits singuliers qui tels des repères sur l'axe du temps étaient gros de grandeur épique, laquelle ne pouvait que fasciner bien des créateurs. Le siège de Saragosse, comme celui de Numance bien avant, comme celui de Madrid bien après, a été à l'origine de nombre de créations d'œuvres d'art en divers champs disciplinaires, et ce tout au long des différentes périodes de l'Histoire.

Établir le rapport entre réalité et fiction, entre vie et art, a déjà fait l'objet de maints travaux critiques pour ce qui est des deux textes que nous étudions, que ce soit pour l'« épisode »[1] *Zaragoza* (1874) de Benito Pérez Galdós ou pour le roman *Une fille de Saragosse* (1957) de Joseph Peyré[2].

[1] Yolanda ARENCIBIA, « Galdós: sus visiones personales ante la historia », *Actas del III Congreso Internacional de Estudios Galdosianos*, II, Las Palmas, Cabildo Insular, 1989, p. 291-302 ; Peter A. BLY, *Galdós y la historia*, Ottawa, Dovehouse Éditions Canada, 1988 ; Rodolfo CARDONA, « Apostillas a los Episodios Nacionales de B. P. G., de Hans Hinterhäuser », *Anales galdosianos*, n° 3, 1968, p. 119-142 ; DENDLE Bryan J., *Galdós y la novela histórica*, Otawa, Dovehouse Éditions Canada, 1992 ; Pilar ESTERÁN ABAD, *Zaragoza, de Benito Pérez Galdós*, Edición y estudio críticos, Zaragoza, Institución Fernando el católico, 2001 ; Ermitas PENAS VARELA, *Episodios nacionales. Segunda serie, de Benito Pérez Galdós*, Madrid, Biblioteca Castro-Fundación José Antonio de Castro, 2011; Geoffrey RIBBANS, *History and fiction in Galdós' narratives*, Oxford, Oxford University Press, 1993; Dolores TRONCOSO, Salvador GARCÍA CASTAÑEDA y Carmen LUNA, *La historia de España en Galdós. Análisis y proceso de elaboración de los Episodios Nacionales*, Vigo, Servizo de Publicacións da Universidade de Vigo, 2012; WHISTON James, « "Ficción verosímil" and "realidad documentada" in the Second Series of Galdós' Episodios Nacionales », A. H. CLARKE y E. ROGERS, Galdos' House of Fiction: papers given at Birmingham Galdós Colloquium, Llangrannog, Dolphin, 1991, p. 1-13.

[2] Pierre DELAY, « Joseph Peyré, écrivain », p. 349-364, Vv. Aa., *Joseph Peyré. L'homme de ses livres*, Pau, Université de Pau et des Pays de l'Adour, 1994 ; Christian DESPLAT, « Hommes et chefs de guerre dans l'œuvre romanesque de Joseph Peyré », *ibid.*, p. 175-197 ; Andrée MANSEAU, « De la course landaise à la corrida : la quête de l'homme, de Joseph de

Aussi la brièveté de cette approche nous a-t-elle poussée à nous arrêter sur des aspects plus ponctuels concernant le point de vue narratif choisi par l'un et l'autre de ces écrivains, et, par conséquent, se rapportant à l'intentionnalité sous-jacente de chacun d'entre eux qui se manifeste par le choix même de la perspective qu'ils ont souhaité arrêter. Perspective qui est à associer, assurément, à ce que Baroja appelle le fond sentimental de l'écrivain.

Dans un ouvrage collectif, Pierre Peyré qualifie le prix Goncourt de romancier « des énergies »[3], soit une terminologie propre à Giner, que nous pourrions également appliquer à l'auteur des Canaries. Encore que, si quelque vecteur peut rassembler ces deux écrivains, nous pensons que c'est celui qui relève de la terminologie du XXIe siècle afférente à la théorie des émotions. En effet, ces deux écrivains sont de véritables cartographes des émotions, de la vie du petit monde qui palpite au sein même des sociétés modernes – l'on continue dans le sillage de Giner.

Sans doute l'auteur canarien nous offre-t-il une approche psychologique dans son désir d'apparaître comme médecin de la société qui l'entoure, et comme fin connaisseur des profondeurs d'un tel environnement. Peyré, quant à lui, offre une carte des émotions épithéliales qui, siècle après siècle, ont caractérisé la société espagnole non seulement à travers un regard étranger, mais encore à travers une vision d'un passionné de la culture avoisinante, capable de faire abstraction de ses propres émotions nationales pour se plonger dans la réalité nuancée de l'autre.

À ce diagnostic de la psychologie d'un peuple, il y a lieu d'ajouter une réflexion critique qui cherche à susciter le débat chez les lecteurs de l'une comme de l'autre de ces œuvres. La professeur Penas met en lumière la racine du siècle des Lumières cherchant à ériger l'histoire passée comme modèle (à imiter ou à éviter) afin d'améliorer la situation présente et future de l'individu et de la société et qui, dans le récit galdosien, éloigne de la matière historique « los planteamientos propios de la tendencia historiográfica positivista, de raíz erudita, que acopia y establece una sucesión de hechos históricos / les problématiques propres de la tendance historiographique positiviste, de racine érudite, qui entasse et établit une succession de faits historiques »[4]. Nous pensons que semblable jugement pourrait être appliqué au cas de Peyré. Le professeur Sotelo, qui va dans le même sens, affirme[5] :

> es Galdós, con su doble vocación de historiador y educador (quizás sintetizada en su voluntad de regenerador de la vida nacional) modelada en su irrenunciable

---

Pesquidoux à Joseph Peyré », *ibid.*, p. 247-258 ; Pierre MINVIELLE, « Poétique de la montagne dans l'œuvre de Joseph Peyré », *ibid.*, p. 109-120.

[3] Pierre PEYRÉ, « Joseph Peyré, l'homme de toutes les énergies. Essai de psychobiographie », *ibid.*, p. 15-32.

[4] Ermitas PENAS VARELA, *op. cit.*, p. XVII.

[5] Adolfo SOTELO VÁZQUEZ, *Perfiles de « Clarín »*, Barcelona, Ariel, 2001, p. 113.

condición de novelista, quien forja la novela histórica como novela realista y nacional, en el sentido que tenía para Dickens y para el propio novelista canario, fascinado lector, traductor y crítico del novelista inglés[6].

La proposition de l'auteur de *La familia de León Roch* offre une vision de l'histoire beaucoup plus moderne de l'histoire nationale car il combine harmonieusement des faits vérifiables, historiquement prouvés, à ses propres créatures de fiction s'insérant dans la vie intra-historique de l'Espagne du XIXe siècle : « tan importante, o incluso más que ese relato de acontecimientos es la historia "menuda" en feliz expresión de Montesinos / si importante ; plus que ce récit des événements c'est l'histoire des obscurs, selon l'heureuse expression de Montesinos, qui est à l'honneur »[7]. Ce même point de vue, nous l'observons dans *Une fille de Saragosse* de Peyré, aspect qui conduit Mansau à avancer le parallélisme entre le romancier des Canaries – tout spécialement dans ses *Episodios* – et l'œuvre de Peyré[8], alors que jusqu'à présent, c'étaient les similitudes avec Blasco Ibáñez que la critique avait le plus soulignées[9].

Si nous nous penchons sur l'épisode historique du siège de Saragosse, nous devons signaler quelques nuances idéologiques dans la vision que chacun des deux écrivains apporte à leur texte respectif. Mais nous trouvons, à nouveau, des coïncidences, comme la manipulation sociale de la part des élites dirigeantes, une manipulation démagogique contre laquelle récriminent les deux écrivains. L'épisode – initial, chez Peyré –, vers la moitié de l'« épisode » chez Galdós, des nouvelles totalement falsifiées de la *Gaceta*, est, selon nous, très représentatif de la question : lorsque l'on excite la foule, que l'on cherche à produire un moral de victoire au sein du peuple aragonais en divulguant de fausses nouvelles faisant état de l'arrivée imminente d'importants renforts.

À ce moment précis apparaît l'importance dans le choix du point de vue narratif. Dans la première série des « épisodes », le protagoniste, Gabriel Araceli, fil conducteur des différents romans, est investi de la focalisation narrative à la première personne qui imprègne de sa subjectivité le récit des faits, et, pour sûr, nous fait part de la propre vision de l'auteur des Canaries. Araceli se présente comme un narrateur en proie au doute qui se déplace dans le temps, tantôt en régressant tantôt en avançant, pour unir le passé des faits historiques au présent qu'il partage avec son lecteur, soit un narrateur

---

[6] « C'est Galdós, qu'animait sa double vocation d'historien et d'éducateur, synthétisée, à coup sûr, dans sa volonté de régénérateur de la vie nationale, et coulée dans son opiniâtre condition de romancier, qui forge le roman historique en tant que roman réaliste et national, dans le sens qu'il avait pour Dickens et pour le propre auteur des Canaries, lecteur fasciné, traducteur et critique du romancier anglais ».

[7] Ermitas PENAS VARELA, *op. cit.*, p. XVII.

[8] Andrée MANSEAU, *op. cit.*, p. 255.

[9] Pierre PEYRÉ, *op. cit.*, p. 27. Bernard BARRERE, « *Sang et Lumières*, imitation ou innovation », Vv. Aa., *Joseph Peyré. L'Homme de ses livres*, Pau, Université de Pau et des Pays de l'Adour, 1994.

d'évidente souche cervantine[10] qui raconte de cette manière l'épisode de la *Gaceta* :

> No sé si efectivamente llegaron a Zaragoza tales noticias, o si las sacó de su cacumen el redactor principal, que era don Ignacio Asso ; lo cierto es que en letras de molde se nos dijo que Reding venía a socorrernos con un ejército de 60 000 hombres ; que el marqués de Lazán, después de derrotar a la canalla en el norte de Cataluña, había entrado en Francia, "llevando el espanto por todas partes" ; que también venía en nuestro auxilio el duque del Infantado ; que entre Blake y la Romana habían derrotado a Napoleón, "matándole 20 000 hombres", inclusos Berthier, Ney y Savary, y que a Cádiz habían llegado '16 millones de duros', enviados por los ingleses para gastos de guerra. ¿Qué tal? ¿Se explicaba la *Gaceta* ?[11]

Avec un narrateur totalement différent, à la troisième personne, mais non entièrement impersonnel, Peyré émaille, çà et là, son récit d'interrogations rhétoriques qui, parfois, cherchent à se faire écho de la conscience collective, et qui offrent une vision ironique, sarcastique, à l'occasion, de la réalité ingénument vécue par les Saragossans. Par exemple, devant l'annonce de la Gaceta selon laquelle Joaquín Blake avait réussi à tuer 20 000 hommes de l'armée napoléonienne, y compris Ney, Berthier et Savary, le narrateur s'interroge : « Ney, Berthier ? Pourquoi pas Napoléon lui-même ? »[12].

Outre la question de la manipulation médiatique et politique de la ville, il y a lieu de souligner un aspect sur lequel nous interviendrons plus avant, et qui conditionne la fin des deux romans : la primauté de la vie face à l'héroïsme et l'épopée, laquelle chez Pérez Galdós est en étroit rapport avec un péché qu'il juge définitoire de l'âme nationale, le péché de la superbe, qui

---

[10] À propos des relations entre Miguel de Cervantes et l'œuvre galdosienne, il convient de souligner les références suivantes : PENAS VARELA Ermitas, La tercera serie de los « Episodios nacionales », Quijotismo y Romanticismo, Vigo, Academia del Hispanismo, 2013. M. Luisa SOTELO VÁZQUEZ (2015), « La quijotesca historia de Crisóstomo y Marcela, hipotexto de La campaña del Maestrazgo de Galdós », Carlos Mata Induráin, *Recreaciones quijotescas y cervantinas en la narrativa*, Pamplona, Eunsa, 2015, p. 313-324. Ana BAQUERO ESCUDERO, « El pensamiento literario sobre Cervantes de los grandes novelistas del XIX », en *Recreaciones quijotescas y cervantinas en la poesía y el ensayo*, *op. cit.*, p. 25-35.

[11] Benito PÉREZ GALDÓS, *Episodios nacionales.* Primera serie. Zaragoza (ed. Dolores Troncoso y Rodrigo Varela), Barcelona, Destino, 2006, p. 695 : « J'ignore si effectivement de telles nouvelles arrivèrent à Saragosse, ou si le rédacteur principal qu'était Ignacio Asso les tira de sa divagation. Ce qui est certain c'est qu'en majuscules il nous fut communiqué que Reding venait à notre secours avec une armée de 60 000 hommes ; que le marquis de Lazán, après avoir mis en déroute la canaille dans le nord de la Catalogne, avait pénétré en France, « semant partout la terreur ». Qu'également arrivait pour nous secourir le duc de l'Infantado. Qu'entre Blake et la Romana, ils avaient taillé en pièces l'armée de Napoléon, "tuant 20 000 hommes de ses troupes", dont Berthier, Ney et Savary. Qu'à Cadix étaient arrivés "16 millions de douros" envoyés par les Anglais pour couvrir les frais de guerre. À vous couper le souffle, expliquait la Gaceta ».

[12] Joseph PEYRÉ, *Une fille de Saragosse*, Paris, Flammarion, 1957, p. 9.

caractérise Pepe Rey dans *Doña Perfecta* (1876) et les responsables de la défense de Saragosse dans cet « épisode ».

À présent nous nous proposons d'esquisser quelques questions structurelles conditionnées par le choix du point de vue, qui rapprochent deux écrivains aux circonstances historiques si hétérogènes. Pour sûr, nous n'allons point nous arrêter sur des questions d'argument ni sur des aspects sociolinguistiques dont s'occupent d'autres collègues dans ce présent volume.

En premier lieu, il est à souligner que ces deux écrivains, dans leur œuvre respective, font montre du meilleur des apprentissages légué à la postérité par la littérature *costumbrisme* romantique. Chez Galdós, l'on observe parfaitement comment les stratégies de description *costumbriste* se mettent au service de l'idéal de l'Institución Libre de Enseñanza qui ambitionnait de capter l'âme du peuple à partir de l'étude de ses coutumes. Ainsi, le narrateur si cervantin qu'est Gabriel Araceli décrit-il la scène des plus expressive de la foule en train d'adresser ses prières à la Vierge du Pilar :

> Los que por la aglomeración de la gente no podían acercarse, hablaban con la Virgen desde lejos agitando sus brazos. Allí no había sacristanes que prohibieran los modales descompuestos y los gritos irreverentes, porque éstos y aquéllos eran hijos del desbordamiento de la devoción, semejante a un delirio. Faltaba el silencio solemne de los lugares sagrados: todos estaban allí como en su casa; como si la casa de la Virgen querida, la madre, ama y reina de los zaragozanos, fuese también la casa de sus hijos, siervos y súbitos[13].

Le récit des comportements presque païens de l'adoration de la Vierge – que suit la description de l'incroyable quantité de bijoux en or qui la recouvrent – nous rapproche de la critique de Larra ainsi que de celle de Feijoo auparavant, et pointe les superstitions et les rites païens qui présidaient au culte catholique populaire. Mais chez Galdós s'agrège à la vision critique et progressiste, l'empathie humaine qui imprègne toujours le regard de ses créatures de fiction : la simplicité avec laquelle les gens s'adressent à cette statue religieuse, la familiarité et la ferveur de la foi populaire, son authenticité même dans la confusion, qui nous amène à l'identique conception qui devait être celle d'Antonio Machado à l'égard du Christ populaire andalou. De plus, la description galdosienne de la vie de la rue de la ville assiégée est, elle aussi, redevable au superbe savoir-faire de son mentor Mesonero Romanos.

---

[13] Benito PEREZ GALDOS, *op. cit.*, p. 679 : « Ceux qui ne pouvaient approcher tant la foule était agglutinée, parlaient de loin à la Vierge, en agitant leurs bras. Là, il n'y avait pas de sacristains pour interdire les gestes déplacés et les cris irrévérencieux, car ceux-ci, comme ceux-là étaient des fils du débordement causé par la dévotion, semblable à un délire. Était absent le silence solennel des lieux sacrés : tous étaient là comme chez eux ; comme si la demeure de la Vierge tant aimée, la mère, la patronne, et la reine des Saragossans, était également la maison de ses enfants, de ses serviteurs et de ses sujets ».

Pour sa part, Joseph Peyré, non seulement porte un intérêt particulier aux mœurs de l'Espagne dans cette œuvre, mais encore dans bien d'autres de ses romans. Ainsi le fait remarquer Josefina Bueno Alonso :

> La lectura de las obras de J. Peyré nos ofrece pues un vasto panorama de las costumbres del país. La prueba es que, a través de sus libros, el autor tiende particularmente a las descripciones de contextos, en especial del ambiente de las calles que ilustran desde una perspectiva idónea la vida cotidiana de sus habitantes y confiere al país su nota pintoresca[14].

Le roman de Peyré abonde en descriptions, même si ce sont des souvenirs d'une vie révolue, de rues regorgeant de gens : « La rue populeuse n'avait plus sa rumeur de l'autre vie, braiements de bourricots, chants de coqs, de lavandières, et d'aveugles porteurs des gazettes du jour, cris de gamins, de marchands ambulants »[15]. Outre la description de la vie de la rue, on trouve des lieux classiques du *costumbrisme* comme la taverne de Cantaro[16], ou des types également récurrents comme celui du torero, « El Rayo », qui s'est retiré du « mundillo » et qui fait le lien entre *Une fille de Saragosse* et *Sang et Lumières* (1935) qui a donné lieu à une adaptation cinématographique, une coproduction franco-espagnole en 1954, mise en scène par Georges Rouquier et Ricardo Muñoz Say, ayant pour acteurs Daniel Gélin, Zsa Zsa Gabor, Henri Vibert, Julia Caba, etc.

Ayant plongé leurs racines dans la littérature *costumbriste*, consolidée par le courant du réalisme, les deux écrivains affichent, également, la même préoccupation pour ce qui est de faire chorus avec le parler du peuple, de renouer avec l'oralité dans tous ses multiples registres : les différences socioculturelles, régionales, etc. Chez Peyré, de plus, cela se manifeste en une surprenante introduction de vocables espagnols, non seulement se référant à la toponymie et à l'onomastique, mais encore à des termes se rapportant à des coutumes populaires ou à des produits de la gastronomie locale.

De même que dans le volume que coordonne Dolores Thion, *El costumbrismo, nuevas luces*[17], il est fait mention de la survivance des formes et des cachets du *costumbrisme* espagnol chez des auteurs postérieurs, de même nous pouvons signaler un autre héritage romantique qui a perduré sous différents masques et empreint de nuances significatives, lesquels en actualisent la présence et l'adaptent à chaque nouvelle période.

---

[14] Josefina BUENO ALONSO, « La vision de l'Espagne dans l'œuvre de Joseph Peyré », p. 223-234, VV. AA., *Joseph Peyré. L'homme de ses livres*, *op. cit.*, p. 226 : « La lecture des œuvres de Joseph Peyré nous offre un vaste panorama des mœurs du pays. La preuve en est qu'à travers ses livres, l'auteur se focalise tout particulièrement sur les descriptions du contexte, et se penche spécialement sur l'ambiance de la rue qui illustre à merveille la vie quotidienne de ses habitants et renvoie du pays sa touche pittoresque. »

[15] Joseph PEYRÉ, *op. cit.*, p. 24.

[16] *Ibid.*

[17] Dolores THION SORIANO-MOLLÀ, *El costumbrismo, nuevas luces*, Pau, Presses de l'Université de Pau et des Pays de l'Adour, 2013.

Tant Pérez Galdós que Peyré offrent des aspects du feuilleton en des scènes où apparaît la liaison amoureuse qu'entretiennent deux personnages issus d'un milieu social différent. Scènes qui sont à l'origine du nœud de l'argument de chacun des romans, et autour duquel s'entremêlent des histoires secondaires, le flux historique du conflit guerrier ainsi que les réflexions de portée collective des écrivains respectifs émanant de leur propre narrateur. La romance secrète entre Agustín de Montoria, membre d'une famille aisée et noble, de vieux chrétiens, et Mariquilla Candiola, fille d'un usurier qui traîne la réputation d'appartenir à la communauté juive de Majorque, à Gabriel Araceli comme témoin d'exception et zélateur de l'ombre du secret. Un amour impossible qui finira, comme celui des amants de Teruel des temps modernes, avec la mort des deux amants (Mariquilla qui décède le dernier jour du siège et Agustín qui devient un mort vivant en s'enfermant dans le monastère de Veruela). Cette fin confirme la thèse galdosienne selon laquelle dans semblable guerre il n'est point d'amour sincère qui se puisse concevoir, et que la ville de Saragosse en préférant l'honneur à la vie a condamné les deux amants à leur perte.

Les rencontres clandestines d'Agustín et de Mariquilla ont la saveur de la meilleure tradition littéraire espagnole – la référence à la Célestine est indéniable –, encore qu'elle soit exempte de la vision satirique de celle-ci. Le manque d'ironie et de satire nous mène droit au feuilleton :

> Al amparo de la sombra del ciprés sentóse Mariquilla en la única silla que allí había; púsose Montoria en el suelo y junto a ella, apoyando las manos en sus rodillas, y yo sentéme también sobre el piso no lejos de la hermosa pareja. Era la noche, como de enero, serena, seca y fría; quizás los dos amantes, caldeados en el amoroso rescoldo de sus corazones, no sentían la baja temperatura ; pero yo, criatura ajena a sus incendios, me envolví en mi capote para resguardarme de la frialdad de los ladrillos[18].

À nouveau, une liaison amoureuse entre deux personnages appartenant à des groupes sociaux très éloignés – aristocratie et peuple – constitue le cœur du roman de Peyré : le jeune aristocrate Juan Ruiz de la Mata et Pilar García qui, selon la note finale de l'auteur, semble provenir d'un personnage historique. Selon les archives de Saragosse, elle fit preuve d'un comportement héroïque pendant le deuxième siège de Saragosse et à ce titre elle fut récompensée par Ferdinand VII qui lui accorda le grade et la solde de sous-lieutenant d'infanterie. L'ambiance du feuilleton apparaît à de nombreuses occasions, où l'on décrit la liaison entre ces deux personnages.

[18] Benito PEREZ GALDOS, *op. cit.*, p. 710 : « Protégée par l'ombre du cyprès Mariquilla s'assit sur l'unique chaise qu'il y avait à pareil endroit. Montoria prit place sur le sol, à ses côtés, posant ses mains sur ses genoux ; quant à moi, je m'assis également sur le sol, non loin du couple ravissant. La nuit était tombée, comme en janvier, sereine, sèche et froide. Les deux amants, réchauffés par l'ardeur de l'amour qui couvait dans leurs cœurs, ne ressentaient pas la basse température, tandis que moi, étranger aux incendies, je m'enveloppai en ma cape pour me préserver du froid des dalles. »

Par exemple, lorsqu'est évoquée la déficience d'éloquence de Pilar qui parle un « Espagnol du peuple » et qui se sent inférieure en pénétrant dans le palais de la famille de Juan :

> La jeune fille aurait voulu évoquer tout ce qu'elle touchait chaque jour de souffrance, de désespoirs, de plaies, d'agonies sans secours. Tout ce qu'ignorait le moins guerrier, épargné jusque-là, et possédé par son démon. Mais personne ne lui avait appris à parler. Elle n'était pas « instruite », pire regret de l'Espagnol du peuple. Et elle se tut[19].

Ou lors de leur première union charnelle, qui est passée sous silence par le narrateur :

> Il se leva sur la pointe des pieds.
>
> Mais, au moment où il se courbait pour passer sous la voûte basse, elle le rappela :
>
> « Reste, ce soir… Ferme la porte… »
>
> À l'aube, Juan parti, Pilar s'était abattue sur son lit, le visage abîmé dans la masse de ses cheveux. Une explosion secoua la muraille[20].

L'ultime grand vecteur que partagent Pérez Galdós et Peyré est la défense qu'ils prônent de la vie face à un héroïsme impliquant une mort stérile. Ainsi, dans l'« épisode » *Zaragoza*, l'écrivain des Canaries indique-t-il à la fin du chapitre X sa préférence pour la vie, une aspiration qu'il place au-dessus de tout, faisant fi de l'épopée et de l'honneur collectif :

> Cesó el fuego del cañón, porque parecía innecesario; hubo un momento de pánico indefinible : se nos caían los fusiles de las manos ; nos vimos destrozados, deshechos, aniquilados por lluvia de disparos que parecían incendiar el aire, y nos olvidamos del honor, de la muerte gloriosa, de la Patria y de la Virgen del Pilar, cuyo nombre decoraba la puerta del baluarte inconquistable. La confusión más espantosa reinó en nuestras filas. Rebajando de improviso el nivel moral de nuestras almas, todos los que no habíamos caído deseamos unánimemente la vida, y, saltando por encima de los heridos y pisoteando los cadáveres, huimos hacia el puente, abandonando aquel horrible sepulcro antes de que se cerrara, enterrándonos a todos[21].

---

[19] Joseph PEYRÉ, *op. cit.*, p. 15-16.

[20] *Ibid.*, p. 180.

[21] Benito PEREZ GALDOS, *op. cit.*, p. 692-693 : « Le feu du canon cessa, parce qu'il n'était plus indispensable. Il y eut un moment de panique indéfinissable. Les fusils nous tombaient des mains. Nous nous vîmes mis en pièces, démolis, anéantis par la pluie des tirs qui semblaient incendier l'air. Nous oubliâmes, alors, l'honneur, la mort glorieuse de la Patrie et la Vierge du Pilar, dont le nom ornait la porte du bastion inexpugnable. La confusion la plus épouvantable régna dans nos rangs. Le niveau moral de nos âmes s'affaissa soudainement. Tous ceux qui n'étaient pas tombés, étaient envahis unanimement d'un désir de vie. Sautant par-dessus les blessés, marchant sur les cadavres, nous nous enfuîmes vers le pont, abandonnant cet horrible sépulcre avant qu'il ne se ferme, et nous enterre tous. »

Ou, quelques pages plus loin, quand Gabriel Araceli déclare solennellement face au désespoir d'Agustín : « Esto tiene que acabarse pronto de una manera o de otra – respondí. O se rinde la ciudad o perecemos todos / Cela doit se terminer au plus vite d'une manière ou d'une autre – répondis-je. Ou la ville se rend ou nous périssons tous »[22]. Devant le courage et l'héroïsme qui ne conduisirent qu'à l'abîme et à la destruction de tout (de l'histoire passée, de celle qui est à venir), Pérez Galdós défend la vie et fait passer un message politique d'un pacifisme rageur devant les malheurs que les successifs conflits guerriers ont causés durant le XIXe siècle en Espagne. Face à l'évidence que Saragosse était condamnée, malgré le courage de ses habitants, l'auteur des *Novelas contemporáneas* déclare coupables Palafox et les membres de son cabinet, qui retranchés dans un orgueil bien peu compréhensible ont conduit la ville à son anéantissement.

Le fait qu'*Une fille de Saragosse* soit un roman individuel et non une pièce d'un projet colossale comme le furent les *Episodios* explique qu'il ne puisse contenir de réflexion sur l'importance de la Guerre de l'Indépendance pour ce qui est du devenir de l'Histoire nationale. Toutefois, Peyré inclut un message clairement pacifiste dans son œuvre, tout particulièrement par l'intermédiaire de sa protagoniste Pilar García : « Mais elle, elle voulait de plus en plus vivre. Avec Juan »[23], ainsi qu'une critique du fanatisme de certains secteurs de la défense de la ville qui avaient excité à la rébellion les habitants, fanatisme incarné dans le personnage de Justo. La fin ouverte où le couple des protagonistes fuit à travers les décombres et tente d'échapper à la fièvre qui ravage Saragosse, est une issue porteuse d'espoir, espoir pour la ville de Saragosse où renaîtra le printemps et espoir pour les deux amants. Chez Pérez Galdós, il n'y a que la mort qui puisse mettre fin à l'histoire amoureuse, une destruction dont se sert le romancier pour mettre en évidence les maux dont souffre la patrie.

Dans cette succincte étude, nous nous sommes penchés sur les ressemblances évidentes entre ces deux romans : *Zaragoza* de Benito Pérez Galdós et *Une fille de Saragosse* de Joseph Peyré. Deux volumes qui furent des succès éditoriaux. Les ventes successives de la première série des *Episodios nacionales* de Galdós firent que ce projet narratif s'étendit à un vaste secteur de la société et conquit un lectorat des plus divers. À partir des travaux de Jean François Botrel[24], Dolores Troncoso et Rodrigo Varela indiquent dans l'introduction qu'ils composent pour la première série des *Episodios* que le nombre de lecteurs qui accéda à la lecture de ces romans fut « casi tres veces mayor que el número de lectores de una novela por entregas / presque trois fois supérieur à celui de ceux d'un roman lu par livraison »[25].

---

[22] *Ibid.*, p. 724.

[23] Joseph PEYRÉ, *op. cit.*, p. 105.

[24] Jean François BOTREL, « Le succès d'édition des œuvres de Benito Pérez Galdós : essai de bibliométrie I », *Anales de Literatura Española*, 3, p. 119-157, 1984, p. 131 y 134.

[25] Benito PÉREZ GALDÓS, *op. cit.*, p. 18.

Et comme l'avait déjà souligné Marcelino Menéndez Pelayo, les *Episodios* avaient réussi à capter un public « socio-économiquement transversal »[26]. Le succès du roman de Peyré non seulement a été manifeste dans son pays d'origine ; la thématique et l'ambiance du roman d'*Une fille de Saragosse* ont traversé les frontières et ont même suscité son adaptation au cinéma sous le franquisme.

Le fait que l'une et l'autre œuvre se référaient au second siège de Saragosse impliquait que les lecteurs connaissent l'issue dramatique du siège. Cependant, l'un comme l'autre des écrivains parviennent à conserver la tension dramatique dans ces œuvres structurées comme une tragédie classique. La singularité des narrateurs, porte-parole des écrivains, les apprentissages du *costumbrisme* et du feuilleton romantique, la défense de la vie et de la paix face à l'éloge démesuré de l'héroïsme et de l'honneur, tels sont les vecteurs que se partagent ces écrivains et à partir desquels nous avons cru bon d'élaborer cette étude.

---

[26] *Ibid.*, p. 19.

Approche sociolinguistique et stylistique de *Une fille de Saragosse* de Joseph Peyré (1957)

MARÍA ANTONIA MARTÍN ZORRAQUINO
(Universidad de Zaragoza / Université de Saragosse)

Introduction

Une fille de Saragosse est un roman historique de Joseph Peyré paru chez Flammarion en 1957[1]. Ce texte, qui est à replacer dans la guerre d'Espagne contre Napoléon (la *Guerra de la Independencia*), plus précisément lors du deuxième siège français de la ville (à l'hiver 1809), n'a pas connu le succès (ni la considération des critiques) d'autres romans de l'auteur, mais il mérite, à mon avis, une appréciation très positive, car il montre de façon remarquable tous les traits que la critique a valorisés dans l'écriture de Peyré. Je me réjouis, donc, du fait que deux autres travaux du présent volume lui soient consacrés[2]. Et j'avoue aussi que, pour ma part, née à Saragosse et y ayant vécu presque toute ma vie, ce roman m'a fortement (et même tendrement) touchée.

Joseph Peyré se manifeste dans toute son œuvre comme un excellent connaisseur de beaucoup de mondes et de cultures : de l'Espagne, bien sûr (à travers *Sang et Lumières*, par exemple, ou dans sa trilogie romanesque andalouse), mais aussi de l'Afrique colonisée par les Français, ainsi que de son propre pays : le Béarn, ou des montagnes de divers continents : du Midi d'Ossau pyrénéen et du Matterhorn (Cervin) suisse, à l'Himalaya… Pourtant, dans *Une fille de Saragosse*, l'auteur nous place dans une ville précise, assiégée par les troupes de Napoléon et qui résiste, héroïque, aux attaques des soldats français et de leurs alliés polonais, sans presque plus rien à manger ou à boire (les eaux de la ville y étant contaminées), très détruite (après le premier siège de l'été 1808) et où les morts s'entassent dans les tranchées, victimes des blessures provoquées par les ennemis, ou des maladies que tout siège entraîne (le typhus, pas encore connu, désigné cependant comme « la peste » ou « les fièvres »).

---

[1] Une deuxième édition sera publiée onze ans plus tard chez un autre éditeur.

[2] Cf. les contributions de Leonardo Romero Tobar et de Blanca Ripoll Sintes.

La résistance de Saragosse pendant les deux sièges subis par les troupes de Napoléon l'a rendue *immortelle* – tel est le titre qu'elle en a reçu[3] –, et cet héroïsme a donné lieu également à une très large bibliographie historique et littéraire[4]. Mais Peyré nous raconte une histoire dont les héros, tels qu'il les préfère d'habitude, sont des gens du peuple, surtout des groupes modestes, réduits, de personnes, hommes et femmes : des individus maîtres de leur propre destinée. Comme Christian Desplat[5] l'explique, la génération de Peyré s'est sentie traumatisée par les holocaustes tragiques de la Première Guerre mondiale et, dans le cas des écrivains, elle a voulu, donc, exalter les gens simples qui ont connu la mort de façon anonyme, dans la boue et dans la solitude. *Une fille de Saragosse* nous offre ainsi un portrait de la cruauté de la guerre dans des conditions précises, et, surtout, un témoignage des valeurs les plus chères à Peyré (et pour lesquelles il s'est toujours engagé) : la défense des hommes et des femmes honnêtes, vaillants, courageux, fidèles à leurs traditions, à leur terre, telles que celles-ci se manifestent à travers leur religiosité, leur amour des parents et des frères, mais aussi des voisins, du prochain, sans préjudice de classe ni de conditions sociales. Comme Christian Desplat le souligne, Peyré « propose un monde où seules comptent les relations interindividuelles, le rapport direct d'homme à homme »[6].

Une fille de Saragosse appartient au genre du roman historique tel que Peyré le conçoit d'habitude : les personnages fictifs y vivent avec de vrais personnages, et tous, les uns et les autres, participent à des événements historiques en tant que témoins, ou en tant qu'acteurs qui y sont impliqués[7]. Également, et comme Pierre Bourgeade le reconnaît pour bien d'autres romans de l'auteur[8], *Une fille de Saragosse* nous donne une présentation détaillée d'une réalité reflétée à travers les sens, surtout la vue, mais aussi l'ouïe, l'odeur et le tact, en association, souvent, en plus, avec la condition sociale des personnages. D'autre part, notre roman s'adapte, lui aussi, aux traits que Pierre Delay considère essentiels et communs à la plupart des

[3] En fait, Saragosse est distinguée, sur le blason de la ville, comme : « Muy noble, muy leal, muy heroica, siempre heroica, muy benéfica, inmortal » (trad. : « Très noble, très loyale, très héroïque, toujours héroïque, très bénéfique, immortelle »).

[4] Cf., pour la bibliographie littéraire, Pilar SALAS YUS, *Descripción literaria de los textos relativos a Los Sitios de Zaragoza*, Zaragoza, Institución Fernando el Católico, 2007.

[5] Christian DESPLAT, « Hommes et chefs de guerre dans l'œuvre romanesque de Joseph Peyré », Université de Pau et Pays de l'Adour (org.), *Joseph Peyré, L'homme de ses livres. Actes du colloque international (Pau, 3 et 4 avril 1992)*, Pau, Laboratoire d'Identité régionale Université de Pau et Pays de l'Adour, 1994, p. 175-196 (p. 176).

[6] *Ibid.*, p. 177.

[7] Hélène CHARPENTIER, « Avant-propos », Université de Pau et Pays de l'Adour (org.), *Joseph Peyré. L'homme de ses livres. Actes du colloque international (Pau, 3 et 4 avril 1992)*, Pau, Laboratoire d'Identité Régionale Université de Pau et Pays de l'Adour, 1994, p. 11-14.

[8] Pierre BOURGEADE, « Le style de Joseph Peyré », Université de Pau et Pays de l'Adour (org.), *Joseph Peyré. L'homme de ses livres. Actes du colloque international (Pau, 3 et 4 avril. 1992)*, Pau, Laboratoire d'Identité Régionale Université de Pau et Pays de l'Adour, 1994, p. 343-348 (p. 343-346).

romans de Peyré[9] : a) le récit d'une histoire vraisemblable, située dans un espace et dans un temps bien définis (pas de place pour la fantaisie) ; b) des personnages à l'humanité bien tracée, mais aussi limitée, possédant une personnalité « moyenne », qui, arrivés à des situations limites, deviennent exemplaires ; c) des personnages inscrits dans un réseau d'oppositions fortement tracées ; d) et des personnages qui ne sont pas décrits du point de vue d'un psychanalyste, mais plutôt de celui d'un journaliste, d'un romancier intéressé aux faits, aux actions, ou aux activités précises de ses créatures, plutôt qu'au flux de conscience. On pourrait ajouter également que parfois ces oppositions se marquent aussi au moyen de la façon de parler de ces personnages.

Ce sont précisément les rapports entre discours et société percevables dans *Une fille de Saragosse* qui ont attiré spécialement mon attention et mon intérêt. C'est pour cela que j'ai décidé d'offrir au lecteur une approche sociolinguistique et stylistique du roman. Aussi, je consacre le premier paragraphe de ma contribution à l'analyse de l'opposition tracée entre les principaux personnages du texte, opposition qui me permet de confronter leurs *attitudes* verbales, telles qu'elles sont définies par la sociolinguistique (ou la sociologie du langage[10]). Et je dédie un deuxième paragraphe à l'analyse de la coprésence de l'espagnol et du français dans notre roman, ainsi qu'à quelques cas de la variation du français (formel/informel ; dialectal/non dialectal) que j'ai pu y constater ; il ne s'agit pas, à proprement parler, d'une *alternance de codes* (phénomène largement étudié par la sociolinguistique – et par l'ethnographie de la communication[11]), mais, gardant une claire relation avec ce concept, la présence de mots espagnols et

---

[9] Pierre DELAY, « Joseph Peyré, écrivain », Université de Pau et Pays de l'Adour (org.), *Joseph Peyré. L'homme de ses livres. Actes du colloque international (Pau, 3 et 4 avril 1992), op. cit.*, p. 349-364 (p. 351-363).

[10] Pour quelques sociolinguistes, la sociolinguistique se borne à l'étude de la covariation entre variables linguistiques et variables extralinguistiques (biologiques, sociales, stylistiques, etc.). Dans ce cas, l'étude des croyances des locuteurs, par exemple, ne serait pas l'objet de la sociolinguistique, mais de la sociologie du langage. D'autres sociolinguistes, par contre, considèrent que tous les phénomènes qui reflètent l'emploi des langues par rapport au contexte social où elles s'utilisent peuvent être inclus dans le cadre de la sociolinguistique (cf. Allen GRIMSHAW, « Sociolinguistics versus sociology of language: tempest in a teapot or profound academic conundrum? », Ulrich Ammon, Norbert Dittmar and Klaus Mattheier (eds.), *Sociolinguistics: An International Handbook of the Science of Language and Society*, Berlin, De Gruyter, 1987, vol. 1, p. 9-15). En ce qui concerne le concept sociolinguistique d'*attitude*, je rappelle que, chez certains sociolinguistes, il comprend seulement les conduites verbales (les seules empiriquement vérifiables), tandis que, chez d'autres auteurs, il intègre les croyances et les conduites des locuteurs (des donnés, donc, cognitives et verbales: c'est dans ce sens que je l'adopte dans mon étude) : cf. Humberto LÓPEZ MORALES, *Sociolingüística*, Madrid, Gredos, 2004 (3ª. ed.), p. 286-315.

[11] Bien des sociolinguistes placent l'ethnographie de la communication (*ethnography of communication*) hors de la sociolinguistique, en la considérant plutôt intégrée dans la pragmatique. Il y a néanmoins des sociolinguistes qui la reconnaissent comme une direction, ou une branche, de leur discipline (cf. Brigitte SCHLIEBEN-LANGE, *Iniciación a la sociolingüística*, Madrid, Gredos, 1977).

celle de diverses variétés du français dans notre roman peuvent très bien être analysées à partir des traits caractéristiques dudit phénomène.

Analyse sociolinguistique (et stylistique) du réseau d'oppositions essentielles perçu dans *Une fille de Saragosse*

Comme Pierre Delay le souligne, et comme je l'ai déjà mentionné, « [l]es personnages de Peyré sont toujours condamnés à se mouvoir dans un réseau d'oppositions fortement tracées »[12]. Dans le cas de *Une fille de Saragosse* (*FS* dès maintenant), leur vie se déroule dans un espace – la ville de Saragosse – et dans un temps – l'hiver 1809 – bien délimités, mais présentés d'une façon, disons, *souple :* c'est-à-dire, on n'y en fait pas une description cartographique, ni chronologiquement datée (même si les épisodes s'y succèdent dans leur enchaînement dans la durée[13]). D'autre part, il faut remarquer que les deux éléments – l'espace et le temps – reflètent dans *FS* l'intérêt exceptionnel que Peyré montre (très tôt) pour la documentation, comme Delay le reconnaît tout en ajoutant : « Il adore l'histoire et peut-être plus encore la géographie. »[14] Ainsi, les noms propres des rues, des quartiers, des cathédrales (*la Seo* et le temple du *Pilar*), des couvents, des églises, etc. de Saragosse sont offerts au lecteur tout au long du roman, normalement en langue originale : en espagnol (cf. § 3, *infra*), leurs référents y étant exactement repérables et, en même temps, en connexion vraisemblablement fidèle avec le déroulement du récit[15]. De même, créatures de fiction et figures historiques s'y entremêlent, bien que celles-ci jouissent d'une importance secondaire dans le roman.

Je dois dire aussi que, si ce sont les personnages de *FS* qui montrent proprement une opposition analysable du point de vue sociolinguistique, je crois également que l'espace et le temps de *FS* sont soumis, eux aussi, à des oppositions, quoique celles-ci soient plutôt stylistiquement marquées. Dans ce sens, à mon avis, la ville (Saragosse) s'oppose à l'espace rural (à la campagne, ou à la montagne), tandis que le temps (le siège, la guerre) s'oppose à « l'autre vie » (le temps avant la guerre). Dans les deux cas, les éléments situés hors du cadre essentiel du récit symbolisent, je crois, le monde heureux, le monde de la sûreté et de la paix, monde, pourtant, auquel

---

[12] *Op. cit.*, p. 356.

[13] *Op. cit.*, p. 352.

[14] *Op. cit.*, p. 351.

[15] Je n'ai pas pu m'occuper, dans mon étude, des sources dont Joseph Peyré s'est servi pour construire *FS*. Il faut rappeler que les sources sur la guerre d'Espagne contre Napoléon (la *Guerra de la Independencia*) sont, en fait, non seulement historiques, mais aussi littéraires, et, dans les deux cas, vraiment très riches, difficilement abordables (cf. Pilar SALAS YUS, *op. cit.*, n. 5, *supra*). De toute façon, Leonardo Romero Tobar nous a indiqué, par exemple, dans la présentation de sa contribution pour ce volume, qu'il n'a pas trouvé de livres de Pèrez Galdós dans la bibliothèque de Peyré (de sa part, Ripoll Sintes nous offre ici une comparaison entre *FS* et *Zaragoza* de Galdós).

les assiégés renoncent pour résister contre l'ennemi. C'est pour marquer ce renoncement, en quelque sorte, que l'espace hors de la ville, et le temps avant la guerre, sont évoqués dans *FS* en recourant au lyrisme, spécialement à la nostalgie. En voici trois exemples, dont (1) et (2), par rapport à l'espace, et (3), à « l'autre vie » :

> (1) Par cet après-midi de janvier 1809, si doux que la sierra pyrénéenne portait encore ses bleus et ses roux de l'automne, les canons français s'étaient tus en même temps que les clochers vigies et francs-tireurs de la résistance de Saragosse (*FS*, 5).

> (2) Pilar ne voulut pas les suivre sans avoir rappelé « Clavel » [...]. Lorsqu'elle le tint, enfin, elle le ramena à l'abri de sa jupe. [...] Quelques minutes après [...], elle fixait sous le collier du chien un billet, que celui-ci allait porter à travers les lignes françaises jusqu'au village de montagne de San Pedro. Le message était [...] pour [...] demander de garder « Clavel » enfermé tant que le siège durerait. [...] [N]ul ne saurait sa tendresse pour ce compagnon à jamais dévoué, ni le vide que se fit autour d'elle, au moment où il disparut, sautant une tranchée (*FS*, 52).

> (3) La rue populaire n'avait plus la rumeur de l'autre vie, braiements de bourricots, chants de coqs, de lavandières, et d'aveugles porteurs des gazettes du jour, cris de gamins, de marchands ambulants. Qu'était donc devenu celui qui portait ses tresses d'ail et d'oignons au cou, et qui s'attardait sous la fenêtre de Pilar, un œil sur la fille : « El ajero ! Ail et oignons de Fuentes ! » (*FS*, 33).

Mais ce sont les personnages du roman (en tant que membres de groupes opposés) qui vraiment se prêtent à l'analyse sociolinguistique et stylistique annoncée. Parmi eux, il faut distinguer premièrement les assiégeants et les assiégés.

Les assaillants (les Français et leurs alliés polonais) sont, bien sûr, présents tout au long du roman, mais à peine personnalisés (figure historique, le maréchal Lannes, par exemple, y est nommé plusieurs fois, mais c'est un cas presque isolé) ; la plupart des fois, on y emploie des dénominations génériques (par ex., l'ennemi), ou exprimées au moyen d'adjectifs substantivés (v. gr., les français, les polonais), et, surtout, de façon indirecte, utilisant des mots dénotant une activité militaire, propre d'un siège, comme, par exemple, *la sape*, où les vêtements caractéristiques – *shakos*, *casques*, etc.[16] –. Je dois souligner surtout que le récit de Peyré, tout en dénonçant la cruauté de l'ennemi, dévoile constamment une attitude absolument favorable aux Aragonais.

> (4) L'acharnement même que mettaient les dernières bombes françaises à tâcher d'atteindre le temple du Pilar ne témoignait-il pas la rage de l'assaillant ? (*FS*, 17).

Bien sûr, il faut préciser aussi que les raisons de l'invasion française (ou le dessein de la politique de Napoléon), ou celles du départ des Bourbons

[16] Peyré fait contraster les « shakos » et les « casques » avec les « serre-têtes » aragonais (*FS*, 5, et *passim*).

espagnols pour Bayonne, par exemple, ne sont point l'objet du récit : pas de roman à thèse ! *FS* se focalise sur le deuxième siège de Saragosse en 1809 : sur l'héroïsme des Aragonais dans cette situation et, au fond, sur l'évolution personnelle que l'expérience de la guerre détermine chez les deux protagonistes principaux du roman : Pilar et Juan.

De leur part, les assiégés sont bien plus précisément présentés dans le roman. De nouveau, les figures historiques sont très peu nommées, et de façon très sobre, surtout dans le cas des généraux, comme Palafox, et des nobles, comme la comtesse de Bureta (citée "la Bureta" : *FS*, 181), la Villarreal, ou le marquis de Lazan, les héros et les héroïnes du peuple, comme Tio Jorge, ou Manuela Sancho (ou Agustina Zaragoza), étant plus souvent, et plus chaleureusement, évoqués[17]. Parmi les figures de fiction, il faut compter, tout d'abord, la protagoniste essentielle : Pilar García, mais aussi plusieurs personnages, surtout masculins, qui sont bien caractérisés dans le récit : à mon avis, spécialement Tio Andrés, Père Justo et, bien sûr, Juan Ruiz de la Mata, mais également, ceux qui apparaissent moins fréquemment (Gabriel, Jacinto, El Rayo, sœur Inés – Iñés aussi –, la marquise veuve de Ruiz de la Mata, Alardo…), ou presque occasionnellement (Jacinto, Josefica, Fermina, Florencia, Eugenia, Don Antonio…).

Le fait que ce soit une femme, une fille, l'héroïne principale de *FS* doit être souligné, car, d'une part, ce type de protagonisme n'est pas fréquent dans les romans de Peyré, et, d'autre part surtout, il est tout à fait cohérent avec l'histoire du siège et avec la tradition populaire, qui exaltent le courage et la détermination démontrés par les femmes[18], cohérence tout à fait conforme à l'intérêt de Peyré pour la documentation et à son respect de l'histoire.

Pilar García, comme d'ailleurs les autres personnages de *FS*, nous y est montrée de façon convaincante au moyen de diverses stratégies stylistiques. Premièrement, son prénom est tout à fait vraisemblable : celui de Pilar est le plus commun pour une fille née à Saragosse, car la Vierge du Pilar est la patronne de la ville (le temple du Pilar y étant la seule basilique et, en même temps, la deuxième cathédrale). Quant à son nom, « García » est l'un des

---

[17] La protagoniste de *FS* vient d'être considérée plusieurs fois comme une Manuela Sancho (cf. *infra*).

[18] Agustina Zaragoza (ou Saragossa, car elle est née en Catalogne) (nommée d'habitude Agustina de Aragón), la *Madre* (Mère) María Rafols (religieuse de *Santa Ana*), Manuela Sancho, Casta Álvarez, María Agustín ou la Condesa de Bureta (la Comtesse de Bureta : María de la Consolación Azlor y Villavicencio) sont peut-être les héroïnes les plus connues des deux sièges de Saragosse (1808 et 1809). Mais il y en a d'autres ; en fait, l'Université de Saragosse (*la Universidad de Zaragoza*) a dédié une des salles de son Paraninfo à treize héroïnes de la guerre (*La Sala 13 heroínas*). Et à l'église du Portillo de Saragosse, il y a une belle chapelle qui est dédiée à toutes les héroïnes des deux sièges et dans laquelle sont enterrées Manuela Sancho, Casta Álvarez et Agustina Zaragoza (il y a aussi une tombe pour María Agustín, mais elle est vide, car ses restes n'ont pas pu être retrouvés) (toutes ces femmes citées ont survécu à la guerre contre les troupes de Napoléon).

plus courants noms de famille d'Espagne (tel que Pérez, par exemple) – un peu comme celui de Martin en France –, ce qui montre également la préférence de Peyré pour les héros simples, issus du peuple (qui vont rester anonymes pour l'Histoire). D'autre part, l'auteur, fidèle à son goût pour les détails perçus à travers les sens, nous présente Pilar physiquement : il la dépeint comme très belle et il nous laisse voir ses yeux « sombres », « noirs », sa bouche bien formée, sa taille élégante, et aussi ses vêtements – de fête, aux premiers chapitres, avec un beau châle blanc aux œillets noirs (tels que le nom de son chien : « Clavel », qui l'accompagne[19]) ; portant le plus souvent sa robe de travail : une jupe marron et un tablier et un châle noirs –. Mais Peyré nous fait connaître aussi son caractère, sa personnalité : sa détermination (pour défendre son quartier, sa maison), son courage (elle avance en courant, est bien douée pour utiliser son fusil et passe, vaillante, entre les balles ennemies), sa tendresse (pour son chien et pour les gamins qui l'entourent), sa religiosité (qu'elle manifeste dans ses prières ou dans sa participation à la messe, et aussi dans son sentiment envers les morts : le sens de l'obligation morale de les enterrer), son amour filial (pour son père, Gabriel, qu'elle gardera au lit une fois mort, sans vouloir le jeter aux tranchées – ce que finalement elle devra accepter –) ainsi que sa profonde sympathie pour son oncle Tio Andrés et son rejet du Père Justo (deux personnages très singuliers dans le roman), son sens de l'amitié (pour ses compagnes), sa dignité (envers les hommes qui essaient de la séduire), son amour pour Juan (d'une classe sociale distinguée, opposée à la sienne ; duquel elle deviendra amoureuse et qu'elle sauvera à la fin du roman, le siège fini, en le conduisant héroïquement hors de Saragosse : à la campagne, car il est blessé et, surtout, infecté par le typhus).

Peyré nous présente ses personnages à travers la voix (plutôt, les voix) du narrateur, mais aussi, certainement, au moyen de leur propre parole directe, soit lorsqu'ils dialoguent entre eux, soit lorsqu'ils interviennent en discours direct, introduit par le narrateur ou juxtaposé à la narration. Discours direct et narration nous permettent, donc, de comprendre les traits qui les opposent et les séparent. Dans ce sens, Pilar appartient au peuple et Juan Ruiz de la Mata, à la noblesse – son nom de famille le dévoile –, comme tous deux le découvrent, d'ailleurs, dans leurs dialogues du premier chapitre (cf. *FS*, 12-13). Mais les *attitudes* (croyances et conduites) de ces deux personnages révèlent, vers la fin du récit, que cette opposition sociale a été surmontée, *vaincue*, pendant le siège, car ils ont réussi à s'identifier à partir de leur communion avec leur terre et avec les valeurs essentielles de la nature humaine qu'ils y ont découvertes, comme Juan le déclare à sa mère dans un fragment de dialogue/narration capital pour comprendre le sens du roman :

> (5) – Beauté, fierté, courage, elle a tout pour elle, cette fille – reconnut-elle –. Dommage seulement qu'elle soit du peuple.

[19] N'y aurait-il pas là une allusion à *La dame au petit chien* de Tchekhov ?

– Mais, elle est noble.

Pour répondre ainsi à sa mère, et sur un tel sujet, il fallait que Juan eût vieilli.

– Qu'est-ce que tu dis ?

– Qu'elle est aussi noble que nous. Et doublement. Tout d'abord, parce qu'elle est aragonaise, elle aussi. Et puis, par grâce naturelle.

– Je ne parle pas de cette noblesse. […] C'est dans ces mauvais livres arrivés de France que tu as pris ces idées ?

– Non. Je n'ai plus besoin de livres. C'est ici à Las Monicas, à Pabostre, à San Francisco, que j'ai appris la vérité, en quelques jours qui ont valu une vie.

– Et tu y as appris aussi que tu aimais cette fille ?

– Oui (*FS*, 214-215).

Mais, à l'intérieur du groupe social du peuple, auquel Pilar appartient, on trouve aussi d'autres oppositions intéressantes. À mon avis, on doit souligner surtout celle qui distingue Tio Andrés du Père Justo, parents entre eux et parents, tous deux, de Pilar, qui ressent, à son tour, une vive sympathie pour le premier, et un intense rejet du second. Tio Andrés est caractérisé tout d'abord par son surnom : « Tio Andrés », qui le dénote comme homme du peuple – il possède la taverne du « Cantaro » –, âgé mais pas encore vieux, connu et apprécié par les gens (comme c'est le cas de « Tio Jorge », « le limonadier du Coso », figure historique, vraie). Peyré nous dépeint « Tio Andrés », lui aussi, physiquement :

(6) […] bien qu'il fût de taille moyenne, et rond comme un baril de sa taverne, avait une vraie patte d'ours. D'ours rouge, d'ours aragonais et non d'ours brun des Pyrénées […], car il se vantait aussi de son poil cuivré […]. Par contre, il lui fallait, pour respirer à l'aise, ouvrir largement sa chemise sur la broussaille rousse du torse, et cela quelle que fût la saison (*FS*, 26-27)[20].

Pour sa part, Père Justo est clairement désigné comme un prêtre (« Père »), et, en effet, l'auteur nous le décrit précisément :

(7) À travers la foule espagnole indifférente à la nuit, le Père Justo, de l'ordre des Franciscains, poussait et emmenait Pilar. […] Fruste et musclé, comme son père et ses oncles […], le Père Justo avait dit vrai (*FS*, 18-19).

---

[20] La figure de Tio Andrés s'oppose, elle aussi, à celle de son frère Gabriel, le père de Pilar, beaucoup moins présent dans le roman, mais très important pour singulariser la personnalité de sa fille : « […] un petit vieux s'engageait, baguette aragonaise en main, mouchoir noué autour de la tête, couverture à l'épaule, alpargates. Mais sous la couverture, le nez d'un fusil dépassait. […] Deux frères pouvaient-ils se ressembler aussi peu que Tio Andrés et Gabriel, le père de Pilar ? » (*FS*, 29-30). Et Peyré laisse parler Tio Andrés pour confirmer ce contraste : « – Pas possible que cette figure de saint soit mon frère ! » (*FS*, 31). À remarquer aussi que, d'une façon subtile, Peyré suggère un contraste entre les hommes de la plaine (les terres de la province de Saragosse) et ceux de la montagne (des Pyrénées) : Tio Andrés avoue qu'il a une patte d'ours rouge (aragonais), pas d'ours brun (des Pyrénées aragonaises et françaises).

Tous deux, « Tio Andrés » et « Père Justo » sont surtout opposés par rapport à leurs opinions sur la vie : le premier la considère comme le don essentiel et veut la sentir en soi, gaie, tout comme chez son prochain ; le second défend le besoin d'y souffrir et ne pense qu'à la mort, pour laquelle, selon lui, il faut être bien préparé, car, comme il le souligne au long du récit : « Mort est vie » (Pilar, pourtant, se dit avec certitude, vers la fin du roman : « Non, mort n'était pas vie. Et Justo le savait », *FS*, 236).

Peyré marque, donc, l'opposition entre Tio Andrés et Père Justo en décrivant leurs attitudes (leurs croyances et leurs conduites) telles que le narrateur les présente, ou les commente, mais surtout telles que leurs propres mots (en discours direct) les révèlent, le discours de Tio Andrés pouvant être plus informel, avec de la véhémence (plus proche du parler populaire : il n'y est jamais vulgaire !), et celui du Père Justo plus formel, mais aussi familial parfois, et même tendre, en ce qui concerne, par exemple, l'adresse à l'allocutaire (v. gr., il utilise de temps en temps le diminutif « Pilarica » pour s'adresser à Pilar). Leurs discours contrastent surtout, en vérité, par rapport à leur contenu, car les deux personnages se sentent, au fond, *leaders* des troupes aragonaises, mais leur vision de la vie, comme je l'ai déjà indiqué, est tout à fait différente. En voici quatre exemples (les deux premiers reflétant deux interventions de Tio Andrés ; les deux seconds montrant la parole du Père Justo) :

(8) – Mais il tiendra, notre arrabal, avec Las Monicas et San Agustín. Et surtout avec nos poitrines, ridiez ! Viens, niña – acheva Tio Andrés –. Allons voir si Fermina trouve un morceau de pain. Cette brume sournoise me creuse la barrique. Et je n'aime pas ce silence (*FS*, 69).

(9) – Eso es matar – s'exalta à son tour Tio Andrés, assommant la table du poing – Matar y matar ! Et qu'il n'en reste, de ces damnés, que des morceaux pour les chiens ! (*FS*, 80).

(10) – Tu ne t'es pas confessée aujourd'hui, j'en suis sûr. Ne dis pas de mensonge. Il faut pourtant que tu sois constamment en état de grâce. Tu peux mourir d'un moment à l'autre comme nous tous (*FS*, 22).

(11) – Dis-moi, qui était donc ce garçon avec qui tu parlais en ayant l'air de t'occuper de « Clavel » ? insista alors l'inquisiteur.

– Je ne sais même plus son nom.

– Le nom n'y fait rien. C'est le péché qui sera retenu. Encore un de ces señoritos qui ne cherchent qu'à déshonorer les filles du peuple, et qui ne remplissent même pas leur devoir de fils de la Vierge de Saragosse (*FS*, 22)[21].

---

[21] Il faut reconnaître aussi que le personnage du Père Justo ne s'oppose seulement à Tio Andrés, mais aussi à Juan Ruiz de la Mata, dans la mesure où, au fond, il a toujours aimé Pilar. C'est un personnage, donc, qui entre dans plusieurs oppositions, comme d'autres personnages du roman étudié. D'ailleurs, il représente le type du curé, du religieux espagnol dans la guerre contre Napoléon (dans *FS*, il est identifié parfois avec le prêtre Santiago Sas,

Les oppositions qui, dans *FS*, séparent (ou rapprochent) les personnages les situent, également, comme des types fort représentatifs du siège. Dans le groupe des assiégés, nous pouvons reconnaître, parmi les gens du peuple, le paysan (Gabriel, Isidoro), et le petit commerçant (Tío Andrés), les ecclésiastiques (prêtres, religieux, etc. : Père Justo, sœur Inès), les servants des maisons nobles (Eugenia, Don Antonio), les femmes et les filles de Saragosse, héroïnes du siège (Pilar, Florencia, Josefica, Fermina, etc.) ; parmi les nobles, ce sont surtout la marquise veuve de Ruiz de la Mata et son fils, Juan Ruiz de la Mata, qui incarnent le rôle que les aristocrates ont joué lors du siège. Et, à mon avis, Peyré s'appuie pour les singulariser, comme déjà indiqué, sur leur physique et aussi sur leurs actions, leurs opinions et leurs pensées, et également, bien sûr, au moyen des mots qu'ils disent, mais justement en ce qui concerne l'usage que l'on fait du langage dans le roman, je trouve que Peyré est plus intéressé à en faire un outil expressif (à portée stylistique) que diastratique (une marque de la stratification sociale) : la forme de parler sert à individualiser plutôt qu'à stratifier les gens (par ex., Tio Andrés utilise l'interjection *ridiez !* comme un trait idiolectal, cf. *supra*, exemple 8).

Toutefois, dans *FS*, on peut trouver aussi des remarques métalinguistiques très lucides sur le parler de quelques personnages, c'est le cas de la marquise veuve de Ruiz de La Mata, de sœur Inès et de la femme de chambre de la marquise, par exemple. Dans le cas de la première, il faut souligner qu'elle est nommée aussi comme *la dame marquise* ou comme *la momie*. J'ai sélectionné deux fragments où l'on peut vérifier les commentaires métalinguistiques annoncés.

> (12) Si la marquise interrogeait, ce n'était jamais pour avoir une réponse comme pigeons (*FS*, 181).

> (13) [En écoutant la femme de chambre] Pilar croyait entendre le bavardage de sa sœur [sœur Inès] dans la cellule des Filles de Jérusalem (*FS*, 180).

Mais pour suivre ses pensées, sautillantes, Peyré nous suggère, donc, que le parler de sœur Inès et de la femme de chambre de la marquise (exemple 13) est ressenti par Pilar comme différent de celui de ses compagnes, qui seraient des femmes moins instruites que la religieuse mentionnée ou qu'une servante de la noblesse, habituée aux usages langagiers des nobles, caractérisés subtilement à partir de la marquise de Ruiz de la Mata (exemple 12).

Pour finir ce paragraphe, il me semble nécessaire de souligner le protagonisme que Peyré accorde à la ville de Saragosse tout entière, comme on peut le vérifier, parmi d'autres, dans l'exemple suivant, où on loue la résistance de la ville pendant le premier siège et sa détermination avant le deuxième :

---

figure historique, vraie). L'analyse que je propose ici est, sans doute, donc, réduite, ou restreinte, car je n'ai pas pu prétendre à l'exhaustivité.

(14) Pourtant, la matière friable, déjà meurtrie par les bombardements du premier siège, creusée de cratères, s'était depuis lors reformée sur ses plaies comme une chair vivante. Elle avait recousu elle-même ses cicatrices, elle avait bourgeonné – résistance de Saragosse – et, sur ses bourgeons de couleur plus claire, elle dressait des canons pointus vers l'attaque imminente cependant que, sous ses taupinières, elle cachait des défenseurs indéfiniment remplacés, si bien qu'ils semblaient immortels-hommes de sagesse (*FS*, 34).

Analyse sociolinguistique (et stylistique) de la co-présence « français-espagnol » dans *Une fille de Saragosse*

Dès la première lecture de *FS*, on y perçoit la présence de mots en espagnol dans le texte en français. Mots espagnols juxtaposés aux mots français, presque toujours sans guillemets. Les fragments 8, 9 et 11, offerts *supra*, prouvent cette co-présence des deux langues mentionnées. En voici encore un autre :

(15) – Où allez-vous, niñas ?

– Danser la jota à la barbe des gabachos ! (*FS*, 9).

À l'exemple (15), nous constatons l'emploi de « niñas », « jota » et « gabachos », en espagnol, en juxtaposition avec les mots du texte en français. Tout comme, dans (8), (9) et (11), nous trouvons les mots « ridiez ! », « niña » et « señoritos », et même deux phrases complètes : « Eso es matar », « Matar y matar ». Ce phénomène, désigné en sociolinguistique comme « alternance de codes » (*code-switching*), est très caractéristique du parler oral des groupes sociaux en situation de contact de langues, et on lui a consacré une bibliographie déjà très riche pour certaines langues : c'est le cas, par exemple, du *spanglish* / *espanglish* (le parler manifestant le contact espagnol / anglais aux États-Unis). L'alternance de codes est très commune dans la conversation (dans la communication orale, face à face et informelle), mais il est présent aussi dans la littérature orale traditionnelle, et, de plus en plus, dans la littérature qui montre des situations (personnages, communautés, etc.) multilingues, par exemple, la littérature en rapport avec des groupes hispanophones nord-américains. En fait, je me suis intéressée au contact des langues dans les contes oraux, traditionnels, de la zone catalanophone de notre communauté autonome (la *Franja Oriental de Aragón*), ou dans certains contes qui montrent le contact aragonais / espagnol, et même dans un roman espagnol publié en 1986[22].

[22] Cf. María Antonia MARTÍN ZORRAQUINO, « Cambio de código e intertextualidad: a propósito de un fragmento de *Gaudeamus* (1986) de José María Conget », Luis BELTRÁN ALMERÍA, Dolores THION SORIANO-MOLLÁ y María Antonia MARTIN ZORRAQUINO (eds.), *Deslindes paranovelísticos*, Zaragoza, Institución Fernando el Católico, 2018, p. 29-50.

L'alternance de codes peut être définie, au sens large, comme l'utilisation alternative de deux langues par le même locuteur dans le même discours[23]. On y reconnaît d'habitude trois types principaux : a) l'usage d'un mot d'une des deux langues en contact, juxtaposé à la langue principalement employée dans le discours (le cas de *niñas* et *gabachos* vu à l'exemple 15 *supra*, où les mots espagnols sont intégrés dans le discours en français) ; b) l'usage de toute une phrase dans une des deux langues, juxtaposée à la langue, disons, principale : c'est le cas de *Eso es matar*, ou *Matar y matar*, vus en (9) ; c) l'alternance de phrases complètes, juxtaposées, dans le discours dans les deux langues en contact, comme dans l'exemple classique de Poplack : « Sometimes I'll start a sentence in English *y termino en español* »[24]. Selon les études sur l'*alternance de codes*, le premier type – (a) – reflète une connaissance réduite de la langue, disons, citée, tandis que le troisième – (c) – est propre aux personnes compétentes dans les deux langues (des bilingues), qui peuvent faire de leur alternance une forme expressive d'identité.

Peyré a écrit *FS* essentiellement en français, et c'est clair qu'il n'a pas prétendu y inclure des cas d'alternance de codes, tels que la sociolinguistique en décrit : la situation des locuteurs de *FS* n'a rien à voir avec celles qu'on vient de mentionner. Mais je suis sûre, en outre, qu'il a voulu donner à cette co-présence espagnol / français un rôle expressif important. D'ailleurs, des cas similaires apparaissent dans d'autres textes de l'auteur, comme Bernard Moreux le signale et le remarque[25]. À mon avis, dans *FS*, Peyré a voulu teindre son récit de certaines voix provenant de la langue utilisée dans le cadre historique des personnages de fiction qu'il a créés, même si, comme on va l'expliquer, il s'agit d'un ensemble assez restreint de mots ; je crois que, de cette façon, Peyré prête de la vraisemblance à son histoire, et que, en plus, la co-présence de l'espagnol à côté du français lui sert à témoigner de sa connaissance et de son estime envers le monde des protagonistes : les Aragonais et la ville de Saragosse ; et surtout, je suis convaincue que l'alternance de langues toute singulière que Peyré emploie dans son roman contribue décisivement à y individualiser le style, tout en suggérant au lecteur les particularités sémantiques de la réalité transmise sous la fiction. Comme Moreux le propose pour la présence de régionalismes dans l'œuvre de Peyré, l'emploi de la variété linguistique

---

[23] Humberto LÓPEZ MORALES, *op. cit.*, p. 234. Pour une présentation plus détaillée du concept, voir María Antonia MARTÍN ZORRAQUINO, *op. cit.*, p. 32-36, et pour les manifestations orales et littéraires du *spanglish* / *espanglish* et d'autres cas de contact de langues où l'espagnol est présent, cf. *op. cit.*, 36-39.

[24] Shana POPLACK, « Sometimes I'll start a sentence in English *y termino en español*. Toward a typology of code-switching », *Linguistics*, vol. 18, n° (7-8) (1980), p. 581-618.

[25] Bernard MOREUX, « Joseph Peyré et le Béarn : essai d'analyse sociolinguistique », Université de Pau et Pays de l'Adour (org.), *Joseph Peyré, L'Homme de ses livres*. Actes du Colloque International (Pau, 3 et 4 avril. 1992), Pau, Laboratoire d'Identité Régionale, Université de Pau et Pays de l'Adour, 1994, p. 365-398.

propre aux locuteurs lui permet « de faire mieux comprendre des mots liés aux réalités qu'il jugeait les plus caractéristiques de ce monde qu'il voulait ressusciter »[26].

Passant à l'analyse, il faut dire, tout d'abord, que le nombre de mots espagnols de *FS* constitue un ensemble très fortement limité[27] : A) des noms propres d'espaces (*Monte Torrero, la sierra de Guerra*[28]), de fleuves (*Ebro, La Huerva*), de rues (*Coso, Pabostre*), de quartiers (*Las Tenerías, Santa Engracia*), de monuments civils (*Puerta del Carmen, Puerta Quemada, Torre Nueva*), de basiliques (le temple du *Pilar*), de cathédrales (*el Pilar, la Seo*), d'églises (*San Agustín, San Miguel de los Navarros*), de couvents ou de monastères (*Las Monicas, San Francisco*), etc. de la ville de Saragosse et de sa périphérie, telle qu'elle était en 1809. B) Il y a aussi des noms propres de personne dénotant quelques figures historiques du siège de 1809 (*Palafox, Tio Jorge, Manuela Sancho, Agustina Zaragoza, la Bureta, Falcón*), et désignant les personnages et les animaux de fiction du roman : *Tio Andrès, Pilar García, Juan Ruiz de la Mata*, Père *Justo, Florencia, Gabriel, Isidoro, Jacinto*, etc. ; le chien *Clavel*, et les mules *Perla* et *Chavala*. Il faut souligner que, pour les personnages de fiction, Peyré utilise aussi souvent le diminutif en – *ico* / – *ica*, typique de Saragosse[29] : *Pilarica, Juanico, Josefica, Jacintico, Dolorcicas*, etc. marquant, très convenablement, l'affectivité, surtout la tendresse ; également, l'auteur emploie de façon cohérente le nom propre précédé de l'article (esp. populaire) : *la Manuela, la Maruja* ainsi que des surnoms : *El Rayo*. C) *FS* contient aussi un ensemble de noms communs, en nombre fort limité mais présents tout au long du roman : *arrabal* (la première fois, entre guillemets), *bandoleros, cecina, coplas, corrida, feria, gabachos, huerta, jota(s), matador, migas* (entre guillemets), *niño(s) / niña(s)* (surtout en fonction de vocatif), *paseo dominical, patio, señorito(s), sereno, sierra, torero*. Plusieurs de ces noms communs sont reconnus aujourd'hui comme des hispanismes en français (c'est le cas de *corrida, feria, huerta, jota(s), matador, paseo, patio, sierra* et *torero*)[30], mais je crois que Peyré les a utilisés, tous, avec le même but. D) Peu nombreuses, il y a aussi dans *FS* quelques phrases complètes : *Que hay ?* [sic], *Eso es matar, Matar y matar !* E) Enfin, quelques interjections : *ay, olé, ridiez !* ou des

[26] *Op. cit.*, p. 285.

[27] Je ne peux pas être exhaustive dans la présentation des données ; aussi, je dois en offrir seulement une liste (pas complète) et sans exemple.

[28] Je n'ai pas pu trouver *la sierra de Guerra* (*FS*, 19), nom que d'ailleurs je n'ai jamais entendu ou cité. Il se peut qu'il s'agisse de *la sierra de Guara*, dans la province de Huesca, tout près de cette ville.

[29] Le suffixe indiqué est utilisé aussi pour marquer les diminutifs à la province de Teruel et en Navarre, ainsi que dans plusieurs endroits du sud de l'Espagne et dans beaucoup de pays de l'Amérique hispanophone.

[30] Cf. le dictionnaire *Robert Culturel :* Alian REY (dir.), *Dictionnaire Le Robert Culturel*, Paris, Le Robert, 2005, 4 vol., sous les mots cités.

exclamations (des annonces criées dans la rue) : *El ajero ! Ail et oignons de Fuentes !*

Tous ces mots sont présents soit dans les séquences narratives, soit dans les dialogues, soit dans les interventions en discours direct des personnages, c'est-à-dire qu'ils parsèment tout le roman, sans qu'on puisse dire qu'ils sont propres de certains chapitres ou de certains fragments (par exemple, le mot *niña / niño*, etc., en fonction appellative, est utilisé par presque tous les personnages du roman, et cela, dès le premier chapitre jusqu'à la fin). (J'ai noté cependant que c'est Tio Andrés qui apporte le nombre le plus élevé de mots espagnols). Ceci dit, et revenant au but pour lequel ces mots espagnols sont utilisés, il faut que j'ajoute qu'on ne peut pas dire que le style de Peyré soit absolument cohérent : à côté de surnoms comme *El Rayo*, ou de traitements comme « Tio » – *Tio Andrés* – ou « Don » – *Don Antonio* –, en espagnol, il emploie *Père Justo*, dont le mot *Père* « Padre » est en français et le prénom, en espagnol ; ou, à côté de noms propres de rues, quartiers, etc., il utilise le terme *Quatre Août* – au lieu de *Cuatro (de) Agosto* – pour désigner une très cruelle bataille du premier siège de la guerre, ou au lieu de *Zaragoza*, il utilise toujours *Saragosse*, ou il mentionne la *Torre Nueva*, dont l'horloge sonne nuit et jour, mais désigne la cloche de *San Miguel de los Navarros* comme celle des *Âmes Perdues* au lieu de celle de *las Almas Perdidas*. L'auteur distingue très bien entre le *Pilar* (le temple) ; *Pilar*, le prénom de la protagoniste ; *Pilar*, le nom de la Vierge, patronne de Saragosse, et *Pilar*, les fêtes de la ville, en octobre (le 12 octobre étant la fête de la Vierge du Pilar), et d'ailleurs il explique très bien le sens de *Pilar* et la tradition séculaire sur la Vierge du Pilar de Saragosse (venue en chair et en os, pour aider saint Jacques à la conversion des Aragonais). Mais on peut se demander pourquoi Peyré utilise souvent les noms originaux des lieux, des monuments, etc. de Saragosse en espagnol, mais pas toujours : c'est, sans doute, une option personnelle connotant une préférence expressive. En tout cas, je crois qu'il ne faut pas prétendre trouver un usage systématique de l'alternance de codes français / espagnol dans notre roman, mais, plutôt, une stratégie stylistique de Peyré pour donner à son texte une personnalité singulière et, en même temps, souple : la présence des mots espagnols nuance le récit, l'individualise.

Pour finir mon exposé, je dois ajouter encore deux observations sur l'emploi que Peyré fait de la langue. Tout d'abord, je crois que dans un *FS* il y a non seulement une co-présence français / espagnol, mais aussi celle de certaines variétés de français, celle-ci étant, du moins pour moi, difficilement saisissable. J'y ai pu trouver quelques traits du français méridional : par exemple, la construction pronominale à datif éthique, qui y est plus fréquemment utilisée que dans le français parisien[31] :

(16) – Celui qui tremblerait, je me l'enlève de devant (*FS*, 19).

[31] Cf. MOREUX, *op. cit.*, p. 390.

(17) – Encore une fantaisie de mon Juanico – poursuivit, approchant, la voix impérieuse – Une fois, il m'était revenu avec une chevrette perdue (*FS*, 180).

(18) – Tu as un fiancé ? – interrogeait-il, à la fin [...].

– J'en avais un. Ils me l'ont tué (*FS*, 192-193).

(19) – Moi, je leur défends de monter ! Déguenillés et crottés comme ils sont, ils me saliraient mes parquets (*FS*, 199).

Je me demande aussi si quelques phrases exclamatives, comme *Dieu mien !*, ou *Pour Dieu !*, peuvent être considérées comme des exemples du français méridional, ou s'il s'agit là plutôt d'exclamations du français populaire (non régionalement marqué). La première est assez fréquente dans le roman, exprimée par des gens angoissés.

Enfin, une dernière caractéristique à noter par rapport à l'attention que Peyré prête à la langue dans *FS* (et, sans doute, cela peut être aussi remarqué dans d'autres de ses romans), c'est la maîtrise avec laquelle il révèle le sens ou l'entité des mots espagnols qu'il utilise. Surtout pour orienter la lecture, la compréhension de son texte, à ses lecteurs. Il le fait d'une manière élégante, pas nécessairement après avoir nommé un endroit ou une église, mais, il le fait. C'est ainsi qu'il nous dit, par exemple : « Le Coso, artère principale de la ville » (*FS*, 9) ; « Pour les défenseurs de Saragosse, le péjoratif gabachos désignait les Français, et leurs alliés polonais » (*FS*, 9-10) ; « Ils arrivaient à la Puerta Quemada, le quartier de Pilar, et ils allaient enfiler la rue encore plus obscure de Pabostre » (*FS*, 21), etc.

Conclusion

Une fille de Saragosse est un roman remarquable, qui mérite d'être traduit en espagnol (ce que nous essayons de faire à présent). Peyré nous y raconte une histoire où ce sont les gens du peuple – les Aragonais du deuxième siège de Saragosse en 1809 – qui incarnent les vrais protagonistes, car, comme je l'ai déjà indiqué dans l'introduction de cette étude, fidèle à l'engagement de sa génération, traumatisée par la Première Guerre mondiale, l'auteur a voulu ressusciter, leur donner vie, à ces héros anonymes de la Guerre d'Espagne contre Napoléon dans un siège particulièrement brutal.

J'ai voulu m'occuper spécialement du traitement qu'il offre des attitudes que ses personnages reflètent. Par rapport à ce sujet, Peyré fait noter la cruauté de la guerre, l'héroïsme des Aragonais, et la diversité des groupes sociaux qui y sont associés. À mon avis, Peyré défend, surtout, les valeurs essentielles de la morale naturelle, telles qu'elles sont ressenties et vécues par les hommes et les femmes honnêtes, courageux, solidaires, et fidèles à leur terre, à leur famille et à leur prochain, sans préjugés de classe ni de condition sociale. Le roman montre, dans ce sens, l'évolution intérieure que le jeune couple principal : Pilar et Juan, subit tout au long du siège cité.

J'ai voulu aussi analyser le but et la fonction de la co-présence du français et de l'espagnol dans le texte de Peyré. J'ai essayé de prouver que l'alternance des deux langues ne s'adapte pas à la typologie normalement établie par les sociolinguistes, mais en dénote quelques traits. Surtout, elle se veut une stratégie stylistique qui sert à la singularisation du discours du récit et, également, qui contribue à lui apporter de la vraisemblance, et qui, en même temps, permet à Peyré de montrer le respect et l'estime qu'il ressent pour les Aragonais du siège de 1809.

Joseph Peyré, romancier pionnier de la Révolution des Asturies

DOLORES THION SORIANO-MOLLÁ
(Université de Pau et des Pays de l'Adour)

Si le journaliste, romancier et essayiste Joseph Peyré se distingue comme figure centrale des relations transfrontalières plongeant leurs racines à Pau et dans ses environs, c'est pour la simple et bonne raison qu'une partie de son œuvre, journalistique et littéraire, porte sur l'Espagne. Outre son inclination pour la tauromachie, d'autres aspects de la biographie de l'écrivain relative à sa période de formation, à l'exercice de sa profession, ont resserré ses liens avec l'Espagne, surtout à Madrid et à Séville, villes où il a fait de longs séjours.

Joseph Peyré avait pour habitude de dire que l'Espagne le comblait d'aise parce que sur ses terres et qu'au contact de leurs habitants, il a pu trouver des réponses à ses questionnements intimes – touchant à l'humain et à la sobriété érémitique et a pu jouir d'une amitié sans pareille. La littérature classique et contemporaine constitue nombre d'intertextes de ses créations. En tant qu'homme sensible et curieux, il connaissait parfaitement les réalités humaines, sociohistoriques et politiques de la péninsule[1], qu'il complétait par une appréhension aiguë de l'actualité qu'exigeait sa propre profession de journaliste. C'est ainsi qu'une grande partie de sa production littéraire attenante à la dimension ibérique a été tirée du creuset renfermant tous ces éléments.

Pour Joseph Peyré, l'Espagne représente plus qu'une scène ou un décor de carton-pâte, étant donné qu'il a toujours eu à cœur de capter l'essence de l'âme espagnole, de même que les particularités culturelles et les singularités de son histoire. Aussi rien d'étonnant à ce que l'écrivain prenne ses distances avec les écrivains voyageurs qui renvoient de l'Espagne une vision pittoresque ; il a pour intention de pénétrer au tréfonds de l'épaisseur humaine et existentielle, ainsi que nous le verrons plus avant. Les œuvres de Joseph Peyré conservent, dans ces conditions, leur fraîcheur et c'est pour

---

[1] *Guadalquivir*, *Une fille à Saragosse*, *Le Pont des sorts* ou *Roc Gibraltar* transportent sur le terrain de la fiction littéraire l'histoire d'Espagne et ce que fut l'actualité que connut l'écrivain.

cette raison qu'elles mériteraient d'être remises en lumière. Tel est notre désir aujourd'hui avec cette étude sur *L'Homme de choc*, l'un des premiers récits que l'on a forgé sur la révolution des Asturies.

Grâce aux échos de la presse, l'on peut obtenir quelques informations sur les séjours de Joseph Peyré en Espagne : ils furent nombreux tout en ayant des durées des plus irrégulières. Dans les années 1930, il passait de longues saisons hivernales à Madrid tandis qu'il avait un œil pointé sur la saison des courses de taureaux et qu'il exerçait son métier de correspondant de plusieurs journaux français. Il s'est probablement trouvé en Espagne pendant les événements d'octobre 1934, bien que l'on ne sache pas s'il fit le déplacement ou non en Asturies, comme ce fut le cas d'autres écrivains et journalistes qu'il connut, et tout spécialement Manuel Chaves Nogales qui composa ses chroniques entre mars et octobre pour le quotidien madrilène *Ahora*. L'on sait également que se rendirent sur le théâtre des opérations révolutionnaires Josep Plá[2] comme correspondant de *La Veu de Catalunya* et José Díaz Fernández qui, l'année suivante, allait publier le récit *Octubre rojo en Asturias* (1935) sous le pseudonyme de José Canel.

> «Pasarán varios lustros antes de que Asturias pueda levantar cabeza si España entera no acude en su auxilio.» Manuel Chaves Nogales
>
> «Me conmueve el heroísmo de esos mineros que, sin pensar si van a ser secundados, se lanzan a pelear por una idea que va dejando de ser una utopía, sin pensar si son bien o mal dirigidos, ofreciéndole a la revolución la vida, porque es lo único que tienen.» José Díaz-Fernández
>
> «Los sucesos de Oviedo cierran un periodo de la historia de la Península.» Josep Pla [3]

Tous recueillirent des témoignages directs sur la Révolution et racontèrent avec maints détails de tels événements, comme devait le faire Joseph Peyré lui-même selon un angle de vue des plus personnels. Comme le précise Jordi Amat, qui a préfacé les chroniques récemment compilées de ces écrivains, Chaves Nogales diffusa dans la presse le récit relativement neutre et humain de la révolution, y dénonçant la barbarie et la violence de la guerre, aspects sur lesquels il devait revenir quelques années après en composant son livre sur la Guerre civile, *A sangre y fuego, bestias y martires de España*. Il considérait le corps-à-corps dans la lutte armée comme un

[2] Celles de Josep PLÁ furent publiées dans *La Veu de Catalunya*, *Tres periodistas en la revolución de Asturias*, Madrid, Libros del Asteroid, 2017.

[3] Il se passera de nombreux lustres avant que les Asturies puissent relever la tête, à moins que l'Espagne tout entière n'accoure à son secours (M. Chaves Nogales).
Je suis ému par l'héroïsme de ces mineurs qui sans penser s'ils vont recevoir quelque appui se lancent au combat pour une idée qui cesse d'être une utopie, sans penser s'ils sont bien ou mal guidés, offrant à la révolution leur vie, parce que c'est l'unique chose qu'ils possèdent (Díaz Fernández).
Les événements d'Oviedo mettent un terme à une période de l'histoire de la Péninsule (J. PLÁ).

retour au primitivisme ; de plus, pour lui, cette révolution menaçait l'existence même de la République. Il voyagea sur cette zone de guerre dès que l'armée de la République fut sur les lieux ; il réalisa de nombreuses interviews, il recueillit des données et des impressions dans ce périmètre de guerre. Ses descriptions sur les sièges des casernes, la mort des épouses de quelques gardes civils, les enfants orphelins errant dans les bois, morts de faim, sur les réactions des familles bourgeoises face aux occupations et aux séquestrations de leurs biens, les prêtres dans leurs églises ou celles des brancardiers qui ramassent les cadavres malgré la puanteur qu'ils dégagent, sont quelques-uns des éléments que Joseph Peyré allait intégrer, également, avec beaucoup de finesse dans son récit romancé.

Joseph Peyré fut un excellent observateur et un très attentif récepteur dans ses conversations avec autrui, de quelque origine qu'il soit. Il est probable qu'à l'instar de ce qui se passa pour ses premiers romans sur le Sahara, le romancier français ait composé son récit en se documentant en abondance et en conversant avec son entourage ; probablement avec Chaves Nogales qu'il connaissait déjà. Quant à nous, nous avons connaissance de son processus de composition depuis l'automne 1935, lorsque lui fut rendu un hommage au Pen Club de Madrid et que la figure de l'écrivain commença par être plus présente dans la presse nationale espagnole.

À noter que le récit des attaques des casernes avait déjà été traité dans une narration courte intitulée *Le siège du cuartel*, intégrant le sommaire de son livre *Coups durs* (1935) ; et même si cette histoire se passe dans un village des environs de Logroño, elle se fixe sur les attaques de la caserne des gardes civiles, dont sort également victorieux ce corps d'armée. Les morts, les orphelins et les veuves renvoient ces pauvres hères à la triste réalité, tandis que sur une affiche sous la pluie, l'on peut encore lire : « Peuple de La Rioja ! Le communisme libertaire t'arrache enfin à ta misère ». Comme l'a judicieusement souligné Pierre Delay, avec cette sûreté de touche des plus brèves, tout est dit, point n'est besoin des dialogues philosophiques de Malraux, des descriptions de Hemingway ni des rhétoriques partisanes[4].

Dans *L'Homme de choc*, l'appel à la grève générale qui avait été lancé en Espagne et qui n'avait pas eu d'écho en de nombreuses provinces, servit de détonateur pour le soulèvement des mineurs des Asturies contre les casernes de la Garde civile et les mairies de nombre de localités, ainsi qu'il apparaît dans le récit précédent.

Rappelons qu'à l'aube du 5 octobre 1934, socialistes, communistes et anarchistes prirent le pouvoir dans les localités où ils étaient les plus nombreux. Alejandro Lerroux, ministre d'État durant le gouvernement de coalition que formaient le Parti radical et la CEDA, prit des mesures de répression contre le mouvement révolutionnaire. Ce qui eut pour conséquence un impitoyable déchaînement d'atrocités. Francisco Franco

[4] Pierre DELAY, *Joseph Peyré. L'homme et l'œuvre*, J & D Éditions, 1992, p. 124.

dirigea les opérations militaires depuis Madrid. Il eut recours à l'aviation, aux troupes coloniales ainsi qu'à la Légion en provenance du Maroc espagnol[5].

L'Homme de choc fut publié à Paris en 1936 mais il ne parvint pas à franchir la frontière des Pyrénées en raison des événements qui secouèrent l'Espagne en cet été du tristement célèbre du Soulèvement national.

Il n'y avait que quelques mois que Joseph Peyré avait remporté le prix Goncourt avec *Sang et Lumières* quand parut *L'Homme de choc* en une série de livraisons qui s'échelonnèrent entre 1935 et 1936 dans un journal de droite intitulé *Gringoire*. Il se publia très exactement sous forme de 9 livraisons, du 13 décembre 1935 et le 7 février 1936.

Joseph Peyré avait probablement l'intention de le publier aux éditions de France, une prestigieuse maison d'édition appartenant à Horace de Carbuccia[6], également propriétaire de *Gringoire*[7]. Il projetait, ce faisant, de suivre la voie qu'il avait empruntée avec d'autres de ses romans. Quant à De Carbuccia, il se servait de son journal comme plateforme pour donner en primeur à ses lecteurs – d'extraction bourgeoise – quelques romans en livraison qu'il publierait ultérieurement sous forme de volume dans sa maison d'édition.

Cette publication s'inscrirait-elle dans un concours de circonstances apparemment favorable ? Rappelons à ce propos que Joseph Peyré avait été lauréat du Prix Renaissance du roman en 1934, précisément avec son roman *L'Escadron blanc*, reposant également sur un sujet militaire qui transportait son lecteur en Afrique du Nord, et que le journal qui allait publier *L'Homme de choc* sous forme de livraisons, était tout autant intéressé par des sujets coloniaux que par la lutte contre le Front populaire français qui avait accédé au pouvoir en 1936. De fait, *Gringoire* s'était radicalisé à pareille époque, aussi son directeur Horace de Carbuccia avait-il probablement considéré le roman de Joseph Peyré comme un témoignage littéraire s'inscrivant dans le droit fil de ses propres intérêts, de ses propres convictions. Encore que, comme nous allons le voir plus avant, les perspectives adoptées par Joseph

---

[5] Gabriel JACKSON, y otros (1985), *Octubre 1934, Cincuenta años para la reflexión*, Madrid, Siglo XXI; Ángel PALOMINO JIMÉNEZ (1998), 1934. *La Guerra Civil empezó en Asturias*, Colección Documento, Editorial Planeta, Barcelona; David RUIZ (1988), *Insurrección defensiva y revolución obrera. El octubre español de 1934*, Barcelona, Labor; J.A. SÁNCHEZ GARCÍA-SAÚCO, (1974), *La revolución de 1934 en Asturias*, Editora Nacional. Madrid; Adrian SCHUBERT, *Hacia la Revolución. Orígenes sociales del movimiento obrero en Asturias, 1860-1934*, Editorial Grijalbo.

[6] Dès son lancement, *Gringoire* est un grand succès (159 000 exemplaires en 1919) et dépasse Candide (avec 321 200 exemplaires en 1933). De Horace CARBUCCIA, *Le massacre de la victoire*, Paris, Plon, 1973, p. 161.

[7] Le lancement des ouvrages par le truchement d'abord de la presse était une pratique habituelle dès la fin du XIXe siècle. Les maisons d'édition possédaient chacune leur journal ou revue déjà au XIXe siècle. La réussite de Nouvelles littéraires chez *Larousse* incita Joseph Fayard à fonder le journal *Candide* (1924), ainsi que *Marianne* (Gallimard-N.R.F.) en 1932 et de 1933 (Plon).

Peyré sur les guerres étaient-elles empreintes d'un scepticisme assez accentué et d'une critique faisant fi de toutes les idéologies[8]. De plus, il convient de se souvenir aussi de l'intérêt littéraire que peu de mois après la parution de *L'Homme de choc* suscite la Guerre civile espagnole dans la littérature française (Bertrand, 2012) : c'était, à coup sûr, un événement historique qui représentait tout à fait les antagonismes politiques et idéologiques de l'Europe d'alors ; elle faisait pressentir, sans conteste, l'évolution de l'histoire internationale à court terme.

Rien n'est plus sûr que l'ombre du roman couronné de succès avec le prix Goncourt en 1935 obscurcît la réception de *L'Homme de choc*, même en France, et ce, malgré quelques critiques positives parues dans la presse lorsque la célèbre maison d'édition de Bernard Grasset édita en volume, au printemps 1936, ces chapitres parus antérieurement sous forme de livraisons.

En France il n'eut que peu d'écho, bien que la Révolution des Asturies ou la Commune des Asturies devînt un mythe, car elle fut considérée comme une révolution semblable à celle de la Commune de Paris en 1871 ou à celle du Soviet de Petrograd en 1917. Cette très faible réception fut, peut-être, due au caractère effacé de Joseph Peyré qui vécut à l'écart des cénacles parisiens, au fait, aussi, que ce roman se fit connaître par le canal de *Gringoire*, et, historiquement, à l'accélération des événements. S'il est bien vrai qu'une partie de l'œuvre de Joseph Peyré portant sur l'Espagne a été traduite en espagnol, *L'Homme de choc* ne connut point un tel destin : il est tombé irrémédiablement dans l'oubli sous le franquisme. Bien qu'il existe une version anglaise de ce texte, il faut reconnaître que le roman eut peu de résonance internationale si on le compare à *Révolte dans les Asturies* de Camus, une œuvre théâtrale conçue comme un *Essai de création collective*, que le philosophe français composa avec Sicard, Bourgeois et Poignant, également en 1935 et qui vit le jour en 1936.

L'argument de *L'Homme de choc* reproduit avec une véracité historique l'insurrection asturienne ; il s'inscrit, certes, dans le courant de l'esthétique du réalisme testimonial mais il annonce, toutefois, l'esthétique du *nouveau roman*. Le roman semble, à première vue, de conception traditionnelle, avec un déroulement linéaire, très concentré dans le temps, et ce, en raison de son étendue même, ce qui confère au texte un rythme certain et beaucoup de force.

Bien que *L'Homme de choc* s'ouvre sur une brève scène dialoguée, *in medias res*, Joseph Peyré utilise la troisième personne, celle d'un narrateur en dehors de l'histoire qu'il va racontant, tandis qu'il observe avec une

---

[8] La Tendance de *Gringoire* a été de professer des opinions sociopolitiques et se radicalise à partir de l'affaire Stavisky et l'arrivée du Front populaire au pouvoir en 1936. *Gringoire* accroît alors son anticommunisme après la signature du pacte franco-soviétique en 1935 ; exploite la guerre d'Espagne pour dénoncer les soviétisations de la France. Dolores THION SORIANO-MOLLA, « Joseph Peyré, journaliste de *Gringoire* », Culture, communications. Pau, sous presse.

prétendue objectivité et une supposée impartialité, l'environnement toujours immédiat et limité, et par conséquent, vraisemblable de son protagoniste. Le romancier, fort de sa déontologie de journaliste et de son éthique personnelle, choisit comme protagoniste un homme du peuple, un mineur connu sous le pseudonyme de El Morenú, qui s'était distingué comme représentant syndical et qui depuis le début du roman se signale par son dévouement à la révolution sociale. Depuis cette perspective qui correspond, tout d'abord, à celle de l'utopie révolutionnaire, et, ensuite, à celle des vaincus, Joseph Peyré confère une épaisseur littéraire aux assauts des casernes de la Garde civile durant la marche que les mineurs entreprennent depuis leur village respectif jusqu'à leur arrivée à Oviedo, cette Vetusta de Clarín que l'écrivain s'évertue à remémorer moyennant un jeu intertextuel insistant. Là, la prise de la cathédrale est à nouveau le théâtre de scènes de violence où les combattants font montre d'une frénésie hallucinante en cet espace symbolique. La mort des soldats et la destruction de l'édifice historique suggèrent, sans l'énoncer, la destruction des fondements humains et religieux de l'Espagne.

La prise de la cathédrale et les charges au sein d'Oviedo sont contées avec méticulosité, depuis la perspective des mineurs, et en particulier depuis l'angle de vue de l'anarchiste El Morenú qui affronte les soldats fascistes en une âpre lutte l'amenant pratiquement au corps-à-corps. L'évolution des guerres et des modes d'affrontements modernes apparaissent déjà bien identifiés dans le texte. La présence de l'aviation, l'intervention de Francisco Franco et la présence des troupes de supplétifs sont autant de signes prémonitoires.

À cette facture en apparence traditionnelle de *L'Homme de choc*, contribuent également les vingt-deux chapitres qui le structurent. Ce sont des chapitres assez brefs qui fragmentent le roman en tableaux, en séquences, qui vont s'égrenant, où rares sont les ellipses ; si bien que le développement de l'argument adopte la linéarité et la simplicité. À ceci contribue tout autant le respect de la chronologie quant à quelques moments décisifs du soulèvement, et ce, depuis son début jusqu'à ce que le général Eduardo López Ochoa rompe le cercle rebelle entourant la capitale de la Principauté et que s'organise une répression des plus acharnée contre les rebelles, c'est-à-dire, du 5 au 14 octobre approximativement. Cependant, Joseph Peyré prend le plus grand soin de taire les références temporelles et les anthroponymes réels, et de tenir à distance son histoire du discours officiel de l'Histoire. Le cours du temps interne est la simplicité même ; il apparaît dans le texte rythmant la vie des personnages.

Bien que cela soit un récit vécu à travers un processus de développement des facettes les plus méprisables du conflit politique, Joseph Peyré évite la subjectivité élémentaire ; aussi dès les premiers chapitres établit-il avec son lecteur, de la façon la plus naturelle possible, mais aussi toute d'efficacité, un pacte de fiction réaliste. D'un point de vue externe, les révoltes asturiennes constituent le cœur de l'action du roman, à ceci près que l'écrivain a renoncé à introduire des exégèses ou des digressions explicatives sur le contexte, les causes et le développement du conflit. Partant, Joseph Peyré invite son lecteur à une reconstruction personnelle des événements en cet espace convulsif, vraisemblable et d'une actualité enragée.

Cette actualité, c'est justement cet élément compensatoire grâce auquel la distanciation dont fait preuve *L'Homme de choc* et l'historicité traditionnelle ne peuvent s'entrechoquer. Cette actualité génère cette actualisation active et réaliste du texte, même pour le lecteur français qui en est le contemporain. L'écrivain stimule ainsi une certaine expérimentation au moment où il représente la tragédie du conflit et les horreurs du combat, c'est-à-dire qu'il opte pour un traitement assez moderne de la référencialité. Il est bien connu que le degré de réalisme avec lequel l'on actualise un texte littéraire dépend tant de la grammaire avec laquelle il est élaboré que de la connaissance encyclopédique de son lecteur. Cette grammaire apporte les clés nécessaires, formelles et sémantiques, pour satisfaire au mieux l'interprétation vraisemblable mais libre du texte.

Dans *L'Homme de choc*, qui est un roman de personnage, Joseph Peyré construit une sorte de canevas à partir des moindres actions et des minimes pensées de celui-ci et non à partir de faits historiques. Ce qui est important, c'est comment ce dernier les vit, les ressent, les analyse individuellement et personnellement. La référencialité se concrétise grâce à l'espace, à la précise situation géographique des lieux dans l'espace asturien, sans que soit attribuée la moindre importance à la temporalité historique ni à son devenir – en aucun moment, il n'est question de date.

À la différence des romans historiques, ne figurent pas non plus dans le texte les traditionnels personnages réels, source de l'historicité ; ils n'occupent même pas quelque rôle secondaire, ni ne sont présents discursivement au moyen d'allusions propres aux romans historiques.

Les très rares faits historiques du roman sont successivement énoncés, rarement décrits, sauf lorsqu'ils intéressent la collectivité, parce qu'ils passent par le filtre du vécu et de l'expérience des personnages du monde de la mine ; aussi pourrait-on dire que l'Histoire ne se narre pas, ne se raconte pas, mais qu'elle se fait, qu'elle se vit, et que cet homme anonyme la fait, la vit, un homme auquel le titre de l'ouvrage fait allusion : l'homme de choc, le Morenú.

Les référents qui caractérisent le Morenú se réduisent à trois « reliques » : « sa mère, Llaneza, les premiers libérés » (Peyré, 1936, 10). Ses univers, privé et public, se limitent au lien maternel et au militantisme, à l'image du fondateur du Syndicat des mineurs, Manuel Llaneza, et de ces « libérés » que remémore une vieille photo d'ouvriers asturiens de 1898 « assez éclairés pour tenir dans leurs mains, en place d'outils, une feuille imprimée » (10)[9].

[9] Nous citons directement les pages du roman de Joseph PEYRÉ, *L'Homme de choc*, Paris, Grasset, 1936.

Le progrès et l'éducation, clés de la révolution et des fondements historiques de la modernisation de l'Espagne, sont ainsi finement suggérés. Le Morenú, à l'image de ses mythes personnels, réunit quelques-unes des caractéristiques de cet homme qui incarne l'espoir du futur ; un homme à l'évidence fort et utile, qui s'est livré corps et âme à la lutte ouvrière durant toute sa vie, comme le résume Joseph Peyré tandis que le mineur, avant de sortir de chez lui, met de l'ordre dans sa littérature prolétarienne, les « brochures écornées, les tracts sur le marxisme et la Révolution qui, avec la mensualité de sa mère, les cotisations syndicales, les souscriptions et les secours aux prisonniers sociaux, l'avaient ruiné » (Peyré, 1936, 12).

Comme on peut l'observer, Joseph Peyré prend ses distances avec le réalisme traditionnel parce qu'il ne sélectionne que quelques minimes attributs de son protagoniste, de son contexte, de ses gestes. Ce sont, en effet, de minuscules traits qui sont cependant suffisants, car ils sont précis, exacts, symboliques et efficaces pour ébaucher une première éthopée de son personnage. La dureté propre de la vie de mineur se combinera successivement avec quelques caractéristiques personnelles comme la solitude et métonymiquement « son intérieur triste » (Peyré, 1936, 11) qu'occupe seulement une vieille femme qu'il traite comme « une ombre qui pourrait aussi bien traverser les murs » (Peyré, 1936, 11). Cet aspect de renfrogné, d'être austère, de laissé-pour-compte, avec lequel l'écrivain profile peu à peu Le Morenú dès ses premières pages, sera exacerbé par la suite par les divergences idéologiques, l'antipathie, l'exclusion, qui vont déchirer tant de familles dans ces premières décennies du XXe siècle, et pas seulement en Espagne. Mais revenons à la scène initiale.

Le roman débute avec une scène qui présente trois hommes, Le Morenú et ses deux subordonnés, Parrita et Rubín ; ils écoutent la nouvelle du commencement de la Révolution que Radio Asturies retransmet. La facture vraisemblable de l'*incipit* suffit pour établir ce pacte de fiction réaliste, tout spécialement, grâce au caractère externe et objectif de la dépêche radiophonique :

> ENLEVER LE CUARTEL DE LA GUARDA CIVILE ;
> EMMENER LES OTAGES ;
> MARCHER SUR OVIEDO AVEC CEUX DE REYES. (8)

Dès les premiers moments, la focalisation externe concentrée sur la figure humaine du protagoniste se marie stratégiquement avec l'information véridique, comme s'il s'agissait d'une note de chronique.

Ponctuellement, ce type d'intertextes officiels sert à relier l'homme de choc à une réalité supérieure, anonyme, qui n'existe seulement qu'à travers la parole. La propagande à travers la radio, le tract, le pamphlet, la harangue politique, savamment distillés tout au long du roman suggèrent une certaine documentation historique, sans que cela serve à pallier une référencialité des plus floue. La propagande introduit, aussi, de l'immédiateté et de la fragmentation dans le récit, graphiquement et discursivement. Il y a plus, elle établit des perspectives et des plans opposés, externes et internes, généraux et individuels, ceux de la littérature politique face aux plans humains et personnels, indispensables pour présenter un fait historique à travers la psyché d'un personnage de fiction et pour mettre en toute lumière le côté spécieux qu'elle-même infuse dans l'esprit des hommes. Joseph Peyré dénonce ainsi la manipulation et le pouvoir de la parole dans les guerres modernes. La révolution des Asturies fut aussi, par conséquent, une guerre d'idéologies, de papier, de paroles.

La discordance entre la littérature de propagande et le vécu et les sentiments de Le Morenú s'entrecroisent constamment ; en un premier temps, c'est la bonne nouvelle de la révolution sociale, comme on peut l'observer au chapitre premier du roman, tandis que va s'instaurant le pacte de fiction.

> LE DRAME QUE VIT L'ESPAGNE SE FAIT À CHAQUE HEURE, À CHAQUE MINUTE, PLUS INTENSE. LA TENSION EST TELLE QUE L'ESPOIR, LA RESPONSABILITÉ NOUS COUPENT LES MOTS…

Après les premiers revers lors de la prise de la cathédrale d'Oviedo et pendant le siège de Bilbao, la même stratégie se transmue en un instrument d'accusation. Cette situation se répète lorsque devient manifeste le caractère creux de la propagande, le manque de fondement objectif de cette dernière, tout particulièrement lorsque le protagoniste commence à prendre conscience de l'écart existant entre les promesses utopiques et la dure réalité de la guerre : la lutte des chefs, les dissensions dans les factions politiques constituées de partisans révolutionnaires, lorsque lui-même se voit limogé de son poste de chef d'équipe par de présomptueux communistes ou d'anarchistes détraqués, les délations injustes, les répressions violentes infligées aux religieux, les exécutions de personnes innocentes au seul motif qu'elles occupaient des postes et exerçaient des fonctions jugées comme contre-révolutionnaires (Peyré, 1936, 17), la soif de lucre et l'hypocrisie des révolutionnaires eux-mêmes, la faim, la souffrance, la couardise, l'amertume, la mort, et le sentiment d'échec durant ce siège et la lutte pour la prise de la cathédrale d'Oviedo.

L'un des moments clés de ce processus d'apprentissage auquel Joseph Peyré soumet Le Morenú se présente après le premier échec survenu lors de la prise de la cathédrale, tandis que gouverne le premier Comité révolutionnaire socialiste. Une fois de plus, la harangue rapproche à nouveau les miliciens de ces instances supérieures qui fabriquent l'Histoire officielle. La survenue d'un communiqué « exaltant » qui se lit à haute voix dans le bar où se trouvent ces miliciens, suscite un entrain trompeur et un espoir artificiel. La parole, c'est elle qui mobilise et qui crée, par conséquent, des simulacres de réalité, car comme le rapporte le narrateur, Le Morenú en observant semblable scène réfléchissait en ces termes :

Au-dehors, d'autres voix répétaient les mêmes nouvelles. Qui avait parlé de défaite ? Qui donc avait vu une armée en désordre, désagrégée, dissipée par la nuit, redescendre vaincue la pente de la cathédrale ? […]

Camarades !

Le moment est venu de vous faire part de notre premier triomphe… Nous pouvons dire de ce soir que la Catalogne est à nous… Madrid, Valence, Saragosse, l'Andalousie, l'Estremadura et tout le reste d'Espagne sont près de tomber entre nos mains… Dans Oviedo, les forces de l'armée de la République vaincue battent en retraite… Nous tenons la gare du Norte… Le cuartel et la prison sont cernés… Demain au petit jour, nous enlevons la cathédrale et le gouvernement civil… Comme nous l'avions fait prévaloir, la canonnière Dato s'est mise au service de la Révolution… En avant, travailleurs, femmes, paysans, soldats et miliciens révolutionnaires ! Vive la Révolution sociale (95-96).

Les dissonances vont augmentant à partir de l'attaque aérienne des forces armées, lorsque précisément on avait fait courir la rumeur qu'il s'agissait d'avions de l'armée révolutionnaire (126) et qu'étaient morts de nombreux innocents, parmi lesquels Parrita, ami et membre de l'équipe de Le Morenú. Devant le cadavre de son ami, prévalent les facettes humaines de l'héroïque milicien, qui se sentira à jamais coupable des morts et des arrestations qu'il a perpétrées. Joseph Peyré introduit, en ce moment critique, le contraste, l'opposition entre la profonde douleur causée par la perte de l'ami, le sentiment de défaite et de frustration et quelques fallacieux pamphlets « multicolores » qui, symboliquement, avaient été lancés du bleu du ciel par les avions du gouvernement. Les contrastes en pareille scène sont des plus éloquents.

Le Morenù, avec son visage rasé de près, ses yeux d'homme blessé, ses lèvres déformées par la peine et son vêtement endimanché lui donna l'impression qu'ils veillaient le mort dans le soin funèbre, le recueillement, la pitié des intérieurs fermés, par le deuil.

REBELLES DES ASTURIES

RENDEZ-VOUS !

« […] Vous restez seuls et vous allez être les victimes de la Révolution échouée et vaincue. Le mal que vous a fait, le bombardement aérien n'est que l'annonce du sort qui vous attend si vous ne vous rendez pas avant le coucher du soleil. Alors vous serez détruits sans trêve ni grâce.

Rendez-vous au Gouvernement de l'Espagne ! Vive la République ! » (133-134)

Le fossé entre le discours politique et de propagande et les dures expériences auxquelles est confronté le milicien, blessé lors de l'une des attaques de la cathédrale, finiront par le détruire moralement. Bien que sa vie durant il se fût abreuvé d'une littérature prophétique qui avait donné sens à son existence, dans cet acmé ou ce paroxysme révolutionnaire, Le Morenú comprend que tout n'a été que paroles, seulement des paroles, et que les transformer en réalité dans ce contexte de désorganisation, de querelles, de fanatismes et d'individualismes dans les rangs révolutionnaires exige un dévouement incommensurable, un sacrifice humain et une souffrance auxquels il ne trouve pas de sens. Blessé, défaillant, se sentant « pesant, douloureux, enchaîné », Le Morenú prend appui sur un mur où est encore collé un morceau d'affiche de couleur rouge imprimée en lettres noires, qui malgré la résistance de son regard « ravissait ses yeux » (Peyré, 1936, 195), ce qui a pour résultat que le milicien tombe à nouveau dans le panneau de la mirifique rhétorique.

> Camarades, nous sommes en train de fonder une société nouvelle. Comme dans le monde biologique, l'enfantement s'accompagne de déchirements physiques et de souffrances morales… L'homme le plus grand que l'humanité ait produit naquit d'une mère mourante, succombant aux douleurs du ventre labouré… (195)

Quand bien même l'angoisse provoque chez lui une souffrance profonde, le pouvoir de ce verbe est tel qu'il parvient à se rendre maître d'un Morenú qui a perdu toutes ses illusions mais qui se refuse à admettre que ce qui a donné sens à son sacrifice et à son existence reposait sur un bourrage de crâne. Compte tenu de l'attraction qu'exerce sur lui cette rhétorique, il finit par se rendre compte du pouvoir de ces écrits : tout simplement parce qu'ils sont relayés oralement par des hommes incapables de s'exprimer, de justifier leurs souffrances ainsi que leur altruiste sacrifice en faveur d'une société qu'ils ne verraient jamais : « Ne vous étonnez pas donc, travailleurs, que le monde que nous sommes en train de forger coûte du sang, de la douleur et des larmes » (196).

D'un point de vue fonctionnel, la nature hétérogène des discours qui vont s'entremêlant dans le récit dynamise la confrontation de plans et de perspectives : le document de propagande, preuve irréfutable et témoignage de l'historicité, s'oppose aux vécus que génère la conjoncture. Joseph Peyré met tout en œuvre pour que finissent par se révéler diverses réactions d'angoisse et de peur, de douleur et de désillusion pour dénoncer l'absurdité de cette guerre, de toutes les guerres.

Face à la grandiloquence et au caractère épique de la harangue politique ou de l'affiche de propagande, émerge le discours émotionnel et subjectif que Joseph Peyré utilise pour pénétrer au plus profond de l'intimité du protagoniste et mettre à jour les sensations et les sentiments de cet acteur minuscule et anonyme de la grande Histoire.

Ce texte fait preuve d'une écriture plastique qui crée des jeux de clair-obscur et d'antagonismes très efficaces pour amplifier le récit intentionnellement objectif et mimétique des actions et des discours qui soutiennent cette geste révolutionnaire, mais aussi pour valoriser la condition puissamment humaine des miliciens nimbés d'abnégation.

Prenons comme exemple significatif la première citation reproduite *supra* où apparaît cette présence de « l'aiguille noire » enfouie dans la nuit et comptable du temps, soit deux éléments augurant de l'arrivée de la « lumière » révolutionnaire. Le contraste ne peut être davantage mis en évidence, comme il s'applique également à Le Morenú, un personnage triste, obscur et solitaire dont l'embrasement guerrier finira par symboliser l'impuissance humaine devant la tragédie de la guerre et le sentiment que le sacrifice personnel a été vain et que le sacrifice des vies humaines a été purement gratuit.

Certes, Le Morenú n'a eu de cesse de lutter pour faire triompher des valeurs démocratiques, des valeurs auxquelles il a consacré son existence alors qu'il a découvert la violence, l'intolérance, l'absurde, le fanatisme, l'individualisme et l'arrivisme lors du siège d'Oviedo. Ce qui n'empêche nullement Joseph Peyré d'inviter son lecteur à réfléchir sur la condition humaine. Qu'importe si chez Le Morenú, ce mineur, subsistent des traces d'un mysticisme superstitieux, ou encore si Marifé, la jeune infirmière dont il est amoureux, incarne l'héroïne engagée jusqu'à l'irrationnel. Il n'en demeure pas moins que, avec ces personnages issus du peuple, le romancier parvient à refléter le conflit espagnol à travers un prisme humain qui se situe par-delà les idiosyncrasies locales et les idéologies partisanes.

Il place au premier plan l'être humain, nu, vide, et abandonné, qui voit fauchées les valeurs qu'ont chéries ses rêves révolutionnaires sur le plan politique, et ce qui est plus attristant, sur le plan humain. Cette condition humaine, cette crise morale et éthique que Joseph Peyré analyse à travers le peuple espagnol, n'a rien à voir avec le pittoresque[10], les sensibleries et les stéréotypes du romantisme.

Il est certain que Joseph Peyré a su capter l'essence du peuple dans son présent historique et dans sa condition. Il ne fait point de ses créatures des figures desséchées, bien au contraire, il sait pénétrer les arcanes de l'âme humaine, une âme universelle, à travers laquelle il passe au crible les valeurs éthiques, morales, sociales, politiques de la société moderne, et cela, sans distinguos idéologiques. Et cependant, lorsque de nos jours, l'on veut porter un jugement sur *L'Homme de choc*, l'on continue à percevoir, en France, un effet de « couleur locale », une saveur locale d'outre-Pyrénées qui se situe entre Mérimée et le reportage des frères Tharaud, *Cruelle Espagne* (1938). Joseph Peyré a voulu soutenir une position impartiale devant le conflit armé, ce qui ne veut pas dire, comme on a coutume de l'affirmer en comparant *L'Homme de choc* à *L'espoir* de Malraux ou encore *Le mur* de Sartre, qu'il y a chez lui une manifeste absence d'engagement. L'engagement, chez lui, est d'un signe distinct, car il ne se place pas au service d'une idéologie

[10] Qué duda cabe que el misticismo un tanto supersticioso formaba parte de las mentalidades y creencias del pueblo al que estaba convirtiendo en protagonista literario; como también la entrega pasional a la causa, aspecto este menos ligado a la idiosincrasia nacional. // Il ne fait aucun doute que le mysticisme quelque peu superstitieux intégrait les mentalités et les croyances du peuple qui était en train de devenir un acteur littéraire ; de même que le dévouement passionnel à la cause, aspect moins lié à l'idiosyncrasie nationale.

politique, mais au contraire au service d'une vision tout simplement humaine, comme nous venons de l'écrire.

Malgré leurs insurmontables et naturelles différences, et malgré ce que d'aucuns ont affirmé, que ce soit Peyré, Malraux ou Sartre, chacun d'entre eux, pour reprendre les mots de Maurice Rieuneau, fit de la guerre « une épreuve existentielle capitale » pour « y puiser ou y confirmer leur éthique et leur vision du monde » (Rieuneau, 2000, 531). Le mérite de Joseph Peyré, en 1935, lors de ces préludes révolutionnaires de la Guerre civile espagnole, soulignait le critique qui se cachait sous le pseudonyme de Daranas dans *ABC*, consiste à faire entrer en littérature la révolte des Asturies et ainsi combler le vide occasionné par le silence des littérateurs espagnols.

Force est de constater que celui qui observe de l'extérieur, le fait avec davantage de liberté, et depuis cette position exogène, avec *L'Homme de choc*, Joseph Peyré répondit au commentaire de Daranas qui se plaignait que ce fussent les auteurs étrangers qui se chargeassent de témoigner sur les conflits de l'Espagne contemporaine.

Malgré le peu d'écho de ce conflit dans la littérature la plus immédiate, Daranas constatait amèrement :

> « Con una persistencia no exenta de fariseísmo, nuestros hombres de letras suelen recordad desde hace treinta años, para confundir a las clases políticas, cierta frase de Silvela. ¡España no tiene pulso! ¿Pero dónde está el pulso de nuestros intelectuales, nuestros novelistas, nuestros ensayistas? ¿Qué hacen y qué producen?[11] ».

Nous conclurons tout en soulignant que si *Révolte dans les Asturies* de Camus est l'œuvre à laquelle fut rendu un hommage en 2004, que l'on considère ce travail initial comme un nouvel hommage à la mémoire de cette révolution des Asturies dont le 80e anniversaire aura lieu sous peu.

[11] Avec une constance non exempte de pharisaïsme, nos hommes de lettres nous font penser à cette phrase que Silvela prononça il y a trente ans pour couvrir de honte les hommes politiques : « L'Espagne n'a pas de ressort ! ». « Mais où est-il chez nos intellectuels, nos romanciers, nos essayistes ? Que font-ils et que produisent-ils ? », DARANAS (25-12-1935). « ABC en París. Joseph Peyré, propagandista de la fiesta de toros, ha escrito la novela de la insurrección de Asturias », *ABC*, pág. 47; DARANAS (23-1-1936). « Joseph Peyré, propagandista de la fiesta de toros, ha escrito la novela de la insurrección de Asturias », *La Nación* (Madrid).

Joseph Peyré : le début du récit saharien

CHRISTIAN MANSO
(Université de Pau et des Pays de l'Adour)

Le mercredi 30 octobre 1929, Joseph Peyré publie *À la poursuite du Djich... Avec la Méhara* dans l'hebdomadaire parisien *Vu*[1]. Couvrant les pages 887 et 888, son texte est agrémenté de nombre de photographies récentes provenant, pour la plupart, du village d'Adrar, garnison de l'armée française à l'époque, se situant dans un groupe d'oasis du Sahara algérien désigné sous le nom de Touat. Chacune de ces photographies est accompagnée d'une légende, telle cette « Revue de la Reconnaissance par le général Clavery. Dans le fond, le village d'Adrar » (888), ou encore « le maréchal des logis Morel dans la cour de la kasbah d'Adrar » (887). Il y a plus, toutefois : à preuve cette photographie qui emporte le lecteur/spectateur bien plus loin encore, à l'ouest, soit à ce célèbre point d'eau mauritanien où, en 1929 précisément, s'est faite la jonction entre la Compagnie Saharienne du Touat et les Groupes Nomades d'Atar. Dans sa légende apparaissent très formellement les noms des cadres de l'armée française qui ont tenu à marquer perdurablement semblable événement dans ce qu'il convient d'appeler le maillage saharien : « lieutenant Fouchet, lieutenant Lederff, lieutenant Maurel, capitaine Lapeyre, lieutenant Demoulin, lieutenant Le Rumeur, lieutenant Flye Sainte-Marie, lieutenant Delteil » (887).

Des documents photographiques des plus précis – et précieux – dont il est loisible de découvrir la provenance grâce à la note introductive jointe à l'article, qui a été rédigée par le rédacteur en chef de ce magazine : « Tout récemment encore, dans le Sud algérien, un djich insoumis et un détachement de troupes irrégulières soutenu par la Légion Montée livrèrent un combat à l'issue duquel 50 des nôtres étaient portés tués et 21 blessés. À propos de cet événement, nous publions l'article de notre collaborateur, M. Peyré, relatant dans la même région la poursuite d'un rezzou par un peloton de méharistes » (887).

---

[1] *Vu, Journal de la Semaine*, paraît le mercredi, N° 85, 30 octobre 1929, Rédaction-Administration, 65-67, Avenue des Champs-Élysées, Paris (8e). Dorénavant apparaîtront dans le corps de l'étude les numéros de pages de cette édition entre parenthèses.

La présence de « M. Peyré », telle qu'on peut le constater, est assurément ce qui peut expliquer et ce titre d'article et son contenu, lesquels entraînent le lecteur dans les zones algéro-mauritaniennes où sévissent les djichs, ces pillards du désert que combattent – au nom de la pacification – les détachements français composés d'« irréguliers » – des indigènes – qu'encadrent des gradés français. Certes, il est notoire que Joseph Peyré, qui ne s'est point aventuré sur semblables théâtres d'opérations, n'a pu personnellement ni fournir de telles photographies, ni se faire le narrateur d'un des épisodes de cette lutte acharnée qui ne cessait d'opposer les troupes françaises aux brigands des sables en ces zones incertaines d'un Sahara à l'insondable immensité. Il est à remarquer, néanmoins, que dès 1929 avec ce texte qui est une préfiguration de *L'Escadron blanc* qu'il va publier l'année suivante[2], Joseph Peyré se lance résolument dans ce qu'il y a lieu d'appeler le récit saharien qu'il va longuement cultiver par la suite. Pour ce faire, il va user d'une stratégie on ne peut plus clairvoyante et efficiente. À ses fins créatrices, il va puiser essentiellement son information à la meilleure source qui se puisse imaginer : celle que lui procure à volonté son frère Émile, médecin militaire affecté dans cette Compagnie Saharienne du Touat. C'est par conséquent, dans cette intersubjectivité fraternelle que Joseph Peyré va pouvoir, muni d'un génie créateur fécond, passer à la phase de la création. Il est à supposer, nonobstant, que les photographies susnommées proviennent directement de son frère Émile.

L'on ne saurait poursuivre cette nécessaire mise au point liminaire sans insister sur cette collaboration – qui sera unique – de Joseph Peyré dans ce magazine photographique révolutionnaire que fut *Vu*[3]. Fondé le 21 mars 1928 par Lucien Vogel, s'il plaça l'image d'actualité au cœur de ses priorités – et du reportage photographique qui lui était afférent –, il n'écartait pour autant pas le rôle de la littérature, conçue comme indispensable et indissociable composante. Ainsi l'exemple de Joseph Peyré était-il, sur ce point, des plus significatif qui faisait dialoguer images et texte narratif (et non simple reportage graphique). *Vu*, au grand format – 27 x 37 cm – et à l'impression en brun-sépia, dont la parution a pris fin le 5 juin 1940, se doit d'être signalé pour avoir créé cette dynamique et féconde synergie entre la photographie et le texte littéraire, qui lui assura un succès considérable. Aux côtés de Joseph Peyré, une abondante pléiade d'écrivains signera des textes des plus bigarrés, engagés, modernes, tels que Maurice Dekobra, Jean Giraudoux, Pierre Mac Orlan, Man Ray, Colette, Philippe Soupault, Ramón Fernandez, Blaise Cendrars, Sacha Guitry, André Malraux, Georges Simenon, Jean Rostand, Paul Morand, Robert Desnos, Louis-Ferdinand

---

[2] Joseph PEYRÉ, *L'Escadron blanc*, Bibliothèque Verte, Paris, Hachette, 1950.

[3] Cf. Michel LEFEBVRE, *Vu, Journal révolutionnaire*, Paris, Le Monde Magazine, 21 novembre 2009. Cf. Michel FRIZOT, Cédric de VEIGY, *Vu, Le Magazine photographique*, 1928-1940, Paris, Éditions de la Martinière, 2009. Cf. http://www.museeniepce.com/indexphp?/collections/enjeux-de-la-photographie/vc

Céline, Jean Cassou, Marcel Proust, Max Jacob, Elsa Triolet, Benjamin Peret, Jean Cocteau, Drieu la Rochelle, Michel Leiris, François Mauriac, Georges Duhamel, et bien d'autres.

Pour en revenir à ce texte qui, selon toute probabilité, inaugure le cycle saharien de Joseph Peyré, il est à remarquer, d'emblée, qu'il recèle nombre d'indices que l'écrivain tient à transmettre à son lecteur pour établir, à coup sûr, quelconque connivence, quelque pacte de lecture, tout en donnant à son propre texte une épaisseur littéraire. En effet, dès l'*incipit*, Joseph Peyré introduit dans son récit cette assertion des plus habile : « Par la porte entr'ouverte sur l'horizon du Sud [...] ce ne fut pas Cegheir-ben-Cheik, le Touareg voilé de noir de *l'Atlantide*, mais un Chamba [...] qui se profila sur le ciel » (887). La référence immédiate au roman que Pierre Benoit[4] a publié dix ans auparavant, en 1919, n'est en rien anodine. Ce roman qui connut un succès massif et perdurable, entretenait parmi le public un climat propice aux aventures sahariennes et, qui plus est, vécues en 1897 par deux militaires français, les capitaines Saint-Avit et Morhange. Partis tous deux de Ouargla pour effectuer des missions différentes dans le grand Sud, Saint-Avit ayant à enquêter dans le Touat et Morhange devant se rendre au Niger, ils vont faire une partie de la route ensemble jusqu'à Shikh-Salah, avant de se séparer. La mission de Saint-Avit est on ne peut plus claire : amener les parlementaires français à « s'emparer des oasis du Touat » (56) en leur faisant parvenir un « tableau fidèle des intrigues qui s'y tramaient contre la France » (56). Ainsi qu'on peut le constater, ce Touat sur lequel Joseph Peyré va s'étendre à plusieurs reprises, était déjà l'objet des préoccupations des militaires français de la fin de XIXe siècle : « L'hostilité du Sultan du Maroc était latente. Au Touat, où s'étaient ourdis les assassinats de Flatters et de Frescaly, cette majesté prêtait la main aux manigances de nos ennemis. C'était, ce Touat, le grand centre des complots, des razzias, des défections, en même temps que le lieu de ravitaillement des insaisissables nomades. Les gouverneurs de l'Algérie, Tirman, Cambon, La-Ferrière, en réclamaient l'occupation » (55). Chemin faisant, quelque temps avant d'atteindre Shikh-Salah, Saint-Avit et Morhange sauvent la vie à un Touareg qui a été emporté avec sa monture par les flots d'un torrent occasionnel résultant d'un effroyable déluge : « C'était [...] à une espèce de géant que nous venions de sauver la vie » (88). Recouvraient son corps « des longs voiles bleu foncé des Touareg » (87). Se faisant appeler Eg-Anteouen, tout d'abord, très vite est révélée sa véritable identité ; il s'agit, en fait, de Cegheïr-ben-Cheïk, qui fut à l'origine des massacres du capitaine Masson et du colonel Flatters. Tragédies sahariennes que Joseph Peyré reprendra dans ses récits. Ainsi s'éclaircit le mystère quant à ce personnage. C'est, pour lors, ce Targui qui va conduire les deux militaires français au cœur du Hoggar où est construit le palais d'Antinéa,

[4] Pierre BENOIT, *L'Atlantide*, Paris, Le Livre de poche, 151, 2018. Dorénavant apparaîtront dans le corps de l'étude les numéros de pages de cette édition entre parenthèses.

qui est « la petite fille de Neptune, la dernière descendante des Atlantes » (130).

D'emblée, Joseph Peyré s'ingénie à créer cette atmosphère propre à cet espace lointain qu'enveloppe le mystère, inspirant autant l'attraction que la répulsion, spécifique à cet ailleurs qui offre des aspects ensorcelants. Toutefois, il est également chez lui cette volonté de se démarquer du romancier français par cette négation qu'il brandit d'entrée. Il joue, à l'évidence, de cette ambiguïté dont il espère tirer le meilleur parti. Il se propose, quant à lui, d'évoquer d'autres faits militaires, certainement plus véridiques, plus authentiques, sans les détacher formellement cependant d'une essence saharienne qu'a su parfaitement appréhender Pierre Benoit.

Un Pierre Benoit dont la présence se voit renforcée un peu plus avant dans le récit, où Joseph Peyré fait expressément mention « du capitaine Müller, le héros de *La Châtelaine du Liban* [...] qui mériterait lui-même sa légende » (887)[5]. Là encore, Joseph Peyré replonge son lecteur dans la littérature par l'intermédiaire de ce roman que Pierre Benoit fit paraître en 1924, à la suite d'un long séjour en cette zone du Proche-Orient[6]. Ce roman qui a été conçu en « Syrie, mai 1923-avril 1924 » (300), conte les péripéties amoureuses du capitaine Lucien Domèvre à Beyrouth entre novembre 1922 et décembre 1923. Affecté depuis trois ans au centre méhariste de Palmyre, il a été transporté à l'hôpital Saint-Charles de la capitale libanaise pour y soigner une blessure qui lui a été infligée dans les déserts de Syrie lors d'une escarmouche avec une tribu rouallah. À sa sortie de l'hôpital, il ne retourne pas en Syrie, car l'État-major de l'armée française a décidé de le détacher auprès de son service « chargé de centraliser les renseignements relatifs au contrôle bédouin » (33). C'est à ce stade du roman que « son plus cher ami » (39), Walter – le capitaine Müller – va intervenir. « Commandant de la deuxième compagnie de méharistes de Palmyre » (39), il ne peut supporter de la voir en poste à Beyrouth : « Toi, rester ici ! C'est impossible. Toi, à Beyrouth ! Qu'y feras-tu ? » (58). Pour Walter, Beyrouth est un lieu de perdition. Lucien Domèvre va très vite en faire la douloureuse expérience, dès qu'il va devenir l'amant de la comtesse Orlof, une aventurière qui vit dans un château, le Kalaat-el-Tahara, situé dans un massif montagneux, « à moins d'une heure et demie de Beyrouth » (110). Sur le point de sombrer dans la folie, il est fort heureusement tiré d'affaire par Walter qui va le faire admettre tout d'abord à l'hôpital militaire de Beyrouth pour qu'il y bénéficie de soins énergiques, et le faire ensuite remettre à la disposition de son corps d'origine, « la deuxième compagnie de méharistes, en station à Palmyre » (287). Alors qu'il est à bord du véhicule qui le conduit à travers les steppes en direction de Palmyre, Lucien Domèvre a cette pensée à l'égard de son

[5] *Vu, Journal de la Semaine*, paraît le mercredi, 85, 30 octobre 1929, Rédaction-Administration, 65-67 Avenue des Champs-Élysées, Paris (8e), p. 887.

[6] Pierre BENOIT, *La Châtelaine du Liban*, Paris, Albin Michel, 2012. Dorénavant apparaîtront dans le corps de l'étude les numéros de pages de cette édition entre parenthèses.

sauveur : « Son amitié était là-bas de l'autre côté des montagnes bleuâtres qui barraient l'horizon. Elle m'attendait, cette amitié, virile et pure. J'allais pouvoir, tout ensemble, m'y blottir et m'y laver » (290). À peine a-t-il repris ses anciens quartiers, que Walter lui demande de s'acquitter d'un devoir qui lui semble lui revenir de droit : « Il y a dix jours, j'ai appris par mon service de renseignements à moi que les bandes qui ont assassiné Ferrières et d'Hollonne camperont, au mois de janvier, autour des points d'eau du Djebel-Sindjar. Tu sais maintenant ce que j'attends de toi » (298).

Il va de soi que l'on comprend mieux avec ce rapide éclairage la portée des propos de Joseph Peyré à l'égard de ce méhariste qui, à ses yeux, réunit nombre de traits de caractère qu'il exploitera par la suite dans sa propre fiction saharienne. Nul hasard, dès lors, que Marçay, dans *L'Escadron blanc*, puisse songer à ce même Müller pour conjurer l'adversité qui semble le poursuivre en ce désert du Sahara : « Pourquoi avait-il demandé à quitter la Syrie, où le capitaine Müller lui avait appris son dur métier de méhariste ? Avec Müller, il avait combattu à De Rhezza et à Palmyre. L'horizon du désert syrien lui semblait trop étroit ? Mais il comptait déjà six ans de Sahara pour le seul combat de Timissao qui lui avait coûté son ami le plus cher. »[7]

Aussi, avec ces deux références, apparait-il clairement combien sont déjà prégnants les substrats narratifs à partir desquels Joseph Peyré va construire son œuvre. Cependant, à ceux-ci, il va en adjoindre un qu'il ne va pas emprunter à la littérature, mais qu'il va extraire d'un témoignage inestimable. Au tout début de son texte, ainsi que cela a été précisé, Joseph Peyré écarte la présence littéraire d'un protagoniste de Pierre Benoit pour la substituer par celle d'un Chamba, « sous-officier à la compagnie méhariste du Touat » (887)[8], répondant au nom de « Mohamed ben Ali » (887). Or, de ce dernier il est question, plus loin dans son texte, où il est consigné que « le médecin-capitaine » (888) avait tenté de l'arracher à la mort en le soutenant moralement et physiquement sur un très long périple : « Trois cents kilomètres de marches forcées à dos de chameau sous la torture du vent de sable » (888). Hasardeuse et téméraire entreprise qui malheureusement ne fut pas couronnée de succès. Joseph Peyré rappelle cette circonstance exténuante – et chevaleresque –, en ayant soin de préciser qu'« on me raconta son histoire » (888). Une question surgit : qui a pu la lui raconter ? Ce ne peut être que le « médecin-capitaine ». Or, en un paragraphe bien antérieur, Joseph Peyré avait tenu à rendre hommage à ces militaires français qui, selon lui, ont été en réelle communion avec le Sahara : « Qu'ils me pardonnent de citer leurs noms, lui, le lieutenant Lederff, qui a voué au Sahara son amour de la mer ; le magnifique lieutenant Fouchet, l'ascète des

[7] Joseph PEYRÉ, *L'Escadron blanc*, Bibliothèque Verte, Paris, Hachette, 1950, p. 137.

[8] *Vu, Journal de la Semaine*, paraît le mercredi, N° 85, 30 octobre 1929, Rédaction-Administration, 65-67 Avenue des Champs-Élysées, Paris (8e), p. 887. Dorénavant apparaîtront dans le corps de l'étude les numéros de pages de cette édition entre parenthèses.

sables ; le médecin-capitaine Peyré, les maréchaux des logis Boris et Morel. Je sais qu'ils préféreraient le silence » (887).

À la lecture de cette liste de noms, il est aisé d'établir un lien entre ce « médecin-capitaine », qui a porté secours à ce sous-officier méhariste, et Joseph Peyré lui-même. Cette voix qui va lui conter par le menu cette vie du grand Sud saharien et qui va la lui faire apprécier à sa juste valeur et la lui faire aimer, c'est celle de son frère Émile. Il n'y a plus l'ombre d'un doute.

Ainsi se dessine peu à peu ce qui peut apparaître comme la matrice de la conception saharienne de Joseph Peyré.

À y regarder de plus près, le texte de Joseph Peyré est à considérer, en fin de compte, comme une sorte d'hommage posthume qu'il a choisi de rendre à ce Chamba méhariste, Mohamed ben Ali, dont il a déjà été fait mention auparavant, hommage qui sera rendu en quelque sorte plus officiel par le fait que l'écrivain ressentira le besoin d'associer ce nom à ceux des militaires français qu'il cite dans la dédicace de son roman *L'Escadron blanc*[9].

Cet article de 1929, comme indiqué *supra*, est une sorte d'anticipation de ce roman de 1930, étant donné que l'itinéraire saharien que suivent les troupes françaises est sensiblement celui que vont emprunter Marçay et Kermeur, les 80 méhara, un an plus tard. Il est tout autant une anticipation de la nouvelle, *Retour*, incluse dans le volume *Sahara éternel*[10] (1944), et ce, pour les mêmes raisons.

Encore qu'ici Joseph Peyré s'attache davantage à l'actualité de 1929 dans cette partie du Sahara en raison de deux faits historiques bien précis. Il y a déjà cette liaison automobile effectuée entre Oran, Béchar et Adrar, une percée saharienne opérée par le général Clavery et ses hommes, qui a malheureusement tourné court à son retour, « aux portes du Sud Oranais » (887), l'expédition ayant été décimée par un « djich du Tafilalet » (887), un massif montagneux en terres marocaines à l'ouest de Béchar. Et puis il y a cette liaison au puits de l'Aïoun Abd el Malek, qui établit une jonction hautement stratégique entre le capitaine Lapeyre, « commandant des coloniaux » (887) d'Atar, et le lieutenant Flye Sainte-Marie, à la tête du détachement d'Adrar. C'est une opération dont l'objectif est de protéger « une mission d'étude du Transsaharien sur la ligne Touat-Tombouctou », soit une « ligne aérienne à travers le Sahara occidental » (887).

De telles informations ont de quoi combler les attentes du lecteur français en quête de nouvelles de ce vaste et lointain continent où l'armée française déploie une ténacité sans pareille pour le rendre plus accessible, moins dangereux, mais qui garde néanmoins bien des zones inhospitalières, farouches. Pour répondre mieux encore à de telles attentes, Joseph Peyré va s'employer à dépeindre le quotidien des troupes qui ont vocation à sillonner ces immenses étendues de sable au prix d'incommensurables efforts et sacrifices. Ce voyage auquel il va convier son lecteur démarre à Adrar,

[9] Joseph PEYRÉ, *L'Escadron blanc*, *op. cit.*, p. 5.
[10] Joseph PEYRÉ. *Sahara Éternel*, Paris, Grasset, 1944, p. 171-204.

citadelle qui chez lui est toujours teintée de rouge (887). Une note de couleur vive sur laquelle tranche celle de la gandoura blanche (887) de Mohamed ben Ali, et qui semble posée tel un phare sur l'immensité sablonneuse du désert, laquelle sous l'effet du persistant mirage induit par la lumière solaire se métamorphose en un infranchissable océan. Après quatre cents kilomètres de marche en direction de l'Ouest, c'est l'arrivée au Bordj de Bou-Bernous (887) qui se distingue par la blanche plasticité de ses « murettes » (887) se découpant « dans un couloir de hautes dunes ocre » (887). Le coloriste est à l'œuvre qui aiguise la curiosité de son lecteur, en stimule l'imagination. Depuis ce Bordj, l'on s'enfonce dans le sud-ouest et l'on s'arrête quelque peu au puits de Chenachane (887) avant de s'infiltrer dans les canyons de la falaise du Hank, « muraille noire qui limite la vaste plaine jaune du Karret, plaquée de la verdure printanière de l'acheb » (887). Le chromatisme joue on ne peut mieux avec la verticalité et l'horizontalité qui ne manquent pas de susciter chez le lecteur quelque émoi, qu'excite de surcroît, l'introduction d'un terme vernaculaire « l'acheb », lequel, à en croire Joseph Peyré, est « aussi précieux que l'eau » (887). Le lecteur glisse ainsi peu à peu dans le dépaysement qu'il recherche incontestablement en son for intérieur. Lequel ne se dissipera point, d'ailleurs, lorsqu'il aura appris que cet « acheb » est « une formation végétale du Sahara constituée de plantes éphémères qui se développent après une averse »[11]. La magie du lieu opère ô combien ! Quant à l'Aïoun Abd el Malek, là encore, ce puits a de quoi interloquer le lecteur – toujours curieux – qui découvre qu'en mauritanien Aïoun el Malek désigne « un/une printemps »[12], c'est-à-dire un endroit où « l'eau souterraine s'écoule naturellement »[13], à même la surface du sol, ce qui équivaut à un miracle en pareille contrée. En bon connaisseur, Joseph Peyré fait observer que ces « sources superficielles [...] permettent aux chacals eux-mêmes d'arriver jusqu'à la nappe d'eau en grattant le sable avec leurs pattes » (887).

À ces touches paysagères qui convoquent la peinture, le visuel, le vernaculaire, s'ajoutent d'autres notes en complément qui sans se départir de la visualisation en appellent aux effets sonores, cinétiques, chorégraphiques : « Autour des joueurs de raïta, des files s'alignaient. Les hommes abandonnaient la guide de leur chameau et scandaient des battements de mains la mélopée [...] un Chamba finit par se dresser sur sa ralha, la selle de guerre, et, debout, se mit à danser au balancement rythmé du méhari » (887). Et comme pour faire davantage ressortir le côté insolite de la scène, Joseph Peyré a cette question – rhétorique – on ne peut plus pertinente : « Mais où reconnaître, pour nos oreilles d'Occident, l'accent d'une musique guerrière ? » (887)

Bien sûr, ce qui rend le récit captivant, en pareil lieu, ce sont les acteurs qui vont s'y produire. Pour ces derniers, Joseph Peyré prend le plus grand

[11] *Le Petit Larousse illustré*, Paris, Larousse, 2018, p. 45.

[12] http://www.google.fr.getamap.net/cartes/mauritania/tinis_zemmour/abdelmalek_ayoun./

[13] *Ibid.*

soin à les décrire et toujours avec ce souci – qui le caractérise – d'explicitation, de précision : « Deux pelotons de la compagnie, neuf officiers et sous-officiers français, et cent vingt-cinq méharistes Chamba, car dans les compagnies sahariennes, seuls les cadres sont français, les hommes étant recrutés parmi les nomades du territoire » (887).

Semblable encadrement qui marque une césure accusée avec la troupe indigène, eût pu a priori sembler incertain, voire hasardeux, périlleux même. Joseph Peyré en est bien conscient qui pour balayer toute interrogation chez son lecteur s'empresse de lui apporter une réponse non seulement des plus rassurante, mais encore qui met en évidence combien s'est créée une osmose entre les hommes de la compagnie, garantie d'une solidarité sans faille et d'un respect mutuel. C'est le Sahara lui-même qui en est le propre instigateur. Les méharistes « avaient confiance dans leurs chefs, comme s'ils avaient été de leur tribu. Ne portaient-ils pas le chèche comme eux, le sérouel, et les pieds nus sur l'encolure, et n'avaient-ils pas avec eux fait le coup de feu, souffert la soif, le soleil, l'épuisement ? » (882)

Au gré de la marche dans le désert, certains endroits que l'apparence du lieu tendrait à rendre impersonnels – et insignifiants – en raison de l'uniformité et de la monotonie de la surface sableuse, occultent des tragédies que seule la mémoire des hommes est à même de localiser, de dater, pour en perpétuer le souvenir. Aux alentours de Bou-Bernous, au sein des hommes de la troupe, se déclenche comme un réflexe spontané qui les rappelle à une cruelle réalité : « Mais il n'y avait plus trace sur la piste des dix-sept hommes tués par la soif, quelques mois plus tôt. Ils avaient perdu leur guide, et, livrés à eux-mêmes, ils étaient tombés, dispersés : les plus robustes, le plus loin, là où les avaient portés leurs dernières forces » (887). Passé le puits de Chenachane, la découverte de la présence de chameaux dans les plaines du Karret, enfièvre les hommes de la troupe qui voient là le signe de la présence d'un rezzou, sans doute de Reguibat venus du Río de Oro, qui avaient poussé leurs chameaux vers ces verts pâturages.

Dès lors, former un contre-rezzou pour razzier les pirates s'impose presque comme une injonction mais aussi comme une réparation d'offenses anciennes. Toutefois, les méharistes reçoivent l'ordre de n'en rien faire et, partant, de restituer à leurs propriétaires le premier butin qu'ils avaient déjà amassé, aussi leur faut-il traverser « sans tirer un coup de fusil l'immense plaine du Karret, parmi des Reguibat suspects, meurtriers de Gourp, d'Erable, de Pintado, et maîtres de l'Ouest jusqu'aux barbelés espagnols du Cap Juby » (882).

Pour Joseph Peyré, ce récit qui va s'achever après « plus de cent jours » et « quatre mille kilomètres de raid » (887), livre à son lecteur bien des facettes de cette existence dans ces parages, où l'homme est réellement confronté aux extrêmes et, parfois, au tragique qui en découle. C'est ce qu'il expose en mettant un terme à son texte. Tandis que les Chambas harassés abordent les palmeraies d'Adrar et revêtent à leur retour « leurs gandouras de soie, leur tenue de parade, pour défiler la crosse du mousqueton sur la cuisse » (888), un homme est porté manquant. Joseph Peyré raconte à pareil moment la fin tragique de Mohamed ben Ali, telle qu'elle a été consignée plus haut. Se dégage pour le narrateur, en la circonstance, un trait de caractère chez ce musulman qu'il tient à mettre en exergue pour toute la sagesse qui en émane : « Sa figure avait cette impassibilité musulmane qui n'attend pas les approches de la mort » (888).

Cet être, se plaît à rappeler Joseph Peyré pour terminer, s'était quelque temps auparavant couvert de gloire lors d'une chasse au rezzou qui avait eu lieu dans l'Erg Chech lors d'un accrochage avec les pillards. Des deux côtés, précise-t-il, « c'étaient des vivants qui tombaient, l'épuisement qui les couchait dans le sable » (888). Alors, ce Mohamed ben Ali, s'était relevé, s'était approché du puits le plus proche et après avoir rempli sa guerba d'eau, il était revenu auprès des hommes : « C'était son adjudant qu'il relevait le premier, dont il appuyait la tête sur son genou pour le faire boire. Puis il allait ranimer tous les autres, ses camarades Chamba, et les hommes du rezzou, pêle-mêle, confondus dans cette trêve de mourants rapprochés par la même angoisse de vivre… » (888). Ce passage est repris en son intégralité avec quelques légères variantes dans *L'Escadron blanc*[14]. C'est Marçay qui porte le récit de ce combat qui, selon lui, pouvait entrer dans « la légende du désert »[15]. En mettant l'accent sur semblable acte d'altruisme, d'humanité sans pareille de la part de ce Chamba, Joseph Peyré indiquait, dès son entrée dans le récit saharien, l'orientation très personnelle qu'il s'apprêtait à lui donner.

[14] Joseph PEYRÉ, *L'Escadron blanc*, *op. cit.*, p. 140.
[15] *Ibid.*

Les Lanciers de Jerez de Joseph Peyré : du manuscrit au texte

LAURA PALOMO ALEPUZ
(Universidad de Alicante)

Introduction

Les Lanciers de Jerez (1961) inaugure la trilogie napoléonienne de Joseph Peyré que complèteront *Les Remparts de Cadix* (1962) et *L'Alcade de San Juan* (1963)[1]. Cette série que l'auteur publie dans sa dernière étape créatrice, raconte les péripéties de Saint-Armou, un officier béarnais qui sert dans l'armée impériale pendant la guerre franco-espagnole.

Dans ce premier volume, le jeune protagoniste, lieutenant de chasseurs, à la tête d'un escadron où sont en nombre les soldats en provenance de sa terre natale, participe à la campagne d'Andalousie. Nous sommes en juin 1808. Depuis Alcolea, la patrouille que commande le général Dupont chemine vers Cordoue, ville qui vient de rendre les armes sous les assauts des Français, et où tandis que les autres factions de l'armée, incontrôlées, se livrent au pillage, à la violence ou aux agressions sexuelles, les hommes de Saint-Armou, que ce dernier a réussi à refréner après les avoir conduits dans une taverne, s'adonnent à la boisson, au relâchement et se plaisent à se replonger dans leurs souvenirs.

Cette nuit même de l'assaut, tandis qu'il déambule dans la ville tout en essayant de chasser la sensation angoissante qu'ont produite en lui les faits de la journée écoulée, il découvre un majestueux palais à l'intérieur duquel il surprend des soldats français s'apprêtant à abuser d'une jeune Espagnole. Après l'avoir sauvée de ses agresseurs et sur ces entrefaites, le propriétaire de semblable demeure, Don Jaime, duc de Tojar, sort à sa rencontre pour le remercier. Puis tous deux entament une conversation qui va marquer le début d'une solide amitié, et ce, malgré leurs différences politiques, car elle va se

[1] Comme le suggère la professeur Dolores THION SORIANO-MOLLÁ dans son étude « Escudriñando la historia: *Les Lanciers de Jerez* de Joseph Peyré », Luis BELTRÁN ALMERÍA, Rosa de DIEGO, Marisa SOTELO VÁZQUEZ, Dolores THION SORIANO-MOLLÁ, *Diálogos en la frontera. De la cultura popular a la cultura de masas en la era moderna*, Zaragoza, Institución Fernando el Católico, 2016, l'œuvre, *Une fille de Saragosse* (1957) a aussi cette thématique et complète la trilogie.

fonder avant tout sur le respect mutuel, la tolérance, la compréhension de l'autre, l'empathie, le dialogue ainsi qu'une façon commune de comprendre la vie.

Ce qui va avoir pour conséquence que, après la déroute de l'armée napoléonienne à Bailen, l'ami espagnol porte secours au protagoniste, gravement blessé, et le fait transporter à son domaine champêtre, « El Chaparral », où il va veiller personnellement à sa guérison. Ainsi, Saint-Armou va couler des jours heureux en Andalousie, au côté de celui qui deviendra de plus en plus son inséparable ami, moments pendant lesquels il se liera à d'autres personnes, découvrira leurs coutumes, et fréquentera Rosuela, la fille de l'Ecijano, contrebandier qui a intégré, au côté de Don Jaime, l'armée espagnole, jeune fille qu'il avait connue au préalable à la taverne de l'Aragonais. Mais pendant que les liens d'amitié entre Don Jaime et Saint-Armou vont se renforcer au point que l'aristocrate lui offre de rester auprès de lui, sa sœur, Cayetana, nationaliste exaltée, qui par patriotisme a défié les normes sociales en vigueur, a pris part dans la bataille, déguisée en homme et qui considère Saint-Armou comme l'ennemi à abattre, va lui faire montre de différentes manières son hostilité et lui lancer un certain nombre de défis (affronter et terrasser un taureau, dompter Zaíno, combattre El Mulato) dont Saint-Armou sortira vainqueur. Cependant, le nouvel appel aux armes que lance Napoléon, va rompre le charme car le lieutenant va devoir regagner sa place sur le champ de bataille.

Les Lanciers de Jerez : du manuscrit au texte

1. La phase pré-rédactionnelle

Selon les propos de Dolores Thion[2], l'écrivain lui-même indique dans l'entrevue par laquelle commence, en guise de préface, l'édition de *Les Lanciers de Jerez* de la Collection Bibliographique, que l'origine de ce récit remonte à l'intérêt qu'a suscité en lui la découverte que nombre de citoyens espagnols possédaient des patronymes d'origine française, qui avaient été espagnolisés, et ce, étant donné que leurs ancêtres avaient appartenu à l'armée de Napoléon. Il s'agissait, en de nombreux cas, de déserteurs qui avaient fini par fonder une famille et qui avaient fixé leur résidence dans ce pays voisin. Bien que Peyré eût ébauché ce projet dans les années 1930, le déclenchement de la Guerre civile l'avait obligé à le remettre à plus tard. L'écrivain ne revint en Espagne qu'au cours des années 1950. Lorsque, après avoir visité l'Andalousie et les lieux où s'étaient déroulés les événements qui constituaient la base historique du récit, il entreprit le processus de gestation.

Ainsi, *Les Lanciers de Jerez* vit-il le jour pour la première fois sous forme de cinq livraisons qui se sont échelonnées entre février et avril 1961

[2] Dolores THION, *op. cit.*, p. 37.

dans *La Revue des Deux Mondes*. Puis, en cette même année, le texte a été oublié sous forme de livre chez Flammarion.

Dans la présente étude, depuis une perspective méthodologique génétique[3], nous nous proposons de procéder à une approche de ces deux textes, concomitamment à l'appréhension de la documentation manuscrite[4] concernant cette œuvre qui est conservée à la bibliothèque de l'Usine des Tramways de Pau. Ceci en vue d'analyser les transformations qui progressivement vont affecter le texte, de comprendre son évolution et de pouvoir faire usage de semblables données pour procéder à son interprétation.

2. Documentation manuscrite

Le manuscrit se trouve dans la chemise Ms 309 du legs de Joseph Peyré. Cette chemise contient des documents qui constituent le dossier de la genèse de *Les Lanciers de Jerez* : deux annotations, trois schémas de contenu et un brouillon.

Joseph Peyré accordait la plus grande attention au processus de documentation. Comme l'indique Pierre Delay[5], il puisait aux sources (manuels, cartes, atlas) pour construire une fiction qui fut vraisemblable et cohérente. L'étude de ses manuscrits démontre une préoccupation pour ce qui est du support historique de ses livres, pour ce qui a trait au vocabulaire adéquat au contexte, au sein duquel se situe l'argument. Ainsi, dans cette œuvre il fait usage de termes ayant un rapport avec le monde rural et taurin d'Andalousie, tels que « querencia », « cortijo », ou « derribo ».

Après avoir examiné tant le texte publié que le brouillon, il nous est d'avis que les sources qu'il a consultées peuvent être fondamentalement classées selon trois critères : historique, géographique et artistico-littéraire. Parmi celles-ci, il a pour coutume d'insérer dans ces matériaux destinés à sa fiction, des références à des écrivains ou encore à des œuvres de fiction ; apparaissent sous cet angle Galdós[6], Cervantès[7], Sénèque ; des peintres tels que Goya ; des musiciens, comme Mozart, et ce, parce que, plus que tout,

[3] Pour plus d'informations sur cette discipline, voir HAY (*La littérature des écrivains. Questions de critique génétique*, Paris, Librairie José Corti, 2002), la compilación en español de textos significativos sobre esta disciplina que hace Emilio PASTOR PLATERO, incluido su interesante estudio introductorio, (*Genética textual* Madrid, Arco Libros, 2008), o el manual de Pierre-Marc BIASI, *Génétique des textes*, París, CNRS Éditions, 2011.

[3] Pierre-Marc de BIASI, *Génétique des textes*, *op. cit.*

[4] Les critères retenus pour la transcription des documents manuscrits apparaissent en Annexe.

[5] Pierre DELAY, *Joseph Peyré (1892-1968). L'homme et l'œuvre*, Biarritz, J & D Éditions, 1992, p. 104.

[6] L'influence possible de Galdós chez Peyré a été étudiée par Dolores THION SORIANO-MOLLÁ, *op. cit.*, par María Ángeles AYALA ARACIL, et par Blanca RIPOLL SINTES, études qui se trouvent dans le volume précité.

[7] Pierre DELAY, *op. cit.*, p. 102, explique que les références à Cervantès ainsi qu'à son œuvre majeure sont très nombreuses.

Peyré est intéressé par la création d'une œuvre artistique. Mais il ne rend explicites les références géographiques, ni les repères historiques. Bien sûr, Peyré était un romancier et non un chercheur, aussi est-ce logique qu'au fur et à mesure qu'il avance dans le processus de composition de son œuvre, il aille supprimant des traces d'érudition, sans doute, comme le disait Miró, pour éliminer « el olor a lámpara / l'odeur de la lampe », c'est-à-dire pour que son œuvre puisse conserver son naturel.

Cependant, l'étude des matériaux pré-rédactionnels nous apporte davantage d'information sur ce sujet. Tant dans les deux annotations que dans les schémas de contenu, nous trouvons des indices d'utilisation d'œuvres historiques et géographiques. Mais ces informations, que Pierre Marc de Biasi[8] appelle exogénétiques parce qu'elles révèlent de façon des plus explicite leur provenance d'une source externe, il est patent qu'elles se mêlent aux endogénétiques, c'est-à-dire à celles qui se trouvent déjà intériorisées et élaborées dans le langage de l'écrivain lui-même.

Par exemple, dans la première annotation, qui a pour titre « Garrochistas », tandis qu'au verso il a noté le nom de quelques-uns des hommes qui composent l'escadron béarnais de Saint-Armou, le recto contient une liste de termes qu'il souhaite consulter, comme « Mengíbar », « Bailen », « La Culiancha », « La noria del Sordo », au côté desquels il a écrit une abréviation (p) et un nombre. Ce qui nous amène à déduire qu'il se réfère aux pages d'un manuel où apparaissaient des informations relatives à de telles questions.

De façon similaire, le titre de la deuxième annotation, « Mesa », renvoie au patronyme de l'auteur d'un manuel d'histoire, ainsi que le confirme la lecture du troisième schéma de contenu, portant en-tête, où figure ce même terme et où l'écrivain a noté l'identité complète du chercheur, Manuel Mozas Mesa, au côté du terme « Bailen ». Si dans l'annotation, il inclut des informations sur la fameuse bataille, comme la date, l'heure et le nom de María Bellido, la jeune femme qui, selon la légende, apporta de l'eau de la Noria del Sordo aux soldats espagnols pendant la bataille, dans le troisième schéma de contenu, après avoir la lumière sur le surnom sous lequel l'on connaissait ce personnage, « La Culiancha », lequel est celui qui est employé dans le texte rédactionnel, il insère des données sur Dupont, les troupes et les « garrochistas ».

Bien que cet historien écrivît nombre d'ouvrages liés à la Guerre d'indépendance, au nombre desquels une biographie sur le général Castaños[9] ainsi qu'une œuvre sur le soulèvement du 2 mai[10], l'argument du livre, la précision sur « Bailen » et le contenu des deux documents semblent indiquer que les livres que Peyré aurait pu consulter sont, *Bailén. Estudio político y*

---

[8] Marc de BIASI, *op. cit.*, p. 89.

[9] Manuel MOZAS MESA, *Castaños. Estudio biográfico*, Madrid, Editora Nacional, 1947.

[10] Manuel MOZAS MESA, El armamento y el heroísmo en la jornada del 2 de mayo de 1808, Jaén, Taller del Diario Jaén, 1956.

militar de la gloriosa jornada, publié à Madrid dans la maison d'édition García-Enciso en 1944, ou *Bailén. Gesta e imperio*, paru à Jaen, dans le *Diario Jaén* / Journal de Jaen en 1956.

De même, il note des faits historiques qu'il semble avoir relevés auprès d'une source académique dans les deux autres schémas de contenu, comme les factions dont était composée l'armée, les dates importantes ou l'information sur le général Foy.

Mais, de tous les textes manuscrits qui se conservent dans la chemise Ms 309 du legs Peyré, le plus intéressant pour notre étude est le brouillon, « Les Lanciers de Jerez ». Il se compose de 179 folios. Il a été écrit à la main, en sa majeure partie seulement sur le recto, mais à quelques reprises, également sur le verso. Il a pour titre général « Scénario II », ce qui nous fait penser qu'il a pu exister un premier brouillon sur lequel Peyré s'est appuyé pour écrire ce dernier. Il a pu finalement le faire disparaître, ou peut-être n'a-t-il pas été conservé. Ce document, comme les documents antérieurs, est un ante-texte, c'est-à-dire qu'il est antérieur aux textes publiés et fixés. Ils appartiennent à une phase pré-rédactionnelle d'écriture tandis que lui est un texte rédactionnel et pour cette raison, il est beaucoup plus proche du texte de la revue ou du livre[11]. Aussi montre-t-il des changements dignes d'intérêt pour mieux comprendre le processus d'écriture de Peyré.

3. Analyse comparée entre le texte du manuscrit, de la revue et de l'édition en livre

Les premières observations générales auxquelles nous conduit l'analyse verticale et comparative entre les trois textes semblent nous guider vers deux conclusions : en premier lieu, le manuscrit est, chronologiquement, le plus ancien et le livre le plus récent. On peut le voir dans le suivant exemple. Au folio 85r du manuscrit est incluse une note où Peyré rattache les « garrochistas » au régiment Farnèse. Tant dans le texte des articles que dans celui de Flammarion, l'information est déjà intégrée :

> Il s'agissait bien cependant de la cavalerie rustique dont il avait recoupé la trace sur la rive du fleuve, et qui devait rester dans la légende locale sous le nom de Garrochistas de Bailen. Formé de cavaliers éleveurs, vaqueros, contrebandiers des terres à taureaux et des sierras andalouses, ce corps était en effet armé de la garrocha. Mais en tant qu'unité constituée, il avait reçu le titre de *Lanciers de Jerez*, et comme il avait été mis sous les ordres du capitaine Cherif, du régiment régulier de Farnèse, c'était à ce régiment qu'il venait d'être adjoint[12].

Cela se produit également avec une annotation qu'il fait dans le manuscrit (au folio 86r) où il mentionne un « Tableau d'une journée à Andujar », et avec une autre qui apparaît au folio 102 dans laquelle il fait état de « le

[11] Nous travaillons sur l'édition Joseph PEYRÉ, *Les Lanciers de Jerez*, Paris, Flammarion.
[12] Joseph PEYRÉ, *op. cit.*, p. 164.

croquis de S-A avec la situation du 18 juillet » qu'ensuite il développe dans la revue et dans le livre.

En second lieu, en règle générale, le texte du manuscrit et du livre sont plus étoffés, tandis que celui de la revue est plus synthétique, et ce, très certainement parce qu'il se voit obligé par la limite de l'espace, de couper certains fragments qu'il va récupérer par la suite pour les inclure dans le livre. Tel est le cas de l'affrontement avec le dragon, qui a lieu dans la taverne de Cordoue, lequel n'apparaît pas dans le texte de *La Revue des deux Mondes*.

Un autre exemple est fourni par la conversation entre Saint-Armou et l'Ecijano, l'un des contrebandiers qui sert dans l'armée espagnole aux côtés des « garrochistas ». Tant dans le brouillon que dans le livre, Peyré mentionne « Zaino », le frère indomptable du cheval de Don Jaime, « Revoltoso », que Cayetana défie de monter à tous ceux qui se hasardent à lui demander sa main. Mais dans la revue, l'animal n'apparaît dans le récit que dans sa dernière partie, lorsque Saint-Armou est en convalescence à « El Chaparral ».

Cependant, en certaines occasions, étant donné que le manuscrit provient d'une rédaction plus provisoire, certains épisodes qui y apparaissent énoncés brièvement, se développent davantage dans la revue et surtout dans le livre. Cette même conversation avec l'Ecijano est beaucoup plus longue dans les deux textes publiés. La revue introduit deux moments qui ne figurent pas dans le brouillon : le dialogue sur la « garrocha » et la présentation de son couteau. Et dans le livre, ces passages s'étoffent et s'y ajoute un autre sur Pepe Hillo, un torero que l'un et l'autre admirent. De plus, dans les deux derniers textes, lorsqu'arrive Don Jaime et que l'Ecijano les laisse, l'aristocrate demande au Français sur quoi roulait leur conversation, alors que dans l'ante-texte il n'en est rien.

Il en va de même avec l'épisode de la cantine de Cordoue, là où le lieutenant conduit ses hommes pour les éloigner de la situation de chaos et d'agressivité que la reddition de la ville a générée. Il prend de l'extension dans les deux textes postérieurs.

En d'autres moments, certains épisodes qui apparaissent tant dans le manuscrit que dans le livre (et parfois pas du tout dans la revue) changent de lieu au sein même du récit. Ce qui se passe avec un fragment où l'on raconte que Saint-Armou et ses hommes vont en reconnaissance et rencontrent un vieil homme maigre auquel le lieutenant donne de l'argent et ne lui retire pas son arme par miséricorde au grand dam des soldats. Un autre exemple est la découverte de la jeune fille qui donne à boire aux Espagnols. Dans les deux cas dans le manuscrit, il apparaît plus avant dans la narration.

À de nombreuses reprises, le manuscrit n'est point suivi ni par la revue ni par le livre. Tel est le cas avec la dernière visite de Saint-Armou au palais des Tojar. Si dans le premier texte le lieutenant s'y rend seul, dans les textes postérieurs, il demande au jeune Lacaze de l'accompagner pour se réconcilier avec lui. Mais peut-être la plus curieuse des variantes qu'affiche ce fragment est-elle la suivante : lorsque l'officier entre dans le palais, il s'enquiert auprès du portier de Rosuela, et non de Jaime, alors qu'il le fait dans les éditions de la revue et de Flammarion. C'est frappant, car en aucun des trois textes il ne connaît la jeune fille, qu'il ne connaîtra que quelque temps après dans la taverne de l'Aragonais proche de Bailen. Peut-être la cause de semblable omission réside-t-elle dans le fait que dans cette version la plus ancienne, le personnage de Rosuela tenait le rôle de servante que dans les versions postérieures assument Josefina et Inesilla.

Un autre épisode où dans la première version il se trouve seul, alors que dans les deux autres il est accompagné de majesté, se trouve dans le déplacement qu'il entreprend pour se rendre dans la taverne de l'Aragonais où il fait la connaissance de Rosuela. Tant dans la revue que dans le livre, Majesté suit l'exemple donjuanesque de son chef et séduit la maritorne, qui ensuite lui offre un couteau que plein d'orgueil il montre au lieutenant.

On ne mentionne non plus dans le manuscrit que Saint-Armou a vu la petite comtesse parmi les combattants de l'armée espagnole, alors qu'en font mention et la revue et le livre. De même est surprenant un fragment où Saint-Armou demande à Inesilla si Josefina et Don Alejandro, un personnage que l'on décrit comme autoritaire, fanatique et marqué par la vieillesse, ont eu une liaison, à quoi la jeune fille répond de façon énigmatique qu'elle ne s'est pas limitée à Josefina.

D'un autre côté, les références historiques dans le manuscrit sont plus abondantes, mais elles ne sont pas aussi ajustées, intégrées dans le tissu textuel que dans l'édition de la revue ou du livre. Ce que nous pouvons constater, par exemple, avec l'information qui apparaît quant à la situation en juin 1808 en Andalousie dans les quatre premières pages du manuscrit.

Le brouillon présente, lui aussi, des variantes caractéristiques. Deux très évidentes sont les suivantes : la première se réfère à la première conversation qu'a Don Jaime avec Saint-Armou, laquelle dans le brouillon apparaît en style indirect, et qui ensuite est réélaborée en style direct. La seconde est que dans le manuscrit, à la différence des deux autres textes, la propriété rustique de Don Jaime s'appelle « La Solana » (dans les deux autres, il s'agit de « El Chaparral »). Une autre modification curieuse, due au changement de langue, est celle qui affecte l'inscription sur le couteau du Mulato. Dans le manuscrit, il apparaît en espagnol « Soy del Mulato » et dans la revue et le livre, l'inscription est en français, « J'appartiens à Juan Jimenez ».

De même, le texte de la revue présente des changements qui sont sans suite dans le livre. La majorité d'entre eux ont à voir avec cette réduction de l'espace ci-dessus mentionnée. L'un des plus significatifs est que quelques références culturelles ont été éliminées : l'une à Galdós[13] ; la première

[13] Joseph PEYRÉ, *op. cit.*, p. 16.

allusion à l'un des surnoms de Majesté, Sancho Panza[14], ou encore la référence à Sénèque[15].

En général, pour l'édition de la revue, l'auteur tient à condenser l'action narrative et à éliminer des fragments plus descriptifs, informatifs ou conceptuels. Par exemple, avant que l'armée française parvienne à la reddition de Cordoue, dans le manuscrit, l'on insère une parenthèse explicative, adressée par l'auteur au lecteur de façon à ce que ce dernier puisse mieux comprendre comment vivaient les gens au moment de la narration et dans cette situation concrète de la guerre. Or, semblable éclaircissement n'apparaît pas ensuite dans le texte que Peyré utilise pour sa publication dans la revue, mais il le récupère pour sa publication en livre, au tout début du chapitre V. Peut-être l'exemple le plus intéressant se trouve-t-il dans une réflexion sur le conflit qu'il insère dans le contexte de la mise à sac de Cordoue, lequel sert pour que nous comprenions sa position personnelle sur cette question ; il disparaît aussi du texte de la revue :

> Entre Français et Espagnols, l'équivoque était déchirée. La porte fermée avait signifié le refus. Les coups de feu, la guerre, avec l'enchaînement sans fin des représailles et des revanches. Mais ce qui commençait dans la nuit de Cordoue, c'était une guerre inédite, sans aucun rapport avec les campagnes d'Europe. Née du sang des pavés madrilènes, elle allait gagner comme le feu, s'étendre à travers plateaux et sierras, engager contre les légions de l'Empereur un peuple entier et sa passion, des terres soulevées, et des Saragosse qu'il faudrait tuer. Cette guerre destinée à préfigurer les résistances de l'avenir et les basses besognes qu'elles imposeraient aux soldats, Saint-Armou allait être contraint, non seulement d'en affronter la nouveauté comme ses camarades, mais encore de la faire contre un pays qu'il était personnellement disposé à aimer. Il pressentait déjà la double épreuve, et le déchirement qui l'attendait[16].

Tel est le cas avec certaines données historiques, comme celles qu'il procure à ses hommes sur Cordoue, lesquelles si dans le manuscrit et dans le livre sont plus abondantes, disparaissent pratiquement dans la revue, ou avec des informations relatives aux circonstances dramatiques qui influent sur l'état physique et émotionnel des soldats français et qui eurent une importance en rien négligeable dans le déroulement des événements, comme la chaleur, la soif, la faim, les moustiques et l'épidémie de dysenterie qui finit par causer nombre de pertes dans l'armée. Cette information est particulièrement importante parce que, comme le souligne la professeur Thion[17], l'un des objectifs de Peyré en créant cette œuvre était de faire surgir une réflexion sur les faits historiques qui eurent lieu pendant la bataille de Bailen. La légende avait diffusé l'idée que l'armée espagnole, formée de

---

[14] Joseph PEYRÉ, *Ibid.*, p. 30.

[15] Joseph PEYRÉ, *Ibid.*, p. 84.

[16] Joseph PEYRÉ, *Ibid.*, p. 62-63.

[17] Dolores THION SORIANO-MOLLÁ, *op. cit.*, p. 37, met en relief le contraste qui se produit dans cette œuvre entre cette nature *tremens* et le *cortijo* (propriété rustique) décrit selon les caractéristiques du *locus amœnus*.

soldats non professionnels, intégrée en majeure partie par des « garrochistas », humbles, mal nourris et seulement armés de leur instrument de travail, avait vaincu les vétérans de Napoléon. Ce qui est sûr, comme le souligne l'écrivain béarnais, c'est que la troupe française ne se distinguait pas tellement de la troupe espagnole, parce que de nombreux soldats qui la composaient étaient des paysans et des éleveurs de bétail qui avaient reçu une brève instruction militaire et étaient récemment incorporés en ses rangs. Ils ne connaissaient pas le terrain et devaient faire face à des conditions naturelles particulièrement différentes à celles auxquelles ils étaient accoutumés.

Conséquence de tout ce qui précède : dans le texte de la revue, les personnages qui apparaissent sont beaucoup plus schématiques. L'auteur dispense moins d'information sur ces derniers et partant l'analyse psychologique est moins profonde. On omet certains passages où le narrateur omniscient nous immerge dans les pensées de Saint-Armou, lesquels nous servent pour mieux connaître quels sont ses sentiments, ses avis, ses désirs. Par exemple, en certaines occasions, Peyré introduit des réflexions qui servent à démontrer qu'à mesure que Saint-Armou connaît ses amis espagnols, il ressent une proximité de plus en plus affirmée avec la culture espagnole : « Jamais au cours de ses campagnes, il n'avait souhaité à ce point se mêler à la vie des gens, adopter pour un temps leurs mœurs et leurs plaisirs. Il y fallait sa vocation espagnole »[18].

De même ont été supprimés des fragments relatifs à sa trajectoire vitale, tels que ceux qui ont trait à sa vie sentimentale, qui servent à souligner le donjuanisme du personnage, dont les commentaires permanents de Mazerolles, sont un exemple significatif, parmi lesquels le suivant est un exemple on ne peut plus probant : « Une nuit à Cordoue, ça vous suffit, Saint-Armou ? »[19].

Et ceci affecte aussi la vision sur les relations sociales, que nous comprenons de façon plus éclairante dans le manuscrit ou dans le livre, étant donné que nous disposons de plus d'informations. Dans le manuscrit et dans le livre, les causes et les conséquences de certains comportements s'expliquent bien mieux : comment agissent des personnages face à d'autres, quels liens tissent-ils ? Est significatif, à cet égard, un fragment où l'on nous parle du rapport qui unit le lieutenant à ses hommes. Le narrateur signale que le peloton ne reconnaît qu'un chef et que celui-ci en échange « se reconnaissait un devoir féodal envers ses Béarnais, sûrs d'être soutenus, égayés, instruits et défendus par lui, et, s'il l'avait fallu, comme dans l'ancien temps, nourris, habillés, payés de ses deniers pour un prix d'un dévouement inconditionnel de leur part »[20].

[18] Joseph PEYRÉ, *op. cit.*, p. 98.
[19] Joseph PEYRÉ, *Ibid.*, p. 51.
[20] Joseph PEYRÉ, *Ibid.*, p. 57.

Un autre exemple nous est fourni dans une conversation qu'ont les personnages de Saint-Armou et Majesté dans la première partie du livre sur le jeune Lacaze. Ce jeune homme a commis une bêtise, pour laquelle le lieutenant l'a puni en le mettant aux arrêts pour quinze jours. Majesté intervient en faveur du blanc bec, accordant peu d'importance à ce qu'il a pu faire, pour que l'officier le pardonne ; en effet, il s'émeut de l'état de dépression que cette punition lui a causé. Saint-Armou finit par accéder à sa requête.

Parmi les données que Peyré élimine, se détachent celles relatives à la provenance des soldats béarnais qui sont partie prenante du récit[21]. Par exemple, lorsqu'il fait un commentaire tel que celui qui suit : « Entre les scènes de bataille, il y avait ainsi des loisirs au cours desquels il aimait donner des explications à ses hommes comme s'il avait été le meneur de jeu. Le Béarnais a d'ailleurs besoin de comprendre pour obéir »[22] ou « En quelque lieu que ce soit, car ils peuplent le monde, les Béarnais s'émerveillent de découvrir des compatriotes au seul énoncé de leurs patronymes »[23].

Cette pratique d'abréger le texte qui devait apparaître dans les publications périodiques pour ensuite le récupérer dans son extension originale dans l'édition du livre, n'est pas étrangère à l'auteur qui avait suivi le même processus dans la gestation de *L'Escadron blanc*[24]. De fait, ce n'est pas l'unique ressemblance avec l'œuvre la plus célèbre de Peyré : dans l'une comme dans l'autre, l'argument se développe dans une ambiance militaire, dans un contexte de conflit armé et le point de vue est celui de l'armée française qui, dans ces deux œuvres, est celle qui conquiert et qui se heurte à un peuple qui revendique son indépendance. Dans les deux romans, il y a une réflexion sur la question coloniale, où la conception admirative est entremêlée en même temps de condescendance, où également prédominent le respect, l'intérêt et même, en certains moments, la fascination pour l'autre, pour son milieu, pour son peuple, sa langue, ses mœurs. De plus, en chacun se produit une lutte non seulement contre l'élément humain mais aussi contre une nature sauvage, incontrôlable, méconnue : un climat différent auquel les protagonistes ne sont pas habitués, où règnent la chaleur, le manque d'eau, les moustiques et la sécheresse de la terre, climat qui se montre hostile et qui finit par affliger nombre d'entre eux, les précipitant dans la maladie et la mort. Enfin, tant dans *L'Escadron blanc* que dans *Les Lanciers de Jerez*, le

---

[21] La présence dans cette œuvre de leurs racines n'est nullement négligeable. Ainsi l'affirme Pierre PEYRÉ dans *Joseph Peyré. Le Béarn pour racines. L'Horizon pour destin*, Biarritz, Atlantica, 2018, p. 207 : « Dans ce premier roman des derniers livres et de sa trilogie espagnole, Joseph Peyré, plus que jamais attaché à sa terre natale, fait appel à l'Histoire avec une pointe de provincialisme affirmé, car ses héros sont des compatriotes béarnais ».

[22] Joseph PEYRÉ, *op. cit.*, p. 38.

[23] Joseph PEYRÉ, *Ibid.*, p. 59.

[24] Nous avons analysé cette question en une autre étude qui se trouve sous presse et qui a pour titre « Genèse de *L'Escadron blanc* de Joseph Peyré ».

personnage du chef (Marçay / Saint-Armou) est profilé avec les caractéristiques du leader charismatique, le modèle de conduite, une figure d'autorité en même temps que paternelle à laquelle ses hommes gardent une fidélité absolue, face à laquelle s'oppose celle du béjaune garçon (Kermeur/Lacaze), bizuth, faible physiquement et psychologiquement, qui tombe malade et finit par mourir.

Conclusion

Dans l'un comme dans l'autre, comme à l'accoutumée, Joseph Peyré développe un roman d'aventures, de style traditionnel, où le rôle du protagoniste est réservé aux hommes énergiques, forts et influents, lesquels moyennant leur exemple et leur autorité deviennent des référents pour les hommes sous leur commandement. Chose ô combien curieuse, si nous tenons en compte, comme le souligne Pierre Delay[25], que ce sont, à maints égards, des personnages très différents de l'écrivain, lui qui était de santé très fragile et dont la vocation était fondamentalement intellectuelle. Mais à côté de cette capacité physique extraordinaire, le chef que Peyré élabore, est profondément humain, ainsi que l'a noté Christian Desplat :

> « On peut certes relever leur paternalisme, leur machisme, ils n'échappent aux mythes de leur temps et Peyré n'est pas resté insensible au thème de la "mystique du chef". Mais ses héros sont animés d'un sens de la fraternité humaine qui dépasse les engagements particuliers »[26].

Dans ce sens, toute la trilogie napoléonienne pourrait être interprétée de diverses façons : une histoire de la séduction de l'orgueilleuse et arrogante Cayetana[27], l'histoire de la Guerre d'Indépendance vue du côté français, mais celle qui prévaut est celle qui comprend l'histoire comme un appel à la concorde, au dialogue, à la compréhension des positions contraires telle qu'elle se manifeste dans les rapports qui se nouent entre Saint-Armou et Don Jaime. Celle qui, malgré les obstacles de toute nature, triomphe au moyen des valeurs éthiques qu'ils incarnent – l'honnêteté, l'héroïsme, la justice – ainsi que leur désir commun de dignifier l'être humain[28].

Au fur et à mesure que Saint-Armou pénètre dans l'intimité de ses amis espagnols, il découvre peu à peu leurs secrets, il se prend d'amour pour le peuple, ses coutumes et ses paysages, tout en découvrant des aspects de sa propre psychologie que jusqu'alors il n'avait point encore mis en lumière.

[25] Pierre DELAY, *op. cit.*, p. 151.

[26] Christian DESPLAT, « Hommes et chefs de guerre dans l'œuvre romanesque de Joseph Peyré », Vv. Aa., *Joseph Peyré. L'homme de ses livres*, Biarritz, J & D Éditions, 1994, p. 186.

[27] Hélène CHARPENTIER, « Les femmes et l'amour dans la dernière trilogie espagnole », Vv. Aa., *Joseph Peyré. L'homme de ses livres*, Biarritz, J & D Éditions, 1994, p. 315.

[28] Pierre PEYRÉ, *op. cit.*, p. 640, fait observer que l'écrivain était surtout un humaniste préoccupé par une volonté de lancer une réflexion éthique sur le monde, l'être humain, ainsi que sur ses relations.

Selon Jean-Paul Goujon[29], le développement de la trilogie nous permet d'assister à la métamorphose progressive du soldat français en andalou, ce qui révèle une projection du propre écrivain, non de ce qu'il a été mais plutôt de ce qu'il aurait souhaité être, ce qui entretient un lien étroit avec cet esprit de communion mystique entre les cultures que Peyré tient à mettre en exergue en un moment où, comme le souligne Dolores Thion[30], les relations franco-espagnoles n'étaient pas au beau fixe et où l'Europe se trouvait en pleine phase de décolonisation.

Lorsque nous analysons le propre processus de composition de l'œuvre, il apparaît évident que l'étude des différents documents de travail révèle que malgré le fait que l'auteur avait accumulé une scrupuleuse documentation pour procéder à l'élaboration de l'œuvre à venir, les changements qu'il introduit tendent à vouloir orienter le regard de son lecteur non tant vers les grands événements, mais plutôt vers l'intrahistoire, les insignifiantes trajectoires des personnages qui l'animent (leurs biographies, leur psychologie, leurs sentiments, leurs désirs, leurs relations), parce que ce qui intéresse Peyré, c'est une réflexion sur l'âme humaine, être à l'origine d'un dialogue, susciter une prise de conscience humaniste susceptible de contribuer à une amélioration du monde.

ANNEXE

Critères retenus pour la transcription du texte

Identification des documents

1. *Folio* : pour un feuillet qui est numéroté. Suivi de son numéro X de folio (s'il n'est pas numéroté, on le ferait apparaître aussi) de la précision « r » (pour recto) ou « v » (pour verso), d'un numéro entre parenthèses qui indique l'ordre d'apparition (pour le cas de plusieurs folios possédant la même numérotation). De plus, le numéro pour le verso sera toujours le même que celui que possède le recto, indépendamment de la place qu'il occupe. Exemple : Folio 7 r (2) veut dire que c'est un folio 7, dans son recto, que c'est le second folio 7 qui a été trouvé dans la chemise.
2. *Note* : pour des feuillets non numérotés que contiennent des annotations.

[29] Jean-Paul GOUJON, « Aspects andalous de Joseph Peyré », VV. AA., *Joseph Peyré. L'homme de ses livres*, Biarritz, J & D Éditions, 1994, p. 303.
[30] Dolores THION SORIANO-MOLLÁ, *op. cit.*

À l'intérieur du document

3. Pour ce qui est des fautes d'orthographe, nous respecterons le texte original même s'il ne respecte pas les normes en vigueur.
4. *Biffage* : nous utiliserons cette désignation pour indiquer que quelque chose est biffé dans le manuscrit.
5. *Double biffage* : nous utiliserons cette dernière dans les cas où apparaîtra un mot ou un groupe de mots déjà biffé(s) dans le texte éliminé postérieurement dans le manuscrit.
6. *Caractère gras* : un ou plusieurs mots apparaîtront en gras lorsqu'il(s) va (vont) remplacer un, des, autre(s) qui apparaît (apparaissent) biffé(s) dans le texte. Ils apparaissent sur la ligne biffée. Nous laisserons dans le corps du texte, en gras, le (les) mot(s) qui n'a (n'ont) pas été éliminé(s). Ceux qui ont été éliminés apparaîtront en une note de bas de page, précédés du terme « biffé(s) » et en italiques. Apparaîtront les mots biffés en gras sur la ligne supérieure à la ligne principale dans le corps du texte.
7. *Modification* : si un mot a été partiellement réécrit, on l'indiquera en une note de bas de page.
9. *Ajout* : si l'auteur a ajouté, en une révision postérieure, quelque mot ou un signe de ponctuation.
10. Lorsque l'on trouvera deux biffages ou plus, l'un au-dessus de l'autre, nous laisserons le terme qui n'est pas biffé dans le corps du texte et en note de bas de page apparaîtront les mots qui ont été biffés. Nous le ferons en tentant de respecter l'ordre dans lequel ont eu lieu les divers changements.
11. (*) : pour signaler un appel de note indiqué par l'auteur lui-même.
12. // : Pour reproduire les annotations qui commencent en une page précise, mais qui continuent en un autre endroit, que ce soit au dos de celle-ci ou sur une autre et qui, dans la majorité des cas, apparaissent signalées avec une flèche ou un autre symbole. Dans pareil cas, nous reproduirons le texte uni parce que nous croyons que, de cette façon, on en facilitera la lecture et sa compréhension. En outre, nous utiliserons la barre double pour signaler le fragment qui apparaît déplacé. Finalement, nous indiquerons en une note de bas de page où il se situait originellement.

Inquiétudes militaires à « l'âge d'or » de la littérature saharienne : *L'Escadron blanc* de Joseph Peyré et *Le Camp Domineau* de Pierre Mac Orlan

ADRIEN BODIOT
(Université Bordeaux Montaigne)

La fin de la Première Guerre mondiale est à l'origine d'un sentiment d'inquiétude sans précédent en Europe. Le monde a montré l'étendue de sa noirceur et le paysage politique européen s'en est vu irrémédiablement bouleversé. Les arts et la littérature en particulier ont tenté de répondre à cette inquiétude : le roman saharien y a contribué. Pour Jean-Robert Henry, l'entre-deux-guerres a même constitué « l'âge d'or »[1] du roman saharien, et ce, dès 1919 avec la sortie de *L'Atlantide* de Pierre Benoit. La littérature saharienne d'entre-deux-guerres prend alors deux chemins différents : le premier correspond à l'aventure de l'aéropostale, à *Courrier Sud* et au *Petit Prince* de Saint-Exupéry et à *Vent de sable* de Kessel ; et le second prend racine dans un système de représentation déjà en germe chez Balzac, Daumas et Psichari, celui de l'itinéraire de soldats dans le désert. Pierre Benoit avec son *Atlantide* est suivi par Joseph Peyré qui publie en 1931 *L'Escadron blanc*[2] et qui le complétera par deux autres romans formant une trilogie : *Le chef à l'étoile d'argent* en 1933 et *Sous l'étendard vert* en 1934. Notre travail propose de revenir sur un des titres retenus par Jean-Robert Henry, *L'Escadron blanc* de Joseph Peyré et de le mettre en regard avec *Le Camp Domineau*[3] de Pierre Mac Orlan. *Le Camp Domineau* est rarement cité lorsqu'il s'agit d'évoquer la littérature saharienne et il est plutôt classé dans la littérature d'espionnage. Pourtant, tout y est : la vie dans le fort militaire, les sorties dans le désert, l'ambiance coloniale du temps. Histoire d'un groupe d'escrocs prêts à tout pour gagner quelque argent, *Le Camp Domineau* suit en particulier François Mutche et son parcours, *incognito*, dans une caserne saharienne. L'œuvre de Mac Orlan est tournée vers

[1] Jean-Robert HENRY, « L'aventure saharienne ou la geste méhariste », Catalogue de l'exposition *L'Algérie à l'ombre des armes* (1830-1962), Paris, Casterman, Univers d'auteur, 2012, p. 107.
[2] Joseph PEYRÉ, *L'Escadron blanc*, Paris, Grasset, Les Cahiers rouges, 2002.
[3] Pierre MAC ORLAN, *Le Camp Domineau*, Paris, Gallimard, Folio, 1993.

l'inquiétude d'une guerre à venir et c'est en ce sens que nous voulions l'intégrer à notre corpus : faire dialoguer Peyré avec *Le Camp* nous semble un bon moyen de faire surgir l'inquiétude inhérente à l'écriture peyrésienne.

Jean-Robert Henry considère que le roman saharien d'entre-deux-guerres, en mettant en scène une vie militaire riche aux prises avec les aléas d'une géographie funeste, a permis de voir « une réponse symbolique – pas autrement dicible – au traumatisme laissé dans l'imaginaire français par les horreurs de la Grande Guerre, quintessence en négatif de la civilisation moderne »[4]. Notre travail entend questionner les propos d'Henry en soumettant l'idée que le roman saharien n'est pas tant le pansement à la Première Guerre mondiale que le témoin de l'inquiétude d'un temps où le conflit se dessine de l'arrière tout en se profilant terriblement vers l'avant, vers un avenir déjà jugé comme mortifère. Nous nous demanderons ainsi en quoi le roman saharien fait état d'une guerre entre-deux-guerres, d'un conflit du soldat avec lui-même et avec les avatars d'un désert infernal, funeste, miroir des atrocités d'une guerre se finissant et d'une guerre à venir.

Nous verrons que l'inquiétude prend place dans une filiation profondément macorlanienne dans la mesure où les mondes décrits dans les œuvres sont autant d'illustrations du « fantastique social » de l'auteur et que la structure même des romans se fait le témoin d'une guerre en approche.

Le temps de l'inquiétude : le désert et la folie de la guerre

Le chaos de la Première Guerre mondiale ne s'est pas résolu à l'armistice. Les cicatrices vives et nombreuses brûlent encore les individus à l'approche des années 1930. Les écrivains prennent position et c'est une véritable crise de civilisation qui traverse l'Europe. Pour Éliane Tonnet-Lacroix, « plus encore que le sentiment d'un déclin national lié à la faillite des valeurs bourgeoises, c'est celui d'une crise profonde de la civilisation occidentale qui tourmente bien des esprits au cours de l'entre-deux-guerres »[5]. Paul Valéry écrit notamment *La crise de l'esprit* en 1919, réflexion terrible sur la fin de la civilisation en Europe. La place de la littérature coloniale dans cette crise de civilisation est importante. À ce propos, Tonnet-Lacroix écrit : « L'entre-deux-guerres est donc une sorte d'âge d'or pour la littérature exotique tout en enregistrant la fin du "mirage exotique" »[6]. Les romans militaires sahariens n'échappent pas à la règle et sont autant de relais de l'inquiétude du temps et de la fragilité du monde colonial et de sa violence. Sous couvert d'une image éminemment colonialiste, le roman saharien témoigne des fissures du vieux monde. Mac Orlan est passé maître de

[4] Jean-Robert HENRY, *op. cit.*, p. 117.
[5] Éliane TONNET-LACROIX, *La littérature française de l'entre-deux-guerres (1919-1939)*, Paris, Armand Colin, 2005, p. 75.
[6] *Ibid.*, p. 144.

l'inquiétude et nous verrons que le roman militaire saharien correspond dans une certaine mesure aux grands enjeux des romans du « fantastique social ».

La grille macorlanienne : « le fantastique social » et la Première Guerre mondiale

Pierre Mac Orlan est un écrivain inquiet, et ce n'est pas l'importante littérature critique à ce sujet qui dira le contraire[7]. Sa notion phare, le « fantastique social » est une reprise de « l'inquiétante étrangeté » freudienne. Clément Chéroux résume remarquablement bien le propos de Mac Orlan :

> Le fantastique social apparaît donc comme ce sentiment latent d'inquiétude qui corrompt sournoisement l'atmosphère de toute l'Europe de l'entre-deux-guerres. [...] Ce sentiment est largement alimenté par l'intuition que les tensions qui avaient conduit aux massacres de la Première Guerre mondiale ne sont pas apaisées et que les conditions d'une autre catastrophe sont à nouveau réunies[8].

La pensée de Mac Orlan est un miroir tragique de l'après-Première Guerre mondiale. Ce que l'on nomme aujourd'hui « l'entre-deux-guerres », l'auteur l'a modelé tout au long de son œuvre de fiction : ses personnages et l'ambiance des villes qu'il dépeint projettent sur le papier les ombres d'une guerre finissant, des crises économiques brutales comme celle de 1929 et des conflits à venir. En somme, Mac Orlan dessine le cheminement obscur d'un monde courant à sa perte.

Le personnel des romans de Mac Orlan témoigne des ravages de l'industrialisation rapide et du traumatisme de la guerre. Marins véreux, prostitués des bas-fonds des villes, petits escrocs, légionnaires fantômes : tous ont pour point commun d'être des rebuts de la société, d'avoir été ceux laissés de côté, dommages collatéraux d'un monde en perpétuelle déréliction. L'espace urbain, par ses développements tentaculaires, ses lieux glauques et sombres, est par excellence le milieu du fantastique social. Dans un article consacré aux liens entre la photographie et le fantastique social, Mac Orlan écrit :

> On peut dire que les fantômes qui habitent l'ombre de notre temps sont les déchets de l'activité humaine. On ne rencontre des apparences, pour la plupart dangereuses, que dans les endroits où l'homme a pour habitude de se débarrasser des éléments indésirables qui peuvent nuire à son existence[9].

Mac Orlan rédige ses textes dans « l'ombre » de son temps, dans « l'ombre de la guerre »[10] et dépeint des univers où les individus, ces

---

[7] Roger W. BAINES, *Inquietude in the work of Pierre Mac Orlan*, Amsterdam, Rodopi, 2000.

[8] Clément CHEROUX, « Pourtant Mac Orlan, La photographie et le fantastique social », Pierre MAC ORLAN, *Écrits sur la photographie*, Paris, Éditions Textuel, 2011, p. 18.

[9] Écrits sur la photographie, *op. cit.*, p. 59-63.

[10] Philippe BLONDEAU, « Dans l'ombre de la guerre », *Roman* 20-50, 2009/1, (n° 47).

« fantômes », ces êtres allégorisant l'inquiétude du temps, hantent littéralement la page et deviennent des parasites, des anti-héros à la hauteur du sentiment de la crise de civilisation qui traverse l'Europe. Le soldat est par excellence le personnage du « fantastique social » dans la mesure où il est un ressort de l'impuissance humaine face à la barbarie de la guerre. Dans *Le Quai des brumes*, Mac Orlan résume assez bien cette pensée militaire : « nous ne sommes que des fantômes vêtus d'un équipement et de deux ou trois détails de laine et de couleurs qui constituent notre esprit de corps »[11]. Le soldat est un des fantômes du temps et ne se distingue du reste du monde qu'à travers son habillement, son costume, qui n'est en réalité qu'une façade de comédien. L'environnement anxiogène du désert, s'il ne correspond pas aux standards citadins du « fantastique social », reste un espace où l'on peut devenir un fantôme.

Dans *Le Camp Domineau*, Mutche, le personnage principal, déserte la caserne après avoir échoué dans son entreprise crapuleuse : « À l'heure qu'il est, François doit être porté déserteur aux burlingues », précise le caporal-chef Poitrou (p. 175). Le personnage, par peur d'être pris dans l'exécution de ses larcins, s'est échappé dans le désert. Devenir déserteur dans le désert… Quelle drôle de proximité phonétique ! Cette ressemblance se trouve également dans leur étymologie. « Déserter » vient en effet de *desertus*, participe passé de *deserere* signifiant en latin médiéval « abandonner (un pays) ; rendre inculte, dévaster » tandis que « désert » est issu du latin classique *desertus* signifiant « désert, inculte ». Outre leur étymologie, les termes ont en commun l'idée de la proximité avec la terre : déserter correspond à fuir une terre, à la rendre impropre à l'exploitation, précisément parce que l'on n'y est plus. Étymologiquement, le désert est une terre inculte, où il est extrêmement délicat de pouvoir cultiver quoi que ce soit. Quand un soldat devient déserteur dans le désert, il prend de nouvelles caractéristiques, inhérentes à l'espace dans lequel il évolue dorénavant et devient cet espace. Mutche, en devenant déserteur, c'est-à-dire en mettant à distance le groupe dans lequel il évoluait, prend les caractéristiques du désert : il se vide de sa substance d'individu et de soldat, pour correspondre au lieu géographique qui l'entoure. Après la tuerie perpétrée à cause des informations données par les espions, le personnage assassine le capitaine Firrenzi dans une sorte de baroud personnel. Il est alors condamné à être fusillé par un commandant dont on ne connaît pas le nom. Ce dernier, après avoir mis en exécution la sentence, écrit quelques mots près du cadavre : « M.16 ESPION ET DÉSERTEUR » (p. 229). Le personnage n'est plus désigné par son nom, mais par son matricule d'espion et par son nouveau statut de personnage-désert, « déserteur ». En se fondant dans le désert, Mutche devient en quelque sorte un fantôme sans nom, le double fantasmatique du Sahara qui l'a englouti : il perd tous ses attributs honorifiques et est condamné à être oublié.

[11] Pierre MAC ORLAN, *Le Quai des brumes*, Paris, Gallimard, Folio, 1972, p. 48.

Comme les romans de Mac Orlan, Peyré met aussi en scène des fantômes. Dans *L'Escadron blanc*, le dur itinéraire dans le désert a laissé des stigmates et les soldats prennent des allures fantasmatiques :

> Les Chaamba survivants, l'un après l'autre, se dressaient au passage du chef : visages décharnés, déchaussés jusqu'à l'os, yeux rougis par la conjonctivite, bleuis, creusés de fièvre par le kohl. Leurs sourcils et leurs barbes étaient chargés de sable roux. De leurs épaules pendaient des gandouras déchirées qu'il n'avait eu ni le temps ni le courage de recoudre. (p. 153)

Pour reprendre le mot de l'auteur du *Quai des brumes*, les Chaamba sont décrits comme de véritables « déchets de l'activité humaine », et ce qui faisait d'eux des soldats, leurs habits, sont « déchirés ». Les Chaamba sont donc devenus symboliquement des « fantômes » (EB, p. 153) et renvoient une image d'individus inquiétants, de morts-vivants en proie aux pires douleurs physiques et psychologiques. Sont-ils des avatars du conflit passé ? Ce qui est certain, c'est que le roman militaire saharien tisse des liens importants avec la guerre.

La description des combats est un puissant rappel de la Première Guerre mondiale. À la fin du *Chef à l'étoile d'argent*, Peyré fait le rapprochement entre la lutte dans les sables du Sahara, et la guerre approchant, l'épilogue est tout entier dédié à la nouvelle condition de Le Brazidec :

> La pluie recommençait, et la ferme n'ouvrait pas encore ses granges de paille chaude. Dans la stupeur des attentes interminables où, peu à peu, il avait senti fondre, inutilisé, tout ce qui avait fait de lui un chef, Le Brazidec resta adossé à la boue. La même boue qui avait enseveli le capitaine Charlet, avec qui il avait combattu à Grizim, dans le vent jaune de l'Erg Chèche, le maréchal des logis Bagnères, à qui il avait fait ses derniers adieux sur le terre-plein de Fort Polignac, devant le cimetière, le lieutenant Gardel, le héros de bataille d'Esseyen, dont les feux follets ressuscitaient les morts sur la piste de R'rat[12].

Dans l'extrait du second roman saharien de Peyré, la boue est ramenée au sable, aux combats des soldats dans le désert. L'analogie entre les batailles n'est que le symbole de la réécriture incessante de l'histoire et le témoignage anxieux du basculement d'une époque.

Lire les romans de Peyré au prisme d'une analyse macorlanienne revient ainsi à mettre en relief les fantômes de l'entre-deux-guerres qui luttent dans des conflits qui les dépassent. Précisément, l'architecture de nos romans métaphorise l'idée même d'entre-deux-guerres : le conflit se dessine de l'arrière et se projette vers l'avant.

---

[12] Joseph PEYRÉ, *Le chef à l'étoile d'argent*, Grasset, 1951, p. 182.

Dispositif militaire et dispositif narratif ou quand le texte s'en-va-t'en guerre

Deux dispositifs entrent en concurrence dans le roman militaire saharien : le dispositif narratif et le dispositif militaire, qui correspond selon Bernard Vouilloux à « un ensemble de moyens en hommes et en matériels disposés en fonction d'un objectif à atteindre »[13]. Vouilloux insiste sur le dispositif militaire, précisément parce qu'il répond selon lui à « un paradigme temporel » éminemment lié à l'étymologie même du terme dispositif. Le « dispositif militaire » est lié à une fin, et c'est en tant que tel qu'il participe à l'apport d'une dimension temporelle. Le militaire devient le relais du schéma narratif dans des romans qui se portent irrésistiblement en direction du conflit final. Vouilloux insiste alors sur l'importance de la notion de « stratégie » et sur son « impact »[14] sur la pensée des dispositifs dont se sont nourris abondamment un Foucault ou un Lyotard. Nos romans lient à la fois ce qui relève de la philosophie militaire et ce qui a trait à une narration portée par le dispositif militaire. Le roman militaire saharien est ainsi un texte qui s'en-va-t-en guerre dans la mesure où les romans débouchent tous sur une guerre ou un conflit. La stratégie inhérente au dispositif militaire entre en contact avec la narration qui devient alors un dispositif narratif militaire.

Dans *De Cape et d'Épée*, Peyré revient sur le parcours des *matadors* qui ponctuent son œuvre et dresse le parcours du toréador selon trois « cercles »[15] qui correspondent manifestement aux cercles de l'Enfer de Dante[16] : le cercle où le toréador est chez lui, le cercle où il se trouve dans le tunnel de l'arène et enfin le moment du combat lui-même. Selon nous, ce qui vaut pour les récits tauromachiques, convient également à *L'Escadron blanc* qui répond exactement au schéma narratif du toréador. En effet, « trois cercles » narratifs ponctuent le roman : l'incipit se situant dans le bordj et qui correspond à la maison du torero, le voyage à la rencontre du rezzou, tunnel avant l'arène, et la bataille dans les dunes, autre forme de lutte contre le taureau. Le récit s'enfonce donc peu à peu vers l'enfer dantesque et l'arène, le « rond de sable infernal » qu'évoquait Manso est, dans le cas du Sahara, démultiplié. C'est à se demander si l'écriture chez Peyré n'est pas qu'une affaire de sable. En parallèle de ce dispositif narratif, Peyré met en place un dispositif militaire qui repose sur un système de « traditions endogènes »[17] et qui souligne l'importance d'une « fraternité virile ». Le

[13] Bernard VOUILLOUX, « La critique des dispositifs », *Critique*, vol. 718, n° 3, 2007, p. 152-168.
[14] *Ibid.*
[15] Joseph PEYRÉ, *De Cape et d'Épée*, Paris, Grasset, 1967, p. 255.
[16] Nous nous inspirons librement ici des propos de Christian MANSO lors d'une conférence à Aire-sur-l'Adour du 9 avril 2018 intitulée « Le rond de sable fatal ».
[17] François COCHET, *Être soldat, De la Révolution à nos jours*, Paris, Armand Colin, 2013, p. 163.

vocabulaire de François Cochet se retrouve de manière assez évidente dans le roman : « L'officier eut une pensée plus émue pour son camarade de combat. Maintenant, ce serait Kermeur, un étranger, qui marcherait à ses côtés. » (EB, p. 17). Les personnages tissent des liens entre eux selon des modalités liées à une expérience du geste militaire, à une *praxis* saharienne qui se crée non pas par l'appartenance à une classe militaire issue des grandes écoles, mais par une expérience du désert. Devenir un soldat saharien suppose de se soumettre à un certain nombre de rites symboliques qui fondent un vivre-ensemble particulier et qui est la condition *sine qua non* de subsistance dans le désert. L'intrication de ces deux dispositifs dans l'écriture de Peyré est la marque d'un rapport inquiet à l'entre-deux-guerres. *L'Escadron blanc* est le roman d'une guerre à l'autre : le conflit précédent, celui d'avant le livre s'était soldé par la mort du camarade de Marçay, Bettini. S'agit-il de l'allégorie d'une Première Guerre mondiale finissant ? Si l'on se réfère au *Chef à l'étoile d'argent*, le conflit qui conclut le texte reproduit la guerre de tranchées et condamne le lecteur à la reproduction de ce qui était déjà advenu.

Le roman de Mac Orlan fonctionne de la même manière. Les personnages craignent tout au long du texte un conflit à venir : Bause « [sent] la guerre » (p. 55). Ce conflit sera matérialisé par la tuerie finale qu'observe Mutche à l'aide de ses jumelles. Ce que les personnages redoutent, c'est au fond l'explicit, la fin d'un roman placé sous le sceau de l'inquiétude et de l'enfer. Le combat saharien est ainsi une fuite narrative vers l'avant, vers un drame déjà écrit d'avance, dans un dispositif narratif porté irrémédiablement vers le conflit. Craindre la fin du roman signifie redouter la fin du texte, la fin de l'espace littéraire, la fin de la fiction, seule échappatoire possible aux affres de la réalité. Le dispositif militaire chez Mac Orlan ne répond pas, en revanche, aux mêmes modalités que celui de Peyré. La cohésion des personnages que l'on retrouve dans *L'Escadron blanc* est subvertie par l'apparition d'un élément perturbateur, l'espion, qui est à l'origine de la fin du roman : « vous êtes un espion et c'est grâce à vos renseignements qu'ils sont tombés dans cette embuscade. » (p. 227). En somme, la fin du roman ne suit pas tant la stratégie du dispositif militaire mais plutôt, malgré lui, celle de l'espion, du grain de sable dans la mécanique a priori huilée du monde colonial. La guerre n'est pas la finalité recherchée par les dispositifs, elle en est plutôt la conséquence narrative logique.

L'inquiétude est ainsi sans cesse projetée vers l'avant dans les textes. Au sein même du conflit, on retrouve des dispositifs réfléchissant à l'acte guerrier. C'est notamment le cas du roman de Peyré. Dans *L'Escadron blanc*, on suit le combat final de l'intérieur, tout en suivant le rythme du *kosmos*, matérialisé par la Croix du Sud, la célèbre constellation de l'hémisphère Sud. La bataille contre le rezzou s'ouvre en effet sur : « La Croix du Sud était basse sur l'horizon » (p. 158), et se conclut à la fin du roman par : « La Croix du Sud montait à l'horizon » (p. 173). Le combat est ainsi nettement parcellisé et suit le cours d'une seule journée. Unité de temps, de lieu et d'action, la fin du roman répond aux critères du théâtre du XVIIe siècle. Le découpage narratif suggère ainsi que le texte nous fait entrer dans un nouvel échelon de fiction cristallisé par les étoiles, qui correspondrait à une scène de théâtre. La référence à la Croix du Sud au Sahara va peut-être plus loin qu'un simple bornage narratif. Au Sahara, la Croix du Sud est généralement associée à la Croix d'Agadez et à une vieille légende populaire touarègue. Selon la légende, un jeune homme, voulant déclarer son amour sans éveiller les soupçons, demanda au forgeron du village de fabriquer un bijou qui, par sa forme, formerait le mot « amour » en tamasheq. De manière générale, la Croix d'Agadez est un bijou qui peut être porté de deux façons : pointe vers le bas au niveau du cou et, renversé, pointe vers le haut sur le front. En 1930, on a déjà commencé à s'intéresser à ce bijou : « F. Rodd semble être le premier à avoir décrit, en 1926, la "croix d'Agadez" et, après lui, divers autres auteurs ont consacré aux tanaγilt et aux talhakim de nombreux articles. »[18] Peyré connaissait sûrement l'existence de cette légende et de ces bijoux dans la mesure où l'écriture de *L'escadron* s'est faite à partir des témoignages de son frère, et d'importantes recherches bibliographiques menées en amont. Il nous semble que cette analogie entre la constellation et le bijou est fondamentale pour saisir l'intuition peyrésienne et tout le drame voilé qui fait le sel de son écriture. En effet, le mouvement de la constellation du bas vers le haut est aussi le mouvement du bijou, qui se meut du cou vers le front, c'est-à-dire vers ce qui s'apparenterait à la raison. Ce parcours vers le haut suggère une prise en considération de ce qu'est la guerre, et de ce qui fait sa tragédie. Rappelons-nous le début du roman, où l'enthousiasme des préparatifs du combat était de mise, et prenons maintenant les mots finaux d'un vieux Saharien : « *Sihira bouch* [...] "Le désert et sa fatigue pour rien...". » (p. 171) Cette expression est utilisée deux autres fois (p. 172-173), et indique la tragédie et la vacuité de l'existence saharienne. Le contre-rezzou se solde par une victoire entachée de détresse : « Le rezzou était défait. Mais le front de l'Azraf pesait sur le sable. [...] Pour Kermeur, mieux valait qu'il ne vît pas cette victoire. Son espoir de soldat aurait été déçu. Il ne savait pas l'exigence du désert, sa route aride, sa misère et l'âpre mesure de ses joies. » (p. 173). L'explicit de *L'Escadron blanc* est tout sauf une exaltation de la guerre, elle est un éloge des soldats envoyés dans ces contrées difficiles, sans véritable prise sur le réel, et qui ne se rendent compte de leur condition terrible qu'après avoir enduré les pires épreuves.

Conclusion

L'inquiétude, maître-mot de romans funestes construits vers d'inévitables conflits, est envisagée dans sa noirceur, dans la succession d'événements

---

[18] V. BELTRAMI, « Croix d'Agadez », *Encyclopédie berbère*, 14 Conseil – Danse, Aix-en-Provence, Edisud, 1994, p. 2130.

tragiques et dans d'étranges personnages nés de cette époque troublée. Le roman militaire saharien ne panse pas nécessairement la Guerre, il la projette, l'amplifie, lui donne un nouveau corps, sans cesse mis à distance dans un paysage qui n'est pas celui des récits et témoignages de la Guerre, mais qui permet la réécriture de l'inévitable, d'un monde au bord du gouffre qui s'entrevoit dans un climat de « fantastique social » et d'une écriture qui condamne le texte, les personnages et le lecteur à la terreur du conflit.

Le rond de sable fatal

CHRISTIAN MANSO
(Université de Pau et des Pays de l'Adour)

En 1938 Joseph Peyré publie *De Cape et d'Épée*[1], ouvrage dont le contexte revêt un intérêt capital. En effet, dans l'*Avertissement* qu'il destine à son lecteur, l'écrivain a soin d'insister sur ce qu'à ses yeux il considère comme essentiel à pareille époque, à savoir la temporalité, telle que la théorisera Jean-Paul Sartre quelques années plus tard dans *L'être et le néant*[2]. Dès les toutes premières lignes, il stipule : « Ces récits ne sont pas du temps d'aujourd'hui, mais d'avant juillet 1936, du temps de ma vie d'Espagne »[3]. Et dans l'*Épilogue*, craignant, sans doute, de n'avoir pas été assez explicite, il ressent le besoin de parachever sa phrase aperturale : « Un temps, précise-t-il, qui n'est plus » (247). Ce temps, dont il est évident qu'il regrette profondément la disparition, correspond précisément à une période de sa vie de journaliste et d'écrivain où l'Espagne a joué un rôle primordial dans lequel entraient, sans départ possible et pleinement de concert, deux composantes relevant, d'une part, du champ sociopolitique et d'autre part, du domaine littéraire.

On l'aura compris, ce temps, dont il déplore l'anéantissement, c'est celui de la IIe République espagnole, sortie des urnes le 14 avril 1931, et du Front populaire arrivé au pouvoir le 16 février 1936, c'est-à-dire un temps marqué par des événements – et des avènements – on ne peut plus cruciaux de cette première moitié du XXe siècle, dont il observe d'un regard plein de sollicitude les répercussions directes et indirectes sur la vie des Espagnols qu'il a pour habitude de côtoyer au quotidien entre 1933 et 1936, en deux lieux stratégiques : Madrid et Séville. Une époque révolutionnaire qu'il a éminemment prisée en raison de ce qui, à son avis, en faisait toute la distinction : l'humanisme qu'elle professait et essaimait à profusion, la préoccupation sociale qu'elle manifestait à l'égard des humbles, à l'endroit

[1] Joseph PEYRÉ, *De Cape et d'Épée*, Paris, Éditions Bernard Grasset, 1938.

[2] Jean-Paul SARTRE, « La temporalité », *L'être et le néant, Essai d'ontologie phénoménologique*, Paris, Gallimard. 2006, p. 142-206.

[3] Joseph PEYRÉ, *op. cit.*, p. 9. Dorénavant le numéro des pages de cet ouvrage apparaîtra entre parenthèses dans le corps de l'étude.

du peuple, l'accent qu'elle portait sur l'éradication de l'analphabétisme et de l'injustice.

Dans l'article Ier de la nouvelle Constitution de décembre 1931, n'était-il pas écrit que « España es una República democrática de trabajadores de toda clase, que se organizan en régimen de Libertad y de Justicia : L'Espagne est une République démocratique de travailleurs de toute classe, qui s'organisent en régime de Liberté et de Justice » ? Semblable engagement chez Joseph Peyré a-t-il de quoi surprendre ? En aucune façon.

Né en 1892 à Aydie, aux confins septentrionaux des Basses Pyrénées, Joseph Peyré avait reçu en héritage de ses parents instituteurs de l'école communale de ce petit village les grands idéaux prônés par la IIIe République française, qui, assurément, transparaissaient dans les fondements mêmes de la IIe République espagnole. Aussi, dans de telles conditions, est-il loisible d'imaginer ce qu'a pu ressentir l'écrivain en juillet 1936 lorsque la République espagnole fut la proie des fulminants assauts des généraux séditieux, qu'ils provinssent du Maroc, des Baléares, ou qu'ils survinssent au sein même de l'Institution militaire péninsulaire.

La commotion des 17 et 18 juillet 1936 endeuilla à jamais l'esprit de l'écrivain qui, tout d'abord, put constater que le gouvernement, placé sous l'autorité du Président Manuel Azaña, tenta de rétablir l'ordre tout en cherchant à amener les insurgés à la raison, mais que, devant leur obstination enragée, il se vit dans l'impérieuse obligation de fournir des armes aux ouvriers pour riposter, l'armée en sa majorité ayant rejoint la dissidence. Une dissidence, faut-il le préciser, qui, en ce mois de juillet 1936, allait recevoir les appuis conjoints de l'Italie et de l'Allemagne. Ce qui provoqua chez l'écrivain une profonde déchirure affective indélébile et irréversible, qu'il laisse transparaître en énonçant le brutal cataclysme temporel qu'a signifié pour lui cette ignominie sans pareille perpétrée contre la souveraineté de ce peuple espagnol, contre le garant suprême de cette Constitution de 1931. Un peuple attachant, remarquable, que Joseph Peyré avait déjà mis en scène par deux fois dans des ouvrages fort singuliers que la critique avait salués de vibrants éloges. En premier lieu, *Sang et Lumières* (1935) grâce auquel il remporta le prix Goncourt.

Roman des plus atypique, à vrai dire, dans le panorama des Lettres françaises, couronné par cette Institution qui chaque année tient en haleine le monde entier, *Sang et Lumières* a cette particularité d'être bien souvent classé dans un genre romanesque non académiquement répertorié en France : le roman tauromachique.

Ce ne fut, cependant, pas cet aspect qui amena le jury à le monter au pinacle. Certes, dans un portrait saisissant d'authenticité, plutôt empreint de noirceur que de luminosité, Joseph Peyré avait su relever les traits originaux de ce monde à part de la tauromachie – le « mundillo » – dans une Espagne contemporaine que secouaient des convulsions sociopolitiques annonciatrices de la guerre fratricide. Toutefois, ce qui a fait le succès de ce livre, ce fut, à n'en pas douter, la méticuleuse approche psychologique de

Ricardo García, le matador, dont le destin tragique s'égrène au gré de ses fluctuations existentielles couvrant la quasi-totalité des pages de l'ouvrage. Engagé, finalement, avec détermination et bravoure, dans ce combat avec la mort fourbe et insidieuse, des secrets abîmes de sa conscience, il pressent qu'il ne pourra en réchapper. Joseph Peyré renouait, ce faisant, avec cette dimension tragique qui est le lot de l'humanité, et ce, dans une spectaculaire mise en scène. Puis en 1936 paraissait *L'Homme de choc*, roman qui retraçait un épisode sanglant survenu en octobre 1934 dans les Asturies.

Face à la droitisation du gouvernement de Alejandro Lerroux, dirigeant du Partido Radical Republicano, les forces de gauche exhortèrent le peuple à la révolution. C'est ainsi que le 6 octobre 1934 se soulevèrent les mineurs des Asturies ; ils s'emparèrent de la capitale, Oviedo et fondèrent la República de Obreros y Campesinos de Asturies / République des Ouvriers et des Paysans des Asturies. Le gouvernement central envoya, alors, un détachement militaire composé de légionnaires et de supplétifs marocains pour y rétablir l'ordre. Les affrontements qui durèrent jusqu'au 19 octobre furent des plus virulents, faisant de très nombreuses victimes de part et d'autre. La répression qui s'ensuivit fut implacable et effroyable.

Là encore, Joseph Peyré va recréer, à l'aide d'une série d'estampes des plus véristes, le fil des événements, tels que l'attaque de la caserne de la garde civile, le siège de la cathédrale d'Oviedo, où se détache son « homme de choc », un protagoniste d'extraction populaire. Il le désigne, toutefois, par son surnom, lequel précédé de l'article défini, en fait déjà une figure, presque un héros en semblables circonstances et milieu : El Morenú.

Syndicaliste respecté et estimé de ses camarades de travail, il est abreuvé des grands principes du matérialisme historique, lesquels au cours des divers heurts vont être mis à rude épreuve par ceux-là mêmes qui devraient en être les dignes et probes représentants. Ce qui n'est pas sans ébranler les convictions de ce syndicaliste chevronné qu'il y a lieu de considérer comme, l'incarnation de cet humanisme que Joseph Peyré souhaiterait voir triompher de tous les excès, fussent-ils révolutionnaires.

Le titre de l'ouvrage, *De Cape et d'Épée*, a de quoi déconcerter le lecteur, voire le leurrer bel et bien. Que ce soit le public espagnol ou le public français, chacun y croit percevoir une référence familière, des plus ancrée en sa culture propre.

Pour le public espagnol, il devrait s'agir d'un rappel à la « comedia de capa y espada » / « comédie de cape et d'épée », florissante au XVIIe siècle, qui met en scène les amours illicites, tumultueuses et contrariées, de deux amants appartenant à la noblesse, où la cape et l'épée sont de mise pour le protagoniste masculin, l'une pour cacher son visage et l'autre pour faire face aux poursuites des gardiens de l'honneur, de l'ordre social et de la morale. Les grands dramaturges de l'époque y ont excellé, tels Tirso de Molina avec *Don Gil de las calzas verdes* (1615) / *Don Gil aux chausses vertes*, ou encore Calderón de la Barca avec *La dama duende* (1629) / *La dame fantôme*.

Pour ce qui est du public français, ce titre ne peut renvoyer qu'à ce genre populaire à fresque historique né au XIXe siècle, faisant état d'aventures ébouriffantes, d'intrigues, de rebondissements stupéfiants, où l'amour le dispute à l'honneur, vécues par de fiers bretteurs ou autres « cadets de Gascogne », comme dirait Edmond Rostand[4]. Alexandre Dumas en a été le précurseur avec *Les Trois Mousquetaires* (1844) et Paul Féval s'est taillé une admirable réputation avec *Le Bossu* (1857).

Un constat s'impose immédiatement : Joseph Peyré ne souhaite pas entrer dans de tels moules, qui par un subtil jeu polysémique – des plus fondés – ouvrent à l'expression largement lexicalisée une voie nouvelle, laquelle se singularise tout autant par son exactitude que par son ingénieuse trouvaille.

Aussi une question surgit à l'esprit de son lecteur : n'a-t-il point voulu faire usage de la technique du « trompe-l'œil » en attirant, tout d'abord, par cet artifice si particulier son lecteur dans l'illusion, dans le leurre, l'attente de ce dernier ne correspondant, décidément pas a priori, à ce qui lui est proposé ? Cependant, à y bien réfléchir, ce modus operandi ne se peut-il pas considérer comme un dispositif à double détente, à double fond ? L'intention de Joseph Peyré n'est-elle pas, dès l'abord de son livre, de faire prendre conscience à son lecteur que ce nouvel univers où il veut l'entraîner repose sur une illusion – autre –, sur un leurre – différent dont il lui fournit d'emblée et les emblèmes et les instruments, la cape et l'épée ? Mais cette fois-ci il s'agit d'une illusion, d'un leurre aux enjeux capitaux : ne sont-ce pas ceux qui lors d'un affrontement suprême mobilisent deux pulsions contradictoires à l'issue toujours aléatoire ? C'est Éros qui s'ingénie à circonvenir, entortiller, Thanatos. Et chez Joseph Peyré, l'arène, la corrida sont indéfectiblement liées à la Mort.

De Cape et d'Épée se compose de huit récits de longueur inégale, variant de 109 pages pour le plus long à 7 pages pour les deux les plus courts, lesquels sont entourés d'un paratexte – un *Avertissement* et un *Épilogue* –, qui, lui aussi, se distingue par un déséquilibre notoire, l'*Avertissement* comptant une page et demie, tandis que l'*Épilogue* en contient 26. Il va de soi que de tels paramètres ne peuvent passer inaperçus, qui sont susceptibles de laisser percer l'orientation qu'a voulu apporter l'écrivain à son œuvre.

Dans l'*Avertissement*, Joseph Peyré s'appesantit sur son récit le plus long, *Dimanche, six Pablo Romero*, qu'il prend, en quelque sorte, comme indicateur primordial de l'aune sous laquelle il est déterminé à porter son regard sur le monde de la corrida. Certes, il affirme que ce texte « ouvre le côté soleil du monde de l'arène, dont *Sang et Lumières* fut le volet d'ombre, le tableau du vent et d'hiver » (9), un « côté soleil » qui, a priori, pourrait déjà entrouvrir quelques perspectives sur la corrida, qu'intégreraient la liesse, le panache, la gloire, soit son côté solaire. De telles présuppositions sont, cependant, démenties presque immédiatement par l'écrivain pour

[4] Edmond ROSTAND, « *Cyrano de Bergerac* », Acte II, sc. 7, Théâtre, Paris, Omnibus, 2006, p. 74.

lequel ce « côté » ne s'explique que par le fait qu'il se propose de raconter l'histoire de « la tournée d'été d'une cuadrilla » (9). De cette dernière il n'a retenu que « sa folie, sa misère, son innocence, sa manière de vertige » (9) qui émaillent ses vagabondages constitutifs, tout compte fait, d'une « aventure » (9) sur laquelle pèsent lourdement « la fatigue de la route » (9) tout autant que les « vicissitudes de huit compagnons de galère » (9). Quant aux corridas qu'ils ont disputées, Joseph Peyré a pris le parti de les fondre en une seule représentation, la dernière de la saison, celle d'un « vain dimanche, image en raccourci d'une vaine saison » (10).

Sans plus tarder, un fait se doit d'être souligné : on cherchera, mais en vain, quelque éclat, quelque auréole, dans le long périple que ces hommes vont entreprendre. De juillet à septembre, cette cuadrilla va combattre dans des arènes de renom comme Palma, Pampelune, Barcelone, Valence, Madrid, Malaga ; elle fait un détour par Rivière d'Armagnac, puis finit sa tournée par « le chapelet des courses obscures de septembre » (87) qui, après Requena, l'amènent dans « un petit bourg de la montagne de Murcie » (87), – « la sierra des Chèvres » (91) –, dont le nom n'est même pas mentionné. Et c'est donc cet endroit que Joseph Peyré a choisi pour évoquer la représentation d'une corrida en son entier, dans une « plaza lépreuse » (90) où les hommes sont pour la plupart des « ouvriers » (90) et des « chômeurs du champ » (90) et où « seules les jeunes filles ondulées pour la fête, avaient encore des rires » (90). Le matador, Miguel Santamaría a cette réflexion de fin de saison qui en dit long sur ce bilan qu'il tire non sans amertume : « La maladie d'estomac, les taureaux, les auberges et la route, et jamais un sou, pas plus à la Saint-Martin qu'à la Saint-Isidore, quelle vie ! » (94).

Son premier taureau ayant été renvoyé au corral, dans l'incapacité de poursuivre le combat après avoir reçu un malencontreux coup de pique, Miguel va tenter l'exploit avec le second qui, sous l'orage qui gronde, « tournait d'un trot de cochon autour des planches à la recherche d'un abri » (101). Miguel a beau s'évertuer à « entrer à tuer » (106), toutes ses tentatives s'avèrent infructueuses ; il ne réussit même pas à « assurer la piqûre au bulbe » (106) alors que « la bête déchirée offrait sa nuque à la pointe de l'épée » (106). Il s'y reprend par trois fois, sans succès. Enfin, est achevé l'animal tant bien que mal, la corrida laissant l'image de « cette procession lente de bourreaux impuissants » (106) qui « achevait la fête, enterrait l'été dans une exécution de basse-fosse » (106). Quant à Miguel, « Mâchoire décrochée par l'exténuement, bouche ouverte, il léchait la sueur salée sur sa lèvre » (108).

Ce Miguel Santamaría est un être dévoré par une anxiété chronique qu'attise un insatiable désir du moindre contrat susceptible de lui rapporter quelque argent qu'il gaspille illico en achats inconsidérés, en prodigalités, mais également en beuveries pharaoniques ou encore en débauches effrénées. Sa vie pourrait se résumer à cette quête inassouvie d'argent, qui le pousse à entrer en une spirale infernale dont il est à jamais prisonnier. Semblable anxiété se double d'une angoisse qui le hante au tréfonds de son être, laquelle est sous-tendue par cette mort insidieuse et tenace dont il a conscience qu'elle le guette lors de chaque combat qu'il livre. Elle se traduit, notamment chez lui, par ce « froid de mort » (86) qui saisit son corps à l'approche du couloir de chaque arène, symptôme qu'accompagne une abondante sudation.

Pour tenter de dissiper de telles contrariétés, qui ne cessent de tourmenter son esprit, il a recours à l'alcool qui, pour le cas, est un puissant antidote. Toutefois, sa « brûlure à l'estomac » (94) lui fait redouter la menace d'un ulcère, aussi pour la conjurer ingère-t-il des « doses massives de bicarbonate » (84) dont les effets qui semblent suppléer bénéfiquement ceux de l'alcool ne sont, bien évidemment, que des pis-aller. Au milieu de ses tribulations, lui traversent, cependant l'esprit, des éclairs de lucidité qui sont fugaces et qui ne peuvent, par conséquent, avoir de prise réelle sur son existence par trop encroûtée :

> Pour lui, boîtes de nuit, alcools, musiques et femmes s'enchaînaient sur des milliers de kilomètres vides : la route pour dormir au fond de la voiture, ou jouer aux cartes à la lumière de la lampe qui fait pleurer, oublier les taureaux damnés, avec leurs numéros pyrogravés, et leurs yeux de fous, que seule la « puntilla », le couteau, éteint (46).

Dans de telles conditions, le combat de chaque taureau ne possède pour lui plus aucun attrait ; il se réduit à une méchante besogne qui le replace chaque fois « devant le même supplice ; des taureaux, d'éternels taureaux à expédier ! » (66). Ce personnage de Miguel Santamaría ne saurait, toutefois, être sous-estimé qui, quelques années plus tard, réapparaîtra comme protagoniste de *La tour de l'or*, roman publié par Joseph Peyré en 1947[5]. Il pourrait bien refléter, au travers de son cheminement à jamais recommencé, cette condition de l'humanité indissociable de l'absurde qui lui est consubstantiel.

Dans son ouvrage, Joseph Peyré va encore évoquer six autres personnalités qui vont être aux prises avec un taureau. Et conformément à ce qui a été précédemment souligné, rien d'étonnant à ce que le bilan de ces courses soit des plus atterrant : en effet, on dénombre deux morts, trois blessures graves, et une peine de prison pour Jesú qui « s'était absolument refusé à tuer le taureau centenaire et moussu qui lui était échu » (239). Il est, indubitablement, chez Joseph Peyré cette volonté de montrer combien le sort de ces êtres humains dans le « cercle » (197) ou dans « le rond de sable rouge » (189), est étroitement lié à une mort violente, impitoyable. Une mort qui s'insinue dans les minces interstices qui demeurent dans le corps-à-corps qui s'engage entre l'homme et le fauve ; une mort frôlante, enveloppante, qu'un rien suffit à déclencher. Telle est l'idée maîtresse de Joseph Peyré sur les corridas, laquelle l'amène à se refuser à décrire une issue heureuse, triomphante.

---

[5] Joseph PEYRÉ, *La tour de l'or*, Paris, Robert Laffont, 1947.

La quasi-totalité des courses de taureaux se déroule à Madrid dans les arènes de la « Plaza nouvelle » (169), appelée encore la « Monumentale » (127, 145, 211, 212, 214) qui, inaugurée le 17 juin 1931, n'ouvrit ses portes au public qu'en 1934, étant donné que trois ans furent nécessaires pour qu'un vaste aménagement urbain pût en rendre l'accès possible.

Joseph Peyré, qui découvre souvent son identité de narrateur sous la traditionnelle formule de déférence espagnole – Don José (234) – se plaît à faire pénétrer son lecteur dans ces endroits où confluent, particulièrement la veille des combats, tout ce qui est partie prenante de ce petit monde de la corrida : les matadors, accompagnés de temps à autre de leur « maîtresse en titre » (29) ou par quelque danseuse de cabaret qui en tient lieu, mais encore les membres de leur cuadrilla, leurs fondés de pouvoir, les journalistes, les photographes, les cireurs de chaussures, etc.

Ces hauts lieux de la tauromachie sont essentiellement quelques cafés célèbres qui se situent sur la grande artère qui relie le centre-ville de Madrid à la place de Las Ventas, c'est-à-dire, sur la rue Alcalá. On y trouve deux établissements datant de la fin du XIXe siècle : le Café Colón (135, 231) ainsi que le Lion d'Or (146, 184), auxquels s'ajoute L'Aquarium (174, 233), le « café de luxe d'Alcalá » (233) qui a été inauguré en 1932.

Ce petit monde de la corrida ne peut échapper, bien évidemment, aux convulsions de l'Histoire, telles que les connaît l'Espagne au moment où précisément s'y trouve Joseph Peyré. Et c'est, là encore, ce qui fait l'intérêt de tels récits où est bien présente l'actualité brûlante d'une capitale qui est le centre névralgique des tensions sociales et politiques de l'époque. À cet égard, Joseph Peyré évoque avec beaucoup d'exactitude le rôle qu'est appelée à jouer cette Plaza Monumentale à partir du 16 février 1936, soit immédiatement après la victoire du Front populaire. Le matin, vont s'y tenir les rassemblements qu'y convoquent les partis de gauche. Il y va ainsi du « meeting des jeunes socialistes et communistes qui allait avoir lieu à dix heures, justement à la Plaza Monumentale, en l'honneur de la femme madrilène et de sa conduite lors des élections de février et de la victoire des gauches » (214). Il va de soi qu'une bonne partie de cette foule électrisée, galvanisée, assiste, l'après-midi, à la corrida au cours de laquelle réapparaît un phénomène social qui concorde avec le nouvel esprit qui souffle jusqu'au sommet de l'État : « les "spontanés" » (221) qui « pullulent » (221) à nouveau, assurés de ne pas être inquiétés par les forces de l'ordre, lesquelles ont reçu l'ordre de respecter l'expression de cette liberté qui ne peut être plus flagrante lors de semblables prises de risque. Tel « spontané » n'avait-il pas écrit « en lettres de couleur » (222) sur sa « muleta-chiffon : Vive Azaña ! » (222), « qui le mettait, lui et tous les rebelles sous l'égide du chef des gauches triomphantes » (222) ? fait observer l'écrivain non sans quelque réticence.

Ces arènes se voient, par conséquent, investies d'une forte dimension politique qui leur fait prendre l'allure de Forum, d'Agora, en cette période d'orages politiques où l'on annonce « l'avènement de la vraie République espagnole » (214). Cependant, à y réfléchir un tant soit peu, ces arènes ne concentrent-elles point en réduction cet antagonisme foncier qui est à la source de toutes les dissensions qui enfièvrent l'atmosphère d'alors ? De là, rien de surprenant qu'en période de telles exacerbations éclatent de tels comportements.

Joseph Peyré l'a bien compris qui parle de « la foule des gradins de soleil » (221), qu'il oppose aux occupants des « gradins bourgeois de l'ombre » (223). Prédomine, en pareil lieu, un climat d'insurrection tel que lors des derniers mois qui ont précédé le soulèvement militaire, la Présidence est dans l'obligation d'être entourée d'un important service d'ordre dont Joseph Peyré fait ressortir l'aspect chromatique on ne peut plus frappant : « l'escadron réséda de la garde civile » (200) qu'accompagne le « double rang bleu noir des gardes d'assaut » (195). À ce vert jaunâtre, à ce bleu noir s'ajoute le « pourpre » (189) de la tenture de la loge présidentielle : autant de touches prédisposant à quelque funeste pressentiment. Et en effet, alors que les « 20 000 spectateurs du cirque » (192) réclament à grands cris à la Présidence « la rentrée au corral du taureau assassin » (193) qui est échu à Jorge Juan, Joseph Peyré relate un curieux événement :

> Au moment où je levais les yeux vers le cadran pour échapper à l'obsession du cercle de sable où la bête meurtrière attendait, je me souviens qu'une escadrille noire déboucha, une escadrille d'appareils de bombardement qui, seule put couvrir la clameur, dominer l'angoisse (197).

Pareille survenue, pour sûr, est à prendre comme le signe des futures atrocités qui allaient déferler sur l'Espagne et donc sur la République espagnole dont le destin allait être à l'image de ce combat pipé dont Jorge Juan allait sortir grièvement blessé.

C'est là un signe prémonitoire chez l'écrivain qu'il veut à tout prix greffer à son récit et qui ne semble pas avoir de fondement historique en ce mois où il l'écrit. Ce récit, effectivement, a été préalablement publié dans l'hebdomadaire parisien, *Candide*, le 1er août 1935 puis repris en traduction dans le quotidien madrilène, *Ahora*, le 20 octobre de la même année. Toutefois, le surgissement de ces avions au-dessus de la Plaza Monumentale révèle à quel point, en 1935, Joseph Peyré craignait le pire pour cette République espagnole que gangrenaient la dissidence et la conspiration. Ce dont il fait part à son lecteur en recourant à l'arme qui allait révolutionner la guerre à venir : la flotte aérienne qui depuis la Première Guerre mondiale avait considérablement accru son pouvoir de destruction.

Joseph Peyré apparaît, dès lors, comme un visionnaire, un halluciné, qui déverse sur le papier toute sa hantise devant ce perfectionnement mortifère. Bien sûr, l'évocation de tels appareils, ces bombardiers noirs, deviendra réalité quelques années plus tard. Ils s'apparenteront à ces Junkers, JU 52, de la Legión Cóndor qui le 26 avril 1937 attaqueront et détruiront la ville de Guernica.

On ne saurait, toutefois, abandonner ces arènes madrilènes sans faire mention de deux récits qui y sont très attachés. L'un rapporte le cas d'une jeune femme torera – fait très rare dans ce XXe siècle que Joseph Peyré tient à mettre en scène dans cette Espagne d'avant juillet 1936. Issue d'un milieu peu fortuné, María Isabel combat en jupe « bleu et or » (226) un « taureau fuyard » (223) qui lui inflige une sérieuse blessure. Joseph Peyré se devait d'évoquer ces femmes qui se voient autorisées, à nouveau, en 1934, à combattre dans les arènes, et ce, au nom des principes issus de la République, possibilité qui leur avait été refusée au début du XXe siècle. L'une d'entre elles, Juanita Cruz, acquit une certaine célébrité qui ne fut, malheureusement, que temporaire.

Enfin, un récit mérite également d'être cité, étant donné qu'il est teinté d'un humour tendre et plaisant, peu habituel dans les récits de cet ouvrage. Josep Peyré y raconte qu'il avait épuisé des trésors de patience et d'énergie pour initier à l'art tauromachique son amie Evelyn, une Américaine platinée, avant de se rendre en sa compagnie aux arènes de Madrid pour qu'elle puisse tirer le meilleur profit de la course mais aussi vérifier la véracité de tous ses enseignements théoriques. Malheureusement, le taureau couleur de savon (128) qui est un taureau *manso*, ne veut pas combattre, recherche un refuge derrière la palissade du couloir de l'arène, revient tant bien que mal sur le sable et puis s'adosse aux planches, exactement là où il les avait préalablement franchies, au grand dam de toute la cuadrilla et du matador qui ne sait que faire et qui s'agite sans succès. Le narrateur est de plus en plus confus. Devant ce spectacle lamentable, Evelyn décide de quitter les arènes et invite Joseph Peyré à la raccompagner à son hôtel, tout en mettant sérieusement en cause ses connaissances en matière de tauromachie. Le soir même, elle écrit une lettre à une de ses amies d'outre-Atlantique où elle lui dit notamment : « Un bœuf de Durham, si vous l'ennuyez, finira par vous donner un coup de corne. Ici, rien de pareil. Le taureau sauvage, plus vous l'excitez, plus il se résigne. Il s'assied contre une planche et il n'en sort plus » (132).

C'est volontairement que je n'ai pas abordé, jusqu'à présent, le contenu de l'*Épilogue*, déférant de la sorte à la volonté de l'écrivain. Il a été souligné, à maintes reprises, combien chez lui l'accent était placé sur l'homme dans cette inéluctable lutte qu'il menait contre la mort. À cette occasion, Joseph Peyré insistait sur ce qui s'emparait indéfectiblement du corps de cet homme aux abords de l'arène. Que l'on se souvienne de Miguel Santamaría lors de son arrivée dans ce bourg de la sierra des Chèvres. Avec d'autres toreros, Joseph Peyré a continué à inventorier cette symptomatologie si caractéristique dont ils étaient sujets.

Ainsi, pour Jorge Juan qui attend désespérément que la Présidence renvoie au corral un taureau « assassin », l'auteur note : « Il avait pris déjà la couleur terreuse, le teint de cire grise de la mort » (194). Et, un peu plus tard, alors que la Présidence s'obstine dans son attitude meurtrière, Joseph Peyré fait observer : « Un homme terreux, mains en sueur. En moins d'une heure, sa barbe avait poussé comme celle d'un prisonnier » (198).

On le voit, Joseph Peyré accorde une très grande attention à ces signes, à toute cette sémiologie pathologique qui affecte les matadors. Aussi a-t-il réservé les 26 pages qui constituent son *Épilogue* pour ériger une théorie relative au voyage qu'entreprend le matador, de son domicile au cercle de sable, dont la progression donne lieu à la mise en relief de différentes attitudes chez ce personnage où physionomie et physiologie font chorus.

Pour ce faire, Joseph Peyré divise son itinéraire en 3 cercles qui, bien évidemment, rappellent les 9 cercles de *La divine comédie*, par lesquels Virgile fait passer successivement Dante pour le conduire au centre même de l'Enfer et y rencontrer Lucifer. Au chant XXIX de l'*Enfer*, Dante rapporte les propos de Virgile :

> « Je suis quelqu'un qui descend », dit mon guide,
> avec ce vivant-ci cercle après cercle,
> et j'ai mission de lui montrer l'enfer[6].

Cette mission, n'est-elle pas celle que s'est assignée lui-même Joseph Peyré ? Il est, en effet, chez lui une détermination bien arrêtée : parler de « cette épreuve de l'homme » (248) – celle du matador qu'il va accompagner dans son parcours « depuis le monde obscur, les marges, les seuils nocturnes de la ville, jusqu'au "rond" de sable fatal » (248).

Le 1er cercle est constitué par la demeure ou par la chambre d'hôtel, du matador où, quel que soit l'endroit, « l'angoisse procède selon les mêmes mouvements » (250). C'est là que le torero revêt le « costume de lumières » (251) et qu'avec cet habillage débute pour lui le compte à rebours. Aussitôt, il se sent étreint d'une peur dont l'écrivain dépeint les premiers ravages avec beaucoup d'acuité : « La matière dure du visage, matière qui ferait l'effet du métal si, sous la main elle n'avait la chaleur du sang qui bat, le bronze tourne en une argile immonde, dévastée, pénétrée par je ne sais quelle eau infâme et froide » (254).

Est manifeste la décomposition de cet homme que Joseph Peyré appréhende au moyen d'une approche sensorielle très développée que lui dicte, en la circonstance, sa volonté de percer à jour l'hyperesthésie dans toutes ses conséquences. Il est patent que devant semblable altération l'écrivain fait usage d'une écriture du macabre rappelant celle d'un Baudelaire, traducteur d'Edgar Poe, celle des décadents français de fin de siècle, mais pas uniquement.

Le 2e cercle place Peyré dans le couloir de l'arène, le « callejón » (259). Du torero qui est, à présent, dans « le rond mortel » (260) le sépare « l'épaisseur d'une planche » (259). Aussi peut-il distinguer d'autres traits pertinents de cette panique qui s'est rendue maîtresse du matador : « Vous

---

[6] Dante ALIGHIERI, « Enfer, chant XXIX, vers 94-96 », *La divine comédie*, Œuvres Complètes, Paris, Le Livre de poche, 2006, p. 717.

voyez sa nuque se tendre, ses veines se gonfler, ses yeux baisser avec ce regard que la montera abrite, ce regard d'affût » (260). Et puis, il y a ces moments où défiant le taureau, le matador fait encore montre des ressorts musculaires et nerveux que sous-tend cette peur viscérale : « Vous voyez sa mâchoire se décrocher, sous le halètement du diaphragme refoulé » (261). Joseph Peyré fait évoluer son portrait vers une réelle anamorphose physique de son torero, qui par le biais de la plasticité touche au grotesque.

Enfin, le 3e cercle est « ce rond dominé par la présence de la mort » (261), cercle dont il y a lieu d'écarter le cliché selon lequel l'homme triomphe toujours de la bête. À ce propos, Joseph Peyré tient à formuler une mise en garde qu'était le simple bon sens : « Il reste la magnifique inconnue [...] de la bête vierge, dont on ne sait pas quel sera son combat, et qui porte toujours avec elle la mort, même le "manso", surtout le "manso, le taureau qui n'attaque pas, qui s'immobilise, ou qui avance à pas lents" » (262).

Les statistiques sont là pour lui donner raison. À preuve, toutes ces morts qu'il évoque avec des détails d'un réalisme cru qui renoue avec l'art pictural d'un Valdés Leal (Séville, 1622-1690). Telle celle de Gitanillo de Triana (Francisco Vega de los Reyes, 1904-1931), gravement blessé à Madrid le 31 mai 1931, qui meurt après d'atroces souffrances le 14 août de la même année : « Lente, cruelle destruction d'un corps parfait, si sourdement dissous, qu'à travers la joue cireuse et qui n'avait plus de pulpe, de chair, on apercevait la mâchoire gauche aurifiée » (263).

Cette temporalité dont Joseph Peyré a scrupuleusement circonscrit le cours, et qui implique un avant et un après on ne peut plus patents, distincts et contradictoires, est immanquablement, hautement et affectivement valorisée et sociopolitiquement assumée. Elle correspond à un temps d'engagement que cet ouvrage, écrit peu de temps après le départ d'Espagne de l'écrivain, a pour but d'afficher, de proclamer, à l'égard de la République espagnole et de son peuple. C'est ainsi que les mots de Jean-Paul Sartre prennent tout leur sens, qui mettent l'accent sur cette responsabilité afférente au passé, à laquelle l'on ne saurait se dérober :

> Le passé que je suis, j'ai à l'être sans aucune possibilité de ne l'être pas. J'en assume la totale responsabilité comme si je pouvais le changer et pourtant je ne puis être autre chose que lui [...] Le passé que *j'étais* est ce qu'il est ; c'est un en-soi comme les choses du monde. Et le rapport d'être que j'ai à soutenir avec le passé est un rapport du type de l'en-soi. C'est-à-dire de l'identification à soi[7].

L'approche de Joseph Peyré, dans cet ouvrage, montre, s'il en était besoin, combien pénétrant a été le regard qu'il a porté sur ce monde à part ayant un étroit rapport avec le « rond de sable ».

De toute évidence, la course de taureaux lui a dévoilé ses arcanes que son texte distille avec le plus grand soin, sans pour autant le satisfaire pleinement car ce qui agite la conscience de l'écrivain lors de cette lutte, toute de codes

[7] Jean-Paul SARTRE, *op. cit.*, p. 151.

et des règles, c'est le comportement de l'homme face à la bête, de l'homme du peuple, faut-il préciser.

Ce comportement, à vrai dire, qui intéresse au plus haut point l'écrivain puisque, en pareille circonstance, il prend une dimension que seule est capable de mettre en exergue cette dramaturgie – liturgie ? – de l'arène. Il s'agit d'approcher des ultimes et acharnées transes de l'homme face aux furieux et impétueux assauts de la bête, avatar sous lequel se présente la mort dans toute son atrocité.

L'accent est donc mis sur ce combat de l'extrême qui est au cœur de la philosophie existentielle de Joseph Peyré. De plus, en cette Espagne de la IIe République, puis du Front populaire, Joseph Peyré a tenu à montrer combien ce monde à part va se voir fracasser par les soubresauts d'une Histoire où la lutte des classes imprime sa marque dans toutes les sphères sociales, et, de toute évidence, ce monde de la corrida va devenir une cible tout indiquée qui est, par essence, une incarnation de la compartimentation sociale.

Joseph Peyré est certainement le seul écrivain à avoir mis en lumière tout ce qui était lié, directement ou indirectement, à l'immixtion de l'idéologie marxiste, ou anarchiste, dans pareil monde et tout ce qu'elle était susceptible de foncièrement modifier ou anéantir. Une question surgit alors, susceptible de dévoiler la motivation profonde de l'écrivain : ce « mundillo » n'est-il pas, mieux que toute autre sphère sociale, le prisme le plus approprié pour appréhender une parcelle significative de l'essence de l'Espagne ?

Enfin, je ne saurais conclure sans insister sur cet engagement de Joseph Peyré, qui se perçoit dans cet attachement à la cause du peuple en général, dans les défis que ce dernier lance contre l'adversité protéiforme et insidieuse. Une adversité, pour le cas, qui se lit immédiatement dans le déséquilibre du paratexte, lequel augure de ce qui s'est emparé de l'Espagne avec la rupture de cette temporalité.

Le lexique taurin dans *Guadalquivir*. Entre le français et l'espagnol

SIMONE TEPEDINO
(Université de Modène et Reggio Emilia)

Introduction : Joseph Peyré et son lien avec le Romantisme

Joseph Peyré (Aydie, 13 mars 1892 – Cannes, 26 décembre 1968) fut une figure particulière de la littérature française. En 1935, il reçut le prix Goncourt pour son roman *Sang et Lumières*.

Dans sa vaste production littéraire, Peyré a exploré des constantes thématiques, notamment la solitude humaine et l'exaltation de l'effort, individuel et collectif, en tant que moyen pour atteindre des objectifs. Dans ce contexte, l'espace joue un rôle primordial. Nous en trouverons des exemples dans *L'Escadron blanc* (1931), le désert du Sahara, ou *Mont Everest* (1942), au titre évocateur.

Un autre sujet cher à Peyré est la tauromachie. L'écrivain français était un *aficionado*, ainsi qu'en témoignent le susdit *Sang et Lumières* (1935) et *Guadalquivir* (1952). Le thème taurin est d'égale importance dans sa vie comme dans sa production littéraire. Peyré, l'artiste, séjournera à maintes reprises dans la péninsule Ibérique.

Nous supposons donc que ses deux romans taurins expriment ses impressions sur l'Espagne. C'est dans ce sens que Peyré pourrait être considéré comme un héritier de la tradition romantique, commencée dans la première moitié du XIXe siècle par de fameux écrivains tels que Prosper Mérimée ou Washington Irving et poursuivie plus tard par Ernest Hemingway. Ce dernier incarne probablement l'exemple le plus connu d'auteur étranger dont la production traite de la tauromachie, considérée tant d'un point de vue technique (les habiletés d'un certain type de torero, par exemple) que socio-anthropologique (la relation particulière entre la corrida et l'Espagne). Parmi les interprétations du célèbre *Death in the afternoon* (1932), citons l'analyse de l'univers taurin « hemingwayen », émanant du point de vue du vétéran traumatisé[1], qui aime la péninsule Ibérique pour sa violence intrinsèque dont la corrida est la manifestation.

---

[1] Thèse exposée, Marco CIPOLLONI, « Rendita, neutralità e propaganda: il contributo spagnolo all'immagine cinematografica internazionale della Grande Guerra », *Spagna Contemporanea*, 46, décembre 2014, p. 41-125.

La vision de Peyré naît d'éléments romantiques – la présence de la mort, le caractère espagnol passionné et une sorte d'exotisme dans sa description de la société ibérique – mais sa proximité avec la culture qu'il décrit fait qu'il les édulcore. Une telle proximité confère donc à ses œuvres taurines moins de détachement que celui qui émane des volumes classiques du Romantisme.

Comme l'affirme Jean Palette Cazajus : « La mirada de Peyré es siempre una mirada desde dentro y no necesita nunca reivindicar un estatuto de "iniciado" espolvoreando el texto con voces españolas »[2]. Le regard de Peyré sur la corrida est donc un regard venant plus de l'intérieur que de l'extérieur, surtout si on le compare avec celui des romantiques du XIXe siècle : c'est pourquoi sa description de cet univers singulier est profonde et détaillée.

Ses deux romans à thème taurin, *Sang et Lumières* et *Guadalquivir*, sont étroitement liés, et forment une sorte d'unité. Ils ont le même protagoniste, Don José. Celui-ci s'y exprime à la première personne. Alors que *Sang et Lumières* se déroule à Madrid dans les années 1930, *Guadalquivir* se passe dans la Séville des années 1950. Mais, dans les deux cas, la description de la corrida est liée au monde qui l'entoure. En fait, Peyré présente et décrit cet univers pour traiter des thèmes qu'il juge importants et qui font partie intégrante de la culture taurine et de la société espagnole d'une certaine époque et d'une ville spécifique.

Dans le cas de *Guadalquivir*, l'auteur aborde des sujets comme « mentira », « verdad », « pecado », « redención »[3] et « sevillanidad »[4] : des concepts qui forment une partie de la tauromachie et dont les personnages sont des allégories.

L'œuvre est une sorte de narration de Don José. Cet ingénieur français installé à Séville pour des raisons professionnelles se lie d'amitié avec le milieu taurin, dont fait partie Alegría, jeune duchesse aux mœurs très libres pour l'époque. Après avoir étudié en Angleterre et en France, l'héritière retourne dans la capitale andalouse, rappelée par sa mère, Reyes. Alarmée par la nouvelle des fiançailles d'Alegría avec le torero Juan Fernando, à l'apogée de sa renommée, celle-ci est bien décidée à faire en sorte que le passé ne se répète pas – des années auparavant, Reyes fut elle-même liée à un torero, *Almanseño*. Alegría peine à s'insérer dans la nouvelle réalité sévillane : en hiver, la ville est froide et puritaine, et la jeune duchesse est séquestrée dans la demeure familiale. Les compliments de Julián Guadiamar, son bourru de cousin éleveur, dont l'agressivité et la carrure de ses taureaux représentent un vrai danger pour Juan Fernando, l'indiffèrent. À l'approche

---

[2] Jean PALETTE-CAZAJUS, « De Montherlant à Joseph Peyré. Historia, ética y autenticidad en dos novelas taurinas francesas », *Revista de Estudios Taurinos*, 24, 2008, p. 160 (149-198).

[3] Jean PALETTE-CAZAJUS, « Autenticidad del toro, ética del aficionado e indiferencia de la historia (disquisiciones alrededor de "Guadalquivir" de Joseph PEYRÉ) », *Revista de Estudios Taurinos*, 24, décembre 2008, p. 134 (125-108).

[4] *Id.*, p. 136.

du printemps, Juan Fernando rompt ses promesses nuptiales et se fiance avec une actrice américaine. Alegría tombe en dépression. Mais la corrida de la *Semana Santa* qui devait être la consécration de Juan Fernando dans la Maestranza de Séville marque la fin de sa carrière. Il y est humilié par le taureau *Marismeño* appartenant à l'élevage de Julián. Ce dernier conquerra aussi le cocard d'Alegría.

Ce résumé souligne certains aspects déjà cités. Le torero Juan Fernando représente clairement la « mentira » : sa prétention de n'affronter que des taureaux afeitados réduit au maximum le danger de mort. Le taureau *Marismeño* représente, quant à lui, la « redención », puisqu'il permet de démasquer la supercherie perpétrée par Juan Fernando dans le crescendo final du roman.

En fait, Peyré transpose un univers culturel et ses valeurs, en les filtrant à travers les yeux d'un Français qui a bien connu cet univers. Par conséquent, lors de l'opération de traduction, il est fondamental de tenir compte de la relation qu'entretient Peyré avec l'Espagne et avec le Romantisme. Il s'agit là d'un présupposé conceptuel essentiel pour traduire au mieux ces œuvres à thème taurin.

En d'autres termes, une fois que ce lien entre Peyré et la péninsule Ibérique, déterminant la vision de l'auteur, est bien clair, nous aborderons l'examen de la traduction du roman *Guadalquivir*, objet de cet article.

La traduction comme résultat de trois analyses

À la lumière de ce qui a été précisé dans l'introduction, avant de nous attaquer à l'analyse, il nous paraît indispensable de présenter brièvement les thèmes les plus chers à la production littéraire de l'auteur ainsi que ses liens avec l'Espagne. La raison de cette démarche réside dans l'importance que revêt une analyse préliminaire comme celle-ci dans tout processus de traduction. Il est donc nécessaire de connaître l'auteur, sa vie, sa vision, car un texte littéraire représente ce qu'Umberto Eco définissait comme un « texte ouvert », à savoir un texte sujet à interprétation puisque exposé à des hypothèses interprétatives et à leurs vérifications. Ceci peut être considéré comme une séquence dénommée « cercle herméneutique ».

Le cercle herméneutique spécifie comment l'auteur tente de diriger l'interprétation du lecteur modèle en lui offrant une image du texte. Ce lecteur modèle est en fait une réalité empirique, c'est-à-dire, un être de chair et d'os, et qui élabore une ou plusieurs hypothèses interprétatives qui peuvent ou non adhérer à l'interprétation de l'auteur. La même séquence peut être appliquée à la personnalité du scripteur et à l'exégèse que le lecteur en réalise.

Si un lecteur effectue des hypothèses interprétatives, qui sont donc des choix qui admettent certaines possibilités et en écartent d'autres, l'importance du cercle herméneutique dans la traduction n'en est que plus évidente. Celui qui transpose un texte d'une culture à une autre par le véhicule linguistique effectue des choix déterminants qui peuvent bloquer ou ouvrir des possibilités au lecteur final.

> il traduttore è un lettore capace di bloccare determinate possibilità interpretative del proprio lettore modello e di attivarne altre non previste nel prototesto, l'opera originale. É opportuno che la sua lettura sia molto più attenta di quella di un lettore qualsiasi. É anche opportuno che abbia la preparazione per affrontare criticamente un testo e sappia usare gli strumenti tecnici necessari[5].

Ces choix doivent donc être le résultat d'une étude critique du texte et des connaissances approfondies des deux langues ainsi que des deux cultures avec lesquelles le traducteur travaille. En suivant la méthode suggérée par Bruno Osimo[6], nous soutenons donc que toute traduction, mieux encore toute analyse traductive, pour ne pas tomber dans des erreurs qui peuvent fausser excessivement le cercle herméneutique, doit être le fruit de trois analyses chronologiquement consécutives.

- Analyse linguistique : c'est la première opération à effectuer lorsqu'on aborde un texte. Il s'agit d'établir les critères stylistiques de l'œuvre, ses registres, ses idiolectes, etc.

- Analyse culturelle : elle permet d'identifier les références connotatives du texte, bien souvent liées à la culture de départ. Elles représentent les difficultés typiques de la traduction ; elles doivent donc être identifiées avant de s'atteler à la traduction elle-même.

- Analyse chronotopique : elle se base sur le sens des mots tant dans leur contexte textuel que culturel. Elle se réfère au monde imaginaire représenté dans l'ouvrage : dans le cas d'un roman, c'est son cadre, son époque et son espace historique et/ou fantastique. Le concept de chronotope en tant que rapport entre l'espace et le temps du roman fut introduit par le philosophe Mikhaïl Bakhtine, qui soutenait aussi la polyphonie des textes – où cohabitent plusieurs voix, les différents personnages, en constant dialogue entre eux et apparemment doués d'une vie propre.

Il existe trois niveaux d'analyse chronotopique : le chronotope topographique (temps et lieu de l'intrigue), le chronotope psychologique (monde subjectif des personnages) et le chronotope métaphysique (mentalité / conception de l'auteur).

Ces trois analyses permettent d'élaborer une stratégie traductive où un texte original en une langue, le protexte, est transformé en un nouvel

---

[5] « Le traducteur est un lecteur capable de bloquer des possibilités interprétatives du lecteur modèle et d'en activer d'autres non prévues dans le protexte, l'œuvre originale. Il est opportun que sa lecture soit beaucoup plus attentive que celle d'un tout autre lecteur. Il est aussi opportun qu'il ait la préparation pour affronter un texte de façon critique et qu'il sache utiliser les outils techniques nécessaires ». *Ibid.*, p. 49.

[6] *Ibid,*, p. 261-262.

ouvrage écrit dans une autre langue, le métatexte, accessible donc à une culture d'arrivée.

L'application de cette méthode à *Guadalquivir* entend mettre en lumière des particularités du processus de traduction et d'en identifier ses difficultés.

La traduction de *Guadalquivir* : le rapport circulaire entre protexte et métatexte

Pour examiner les choix traductifs effectués dans *Guadalquivir*, nous appliquerons le modèle présenté dans le chapitre précédent en le contextualisant au cas étudié. Ce procédé se proposera implicitement de préciser la méthodologie de notre étude.

Nous avons analysé deux éditions : le protexte publié par Flammarion Éditeur en 1952[7], et le métatexte d'Editorial Juventud de 1954[8]. Cette dernière représente, avec la traduction de RD Editores de 2006, la seule édition en castillan trouvable, du moins sur Internet.

Une fois les deux éditions (protexte et métatexte) identifiées, nous appliquerons à *Guadalquivir* les trois analyses présentées précédemment.

L'analyse linguistique du texte français présente, outre le style très descriptif de Peyré, un élément fondamental qui imprègne tout le roman et influence toutes les analyses suivantes : la terminologie taurine.

L'auteur français était un profond connaisseur de la culture de l'univers de la corrida qui, dès sa naissance (seconde moitié du XVIIIe siècle en ce qui concerne le *toreo de a pie*), s'est dotée de son propre langage spécifique. Ce jargon qui au fil des siècles s'est insinué aussi dans le castillan courant et l'a imprégné, naît pour décrire les typologies de taureaux, les différents pas des toréadors ainsi que les moyens et les participants nécessaires au déroulement de la corrida. Les premiers à avoir donné forme au jargon taurin sont les grands maîtres, parmi lesquels il est impératif de citer José Delgado, *Pepe-Illo*, et Francisco Montes, *Paquiro*[9], auteurs de deux livres parmi les plus célèbres livres normatifs sur la manière d'affronter les taureaux dans l'arène.

---

[7] Joseph PEYRÉ, *Guadalquivir*, Paris, Flammarion Éditeur, 1952. Dorénavant, on utilisera l'abréviation *Flam.* pour distinguer ce texte de la traduction espagnole dans les citations.

[8] Joseph PEYRÉ, *Guadalquivir*, Barcelona, Editorial Juventud, 1954. Dorénavant, on utilisera l'abréviation *Juv.* pour distinguer ce texte de l'original français dans les citations.

[9] *Pepe-Illo* et *Paquiro* ont publié, entre la fin du XVIIIe siècle et la première moitié du XIXe, deux livres de tauromachie fondamentaux, grâce aussi à l'aide de deux journalistes et amis des toreros José de la Tixera et Santos López Pelegrín, *Abenamar*, qui ont facilité la rédaction des volumes. José DELGADO, *Pepe-Illo, La tauromaquia ó arte de torear. Obra utilísima para los toreros de profesión, los aficionados y toda clase de gente que gustan de toros*, Cádiz, D. Manuel Ximenez Carreño, 1796. Francisco MONTES, *Paquiro, Tauromaquia completa*, Imprenta de José María Repullés, Madrid, 1836. En ce qui concerne la genèse des textes et le rôle des journalistes et amis des toreros, voir Olga PÉREZ ARROYO, *El Periodismo Taurino, Historia de un género periodístico hispano*, Madrid, Estudio del Arte, 2002 et Gregorio CORROCHANO, *¿Qué es torear? Introducción a las tauromaquias de Joselito y de Domingo Ortega*, Barcelona, Edicions Bellaterra, 2009.

Ce jargon a évolué au fil du temps, accompagnant l'évolution de la tauromachie et particulièrement de la corrida. Il a gardé la plupart de ses caractéristiques et en a ajouté d'autres[10].

Écrire sur la corrida – même de façon romancée – signifie pénétrer dans ce jargon qui en fait partie intégrante : une terminologie spécifique aux mots tels qu'*aficionado*, *afeitado*, *quite*, *gaonera* ou *manoletina*, pour ne citer que quelques exemples, et qui est étroitement liée à un monde particulier. Ce lien est tellement fort que le jargon taurin peut en devenir intraduisible, si on ne recourt pas à des emprunts de la langue espagnole.

Une telle analyse linguistique n'est pas liée qu'à la production (et à la traduction) d'un jargon spécifique. L'univers taurin est vaste et comprend aussi une lecture de la corrida qui va au-delà du spectacle, il en embrasse tout le milieu. C'est alors qu'entre en jeu l'analyse culturelle de la tauromachie, de son monde, qui fait partie intégrante de *Guadalquivir*. Le texte de Peyré ne se soustrait pas aux connotations spécifiques qui appartiennent au monde du roman – et par conséquent, de la réalité taurine.

Toute la rhétorique de Juan Fernando comme torero qui ment, en opposition à *Morenito de Sevilla, torero de verdad* qui affronte la mort fièrement avec *vergüenza* e *pundonor*[11], représente un bon exemple de dichotomie liée à la culture taurine. *El Tuerto*, grossier et coléreux, est le typique *aficionado* polémique que Peyré décrit avec précision. Citons pour preuve un extrait de la traduction de 1954.

> El *Tuerto* se daba golpes en las rodillas y profería injurias a compás. *Marismeño* vengaba al toro del lucero blanco asesinado por la pica, a los mutilados y humillados en pleno martirio. Sí; era una alegría insensata la que ya sentía al ver malparado al asesino, al ver que alguien, vengando a sus hermanos, imponía al picador un castigo más severo que una simple multa[12].

Ces quelques lignes, tirées de la fin du roman, confirment l'image de *Marismeño* comme « redención » qui, avec sa performance dans l'arène, agit comme une sorte de rééquilibrage du cosmos taurin décrit par Peyré, déstabilisé précédemment par la présence de la "mentira" Juan Fernando. Ici, l'œuvre est en rapport avec l'idée de *verdad* pour l'*aficionado* : pour garantir

---

[10] Pour comprendre l'évolution du jargon taurin en comprenant quels éléments sont gardés des premières *Tauromaquias* et ceux qui sont ajoutés – grâce aussi au rôle fondamental des revues taurines sur le développement du langage du monde des taureaux – voir dictionnaire de Luis Nieto Manjón. Luis NIETO MANJÓN, *Diccionario ilustrado de términos taurinos*, Madrid, Espasa Calpe, 1987. Manjón y déclare clairement s'inspirer du dictionnaire de Sánchez de Neira le considérant comme une source incontournable pour la rédaction du livre de 1987. Neira fut un journaliste taurin de la fin du XIXe siècle qui écrivit dans de célèbres revues telles que *La Lidia* et *Sol y Sombra*. José María de COSSÍO, *Los Toros. Tratado técnico e histórico. Tomo II*, Madrid, Espasa Calpe, 1961, p. 670.

[11] Un aperçu limpide sur la mentalité taurine, avec des explications de ses concepts de base, est offert par Fernando CLARAMUNT, *Aroma de torería. Puerta de una cultura*, Madrid, Tutor, 2001.

[12] Joseph PEYRÉ, *Juv.*, p. 285.

un spectacle authentique, le taureau doit être dangereux, voire mortifère. On voit ainsi la division entre le simple spectateur et l'*aficionado*, si chère à Hemingway et qu'explique Jean Palette Cazajus.

> El Espectador rechaza el fardo de la autenticidad, se contenta con el « cuidado » heideggeriano (*Sorge*), sabe y asume que « la vida es cuidado… en la inclinación a tomarse a sí misma a la ligera, en la tendencia a la huida » […]
>
> El Aficionado privilegia la necesidad de la « verdad » sobre el disfrute. Su problema, el inverso del Espectador, consiste en saber hasta qué punto se puede reivindicar la peligrosidad del toro sin sentirse culpable de tentativa de asesinato[13].

Ce contraste permet de mieux comprendre aussi le dialogue entre Alegría et Don José, où la duchesse défend Juan Fernando en accusant le protagoniste : « Ahora comprendo; siempre has detestado a Juan Fernando. Eres de los que nunca encuentran al toro bastante grande, lo suficientemente peligroso. Le quieres mal »[14].

L'analyse culturelle du modèle d'Osimo est donc liée à ce monde, à ce contexte culturel, où Séville et la façon sévillane de vivre la tauromachie s'enchevêtrent inexorablement avec les histoires personnelles des protagonistes, offrant ainsi une image de la relation entre la ville et l'univers taurin.

De ce fait, le roman peut être scindé en trois chronotopes différents : le topographique identifie la Séville des années 50 ; le psychologique, le rapport des personnages avec la tauromachie et comment ceux-ci représentent une sorte d'allégorie du monde taurin ; la métaphysique dévoile la profonde connaissance de Peyré du milieu sévillan lié à la corrida ainsi que sa passion pour celui-ci.

Ce dernier point permet une autre réflexion. Les processus traductifs en général peuvent être considérés comme biunivoques par nature, puisque du protexte, on élabore un métatexte dont la rédaction comporte souvent un retour à l'ouvrage original, pour mieux le comprendre. Mais en même temps, on tend à considérer cette biunivocité horizontale : protexte et métatexte sont l'origine et la conclusion d'une hypothétique flèche à deux pointes.

Protexte ⟷ Métatexte

La métaphore spatiale est donc, exactement comme la flèche, horizontale. Toutefois, dans le cas de *Guadalquivir*, il convient de décrire la relation entre protexte et métatexte avec une métaphore circulaire.

---

13 Jean PALETTE-CAZAJUS, *Autenticidad del toro…*, *op. cit.*, 150-151.

14 Joseph PEYRÉ, *Juv.*, p. 148.

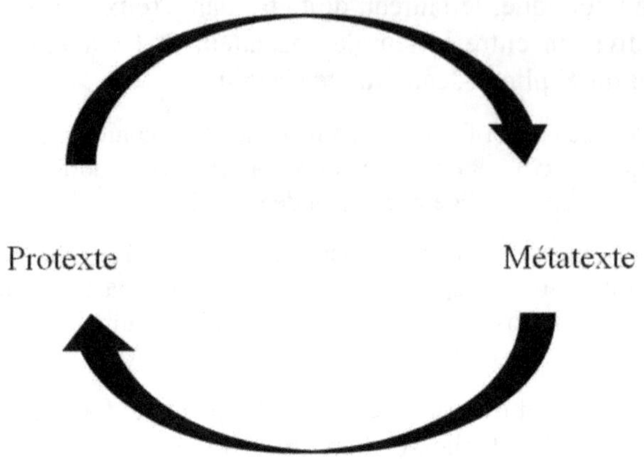

En fait, le lexique taurin, la culture qui s'y relie et les différents chronotopes reliés à *Guadalquivir*, proviennent de l'Espagne dont ils sont un produit culturel. Néanmoins, le texte est français : Peyré écrit donc sur la péninsule Ibérique, en traite un aspect particulier qui, lors de la traduction, retourne, en quelque sorte, à sa culture d'origine. C'est pourquoi on tend à confondre protexte et métatexte : on a l'impression que le texte français est la traduction, et que le texte en espagnol représente le texte original – alors que c'est exactement l'inverse.

Tout le processus de traduction doit absolument tenir compte de cette relation circulaire. La stratégie de production du métatexte doit opérer en fonction d'une adaptation dont les réductions doivent viser à omettre d'inutiles redondances, alors que la terminologie doit être plus spécifique et adaptée au lecteur et à la culture d'arrivée.

La traduction du lexique taurin de *Guadalquivir*

Lors de l'analyse de la traduction de la terminologie taurine de *Guadalquivir*, la tendance apparemment plus prévisible, et donc statistiquement majoritaire, était celle de l'emprunt. La tauromachie étant un produit de l'Espagne, Peyré devait importer son jargon en tenant compte des difficultés de rendu dans un autre idiome – même si la corrida touche aussi le sud de la France, terre natale de l'écrivain.

En fait, les emprunts dans l'original sont très rares, citons : « afeitado »[15] et « gaonera »[16], tous deux mis entre guillemets dans le protexte. Le premier terme indique l'acte de limer les cornes du taureau pour le rendre moins dangereux : cette exigence de Juan Fernando est traitée de façon détaillée par Peyré qui en décrit minutieusement tout le processus. Le second terme indique un pas rendu célèbre par le torero Rodolfo Gaona ; il l'exécuta pour

[15] Joseph PEYRÉ, *Flam.*, p. 8 ; et *Juv.*, p. 9.
[16] Joseph PEYRÉ, *Flam.*, p. 234 ; et *Juv.*, p. 277.

la première fois le 28 mars 1910 à Madrid, aussi est-ce pourquoi le signifiant n'est autre qu'une variante de son nom.

Il existe beaucoup de cas de traduction où le français montre une certaine proximité – non seulement géographique – avec l'espagnol et admet donc l'emploi de mots qui peuvent être utilisés de façon assez semblable dans le protexte et le métatexte. Dans ces cas, l'analyse comparative montre une certaine ressemblance entre signifiant et signifié.

Protexte	Page	Métatexte	Page
Torero	7	Torero	7
Tauromane	16	Taurómaco	19
Dompteur	144	Diestro	172
Manager	180	Apoderado	212
Pique	188	Pica	221
Clouer	211	Clavar	248

Tableau 1 : signifiant et signifié similaires entre protexte métatexte.

Trois cas méritent d'être approfondis. Le premier est le choix du mot « taurómaco » pour traduire « tauromane ». Tous deux désignent des experts en tauromachie : à savoir, l'*aficionado* (déjà cité), amateur du danger authentique cher à Hemingway. Jean Palette Cazajus propose une traduction différente et utilise le terme « taurómano » qui, toutefois, assume une forte connotation : « Taurómano suena como opiómano : sería inadmisible confundir la afición con la dependencia »[17].

Pour saisir si le choix d'Editorial Juventud est meilleur que la proposition de Cazajus, contextualisons la phrase dans le chronotope psychologique de Don José.

> Aquel que ha conocido la amistad española no puede privarse de su calor tierno y rudo al mismo tiempo. Ésta era mi razón secreta. Pero nunca la habría confesado a mis superiores, que atribuían mi predilección por España a la pasión taurina, y que bromeaban con frecuencia a este respecto. Nunca fui taurómaco, aunque gustara siempre del espectáculo de las corridas[18].

En tentant d'interpréter le discours de Don José, il est légitime de penser que, dans sa vision du monde, la *afición* sévillane était tellement forte qu'elle ressemblait a de la dépendance : le choix de Cazajus découle probablement de cette analyse chronotopique qui, bien que correcte, se présente très connotée, trop peut-être, à la lumière aussi de la rareté du mot *taurómano* du monde taurin.

[17] Jean PALETTE-CAZAJUS, *Autenticidad del toro…*, *op. cit.*, p. 142.
[18] Joseph PEYRÉ, *Juv.*, p. 19.

Les deux autres cas représentent une application de ce que Michael Halliday définit comme « lexicalization »[19], c'est-à-dire des rapports de synonymie, antonymie, hyperonymie ou hyponymie qui permettent d'introduire le lecteur dans un champ sémantique spécifique. Ainsi, dans cet ouvrage, « diestro » est un synonyme de « torero » et garde le rapport existant entre « torero » et « dompteur » du protexte. Par contre, la synonymie est légèrement altérée dans le rapport entre « manager » et « adoperado ». Le dictionnaire en ligne *Reverso* traduit "manager" par les termes « manager » (un calque) et « gerente »[20]. Toutefois, vus dans l'optique d'une analyse culturelle du texte, ces choix résultent inappropriés : le choix d'Editorial Juventud, « apoderado », dénote au contraire une connaissance de la culture d'arrivée, puisqu'il répond à la définition fournie par Luis Nieto Manjón : « Dícese de persona que tiene poderes de un diestro para representarle ante las empresas y proceder en su nombre… »[21]. En fait, l'emploi de « adoperado » est le seul choix correct à la lumière de son lien avec le monde taurin : pour le lecteur modèle espagnol, le terme « manager » pour désigner un torero semblerait étrange.

Ce dernier critère dirige toute la traduction de *Guadalquivir* et influence les stratégies utilisées dans le métatexte. Pour démontrer cette affirmation, nous proposerons trois autres cas qui nécessitent un approfondissement spécifique.

Ajouts dans le protexte : *varetazo*

Dans *Guadalquivir*, les ajouts d'une terminologie spécifique non présente dans le texte original représentent un cas intéressant à observer. Nous avons choisi d'examiner *varetazo*, terme qui identifie un « golpe o contusión que el toro ocasiona al diestro al pegarle con la pala del cuerno »[22]. Il est inséré comme une sorte de spécification ajoutée pour faciliter la compréhension du texte, en l'immergeant dans la culture d'arrivée.

Dans le texte, Don José raconte les vicissitudes du torero *Morenito* : « *Morenito*, était encore à la clinique, après avoir déjà eu la tempe déchirée, en mai, dans les arènes de Barcelone »[23].

En espagnol, cette phrase devient : « Morenito, que seguía todavía en la clínica madrileña, ya había sufrido en Barcelona un varetazo que le desgarró la sien »[24]. L'emploi du terme « varetazo » – lié à la culture taurine – non

[19] Le procédé de lexicalisation et son influence dans l'orientation du lecteur, à travers les relations de sens, occupe une partie importante de la grammaire systémique fonctionnelle de Michael Halliday.

[20] Cf. page *Reverso*, REVERSO CONTEXT, « Le moteur de recherche de traduction en contexte », https://context.reverso.net/traduction/francais-espagnol/manager>, 02/12/2018.

[21] Luis NIETO MANJÓN, *op. cit.*, p. 59.

[22] *Ibid.*, p. 433.

[23] Joseph PEYRÉ, *Flam.*, p. 14.

[24] Joseph PEYRÉ, *Juv.*, p. 12.

seulement rend visible le concept du coup, mais il renforce chez le lecteur l'idée que le protagoniste connaît bien cette culture : en d'autres termes, c'est le produit d'une analyse attentive du chronotope psychologique de Don José.

Périphrases : Madrid devient *toros de verdad*

Il existe d'autres cas où l'approfondissement de l'analyse culturelle et de l'analyse du chronotope psychologique permettent d'éliminer des toponymes présents dans le protexte. C'est ce qui arrive quand José rappelle l'époque où Juan Fernando était encore un torero avec *vergüenza* : « je l'avais vu au temps où il affrontait encore des taureaux, à Madrid »[25], qui est traduit par « yo le había visto en los tiempos en que todavía afrontaba toros de verdad »[26]. Madrid, la ville taurine espagnole par excellence, qui possède la *plaza de toros* la plus grande d'Espagne où tous les meilleurs toreros trouvent leur consécration, est transformée en « toros de verdad ». Cette périphrase se fonde, d'une part, sur l'idée qu'à *Las Ventas*, la cathédrale de la tauromachie, on y affronte les taureaux les plus difficiles – en excluant donc les *afeitados* ; d'autre part, le métatexte unit cette idée à l'analyse textuelle de l'œuvre française. L'adverbe « encore » associé à « de taureaux » est en fait une confirmation des opinions de Don José, de son chronotope psychologique d'*aficionado* qui recherche la *verdad* taurine. Par conséquent, on peut éliminer le toponyme « Madrid » en y insérant une référence plus profonde pour la culture d'arrivée.

Intertextualité : La sangre derramada

Examinons, enfin, l'intertextualité de *Guadalquivir* avec le célébrissime *Llanto por Ignacio Sánchez Mejías* (1935) de Federico García Lorca. La référence se produit quand Don José s'interroge sur sa présumée cruauté – qu'il considère au contraire comme *afición* – dont l'accuse Alegría, pour avoir prétendu qu'un taureau considéré comme difficile et dangereux par la jeune duchesse n'était tout simplement qu'un taureau non *afeitado* –. Ce dernier se demande alors : « Voulais-je moi aussi "voir le sang" du torero ? »[27], traduit dans le métatexte par « Querría yo también "ver la sangre" del torero ? »[28].

En soi, la traduction ne comporte pas de stratégie particulière, mais elle garde une référence fondamentale tant pour la culture taurine que pour le chronotope psychologique de Don José. En effet, visuellement les parties entre guillemets se présentent comme une citation, attirant l'attention du

[25] Joseph PEYRÉ, *Flam.*, p. 101.
[26] Joseph PEYRÉ, *Juv.*, p. 122.
[27] Joseph PEYRÉ, *Flam.*, p. 125.
[28] Joseph PEYRÉ, *Juv.*, p. 149.

lecteur et ramenant celui-ci à la célèbre exclamation « ¡Qué no quiero verla! » de *La sangre derramada*, deuxième partie de *Llanto*. Il s'agit d'un autre approfondissement du personnage et du contraste déjà vu entre spectateur et *aficionado* : Don José entend se différencier de ceux qui se rendent à l'arène uniquement pour voir du spectacle ; c'est pourquoi il ne peut pas souhaiter l'assassinat, la mort du torero.

Le maintien de la référence intertextuelle implique également de conserver la dimension culturelle d'un auteur comme García Lorca : le roman situé en Andalousie est imprégné d'une atmosphère qui rappelle le *duende*[29], auquel l'auteur a même dédié un livre. Il était nécessaire de garder ce pont culturel entre la France et l'Espagne construit par Peyré, mais éliminé par la traduction.

Conclusion

Tous les cas de la traduction de *Guadalquivir* de Joseph Peyré examinés présentent des difficultés qui dépendent de la relation circulaire entre protexte et métatexte. La comprendre s'avère donc essentiel : c'est la métaphore spatiale de la vision de Peyré, de son rapport singulier avec l'Espagne, caractérisé certainement par un amour profond pour la terre de don Quichotte et pour la tauromachie. La traduction de *Guadalquivir*, roman immergé dans l'univers taurin, comporte une connaissance approfondie de ce dernier, de ses dynamiques, de ses contrastes – en d'autres termes de sa culture et des chronotopes qui en découlent. Ce n'est qu'ainsi que le cercle herméneutique se révèlera adéquat à un lecteur modèle qui connaît déjà l'univers taurin décrit par Peyré – ou du moins qui en est imprégné.

[29] Cazajus souligne comment dans *Guadalquivir* se trouve une vaste scène qui rappelle beaucoup le lorquisme d'après-guerre dans son rapport avec le *duende*, où un hôte mystérieux déclame des vers du poète taurin Villalón et de Lorca lui-même. Jean PALETTE CAZAJUS, *Autenticidad del toro…*, p. 166. Pour de plus amples informations et explications sur le concept de *duende* selon Lorca, voir L. NIETO MANJÓN, *op. cit.*, p. 176 ; Fernando CLARAMUNT, *op. cit.*, p. 221.

Juan Belmonte et le sens du tragique de la corrida chez Joseph Peyré

JOSÉ MIGUEL GONZÁLEZ SORIANO

Né en 1892 à Aydie, aux confins du département du Gers, terre d'accueil pour nombre d'émigrés espagnols, pour les carlistes en provenance du Pays basque, pour les journaliers du temps des vendanges ; terre béarnaise où, depuis des temps immémoriaux, les courses de vaches ont constitué un élément principal de ses fêtes régionales, Joseph Peyré a toujours ressenti, foncièrement et par affinité d'esprit, une attraction particulière pour l'Espagne. Et dès sa seizième année, il a succombé à : « la seducción por la corrida en su grado más agudo/ la séduction de la corrida en son degré le plus élevé »[1]. Son premier séjour en Espagne date de l'année 1910, alors qu'il est un jeune étudiant boursier du lycée Henry IV de Paris à Valladolid, qui se prépare à passer le concours de l'École Normale Supérieure ; une découverte de l'Espagne, de sa langue, qui vont supposer « un autre tournant de sa vie »[2]. C'était l'époque des triomphes dans les arènes des toreros *Bombita* et *Machaquito*, préalablement à celle que l'on appela l'« Âge d'Or » de la tauromachie qui rutila de tous ses feux lors de la deuxième décade du XXe siècle avec le surgissement dans l'arène de deux phénomènes majeurs répondant aux noms de Juan Belmonte et *Joselito*. Le temps passant, en 1934, alors qu'il est déjà couronné par le prix de la Renaissance pour son roman *L'Escadron blanc*, Joseph Peyré est devenu un journaliste et écrivain de renom, qui collabore dans des journaux comme *Candide*, *Excelsior* ou *Voilà*. Il se rend en Espagne à la recherche d'une nouvelle inspiration pour son œuvre à venir – qu'il va trouver essentiellement dans le monde de la tauromachie : « Voici plus de dix-huit ans que je vins à Madrid pour y vivre, y connaître ce que j'ai depuis lors appelé la ville taurine, pénétrer ses secrets et, particulièrement, ceux de l'acteur transfiguré par le costume de lumières, celui du corps caché, du corps qui se souvient, et dont l'armure d'or nous dissimule le tourment », devait-il écrire postérieurement, au début de l'année

[1] Paco TOLOSA (Auguste Lafront), «De bibliografía y bibliofilia. Los toros y España en la obra de Joseph Peyré», *Gacetilla de la Unión de Bibliófilos Taurinos*, n° 29 (1969), p. 14.
[2] Pierre PEYRÉ, *Joseph Peyré. Le Béarn pour racines, l'horizon pour destin*, Biarritz, Atlantica, 2018, p. 75.

1951[3]. Peu de temps après son arrivée dans l'Espagne de la Seconde République, par une soirée d'automne, « saison que j'ai toujours choisie pour mes arrivées en Espagne, parce qu'elle me donne le sentiment de trouver d'un seul coup l'exil »[4], Joseph Peyré devait découvrir le tréfonds tragique, humain, du héros taurin, qui devait faire naître en lui une intense passion pour la Fiesta :

> Ce fut un soir, dans une petite ville espagnole de terre jaune qui étouffait sous la chaleur, au fond d'une chambre carrelée d'hôtel où menait un long couloir meublé de statues, que je vis pour la première fois l'image du torero vaincu, effondré, nu.
>
> Il était assis au pied de son lit ; son pied droit saignait sur le carrelage. Il portait la main à son côté, il avait un emplâtre et respirait mal. « Donne de l'eau… », demandait-il au valet d'épées qui ne le servait pas assez vite. Il y avait dans la chambre un tas de frusques, du linge encore trempé de sueur, maculé de poussière, de traces de sang, sang de l'homme, sang du taureau. Le valet d'épées, au lieu d'apporter l'eau, empilait le linge dans une valise pour le train du soir.
>
> Je passai en une seconde de l'image de lumière, de broderies et de soleil qui est l'image classique de l'arène, à celle que je ne devais plus oublier, l'image humaine du corps caché, de ses angoisses. Ce fut mon initiation à l'épreuve de l'homme ; celle d'une vedette, d'un artiste qui, sous les lumières du soleil ou les ciels noirs, mène ce jeu de la vie dangereuse, de la vie et de la mort violente dont je ne devais plus oublier le goût[5].

Pour le pire ou le meilleur, la tauromachie représente un patrimoine durable – en raison de son origine, de son développement – de notre culture populaire transpyrénéenne. C'est une expression festive de l'existence faramineuse comme de l'existence médiocre de nombre de personnes, du sentiment et du caractère de tout un peuple. La corrida, telle qu'aujourd'hui nous la connaissons – encore qu'avec des nuances et même des différences très significatives – provient fondamentalement du XVIIIe siècle ; mais, en fait, remonte à l'Antiquité cette pérennité d'un combat indéfectible, d'un jeu plus ou moins spontané : combattre, leurrer un taureau, en se mesurant à lui et en esquivant ses charges jusqu'au trépas. Le peuple et les taureaux signifient un défi millénaire ou « una trágica amistad, tres veces milenaria/ une tragique amitié, trois fois millénaire », ainsi comme l'avance, dans une phrase restée célèbre, José Ortega y Gasset, à propos de ce singulier rapport qui s'établit entre l'homme et le taureau de combat[6]. La tauromachie consiste, essentiellement, à mettre sa propre vie en péril en provoquant la

---

[3] Joseph PEYRÉ, « Le drame de l'homme » (VV. AA), *Tauromachie art profond*, Paris, Édit. du Tambourinaire, 1951, p. 13.

[4] Joseph PEYRÉ, « Avant-propos », Doré Ogrizek, *L'Espagne*, San Sebastián, Odé, 1962, p. 7.

[5] Joseph PEYRÉ, « Épilogue », *De Cape et d'Épée*, Paris, Bernard Grasset, 1938, p. 247-248.

[6] Dans son connu «Prólogo a *Veinte años de caza mayor*, del conde de Yebes» (cf. *Obras completas VI (1941-1955)*, Madrid, Taurus, 2017, p. 285).

réaction instinctive, agressive de l'animal, pour s'en jouer avec habileté, le vaincre et ainsi anéantir la vie qui nous menace : une dure épreuve de courage à laquelle les hommes se soumettent en essayant de sortir vainqueurs de ce corps-à-corps avec la nature, représentée par l'une de ses créatures les plus redoutables, les plus belliqueuses. C'est transposer, sous forme de spectacle, dans un espace artificiel et codifié – la corrida est une fête liturgique – la violence intrinsèque qui se manifeste sur toutes les facettes du monde dont, immanquablement, nous sommes partie prenante. Nous dévoilons, en toute conscience, dans cette célébration, la réalité qui palpite dans l'environnement qui nous entoure – peut-être pour nous y sublimer – et pour ainsi ressentir le plaisir d'un combat, du risque physique, et de la victoire. Et tout ceci est art par la manière dont il est exécuté. Il est des avis sur la tauromachie qui voient en elle quelque chose de cruel, sanguinaire, inhumain, et la vouent aux gémonies. Dans la Fiesta, sans nul doute, il y a de la violence, du sang, de la rivalité, de la lutte, de la mort et de la férocité ; il y a aussi du courage, de la noblesse, de l'art, de l'intelligence, de la grâce, et de l'allure. C'est un contraste de tragédie et de luminosité. Mais n'est-ce pas le propre de la nature ?

> En esta España nuestra hay una vieja casta de hombres bravos: se les llama toreros y nacen con una ornamental vocación de morir. Ellos, agonistas de su juego mortal e innecesario, son ya, en este mundo sin religión ni héroes, los únicos que prolongan el sentido del rito bajo el sol, en una auténtica liturgia que tiene como coro al pueblo entero[7].

Joseph Peyré nous raconte lui-même : « déjà j'avais surpris le matador après la course, dans la solitude de sa chambre débarrassée des importuns », sain et sauf une fois surmonté le défi de cet après-midi ; mais « je souhaitais davantage : je voulais être admis dans la familiarité de ce personnage que la tradition obligeait à « donner la poitrine », à porter visage d'orgueil, à dissimuler, même à l'objectif, ses blessures d'acteur engagé dans le jeu de la vie et de la mort vraies. J'entendais connaître les prémisses du drame, dont il m'avait été donné d'apercevoir la dernière image »[8]. Joseph Peyré, tout d'abord, porta son choix sur la capitale d'Espagne pour s'y installer ; y résidait déjà sa sœur Albanie qui dispensait des cours de langues, notamment au Lycée français. Durant l'hiver madrilène, époque d'inactivité pour les hommes qui revêtent l'habit de lumière, « je vécus alors, tout le temps qu'il fallait pour faire tomber leurs défenses, dans l'intimité des gens de l'arène. Je pus ainsi suivre en chaque journée le drame qui me passionnait, et en hanter les cercles, de plus en plus pathétiques et serrés : maison du torero,

---

[7] Ángel ÁLVAREZ DE MIRANDA, *Obras I*, Madrid, Cultura Hispánica, 1959, p. 139. « Dans notre Espagne, il est une vieille caste d'hommes courageux ; on les appelle toreros ; ils naissent avec une vocation à mourir avec panache. Eux, combattants dans ce jeu mortel et non nécessaire, sont déjà, dans ce monde sans religion ni héros, les seuls qui prolongent le sens du rite sous le soleil, en une authentique liturgie qui a pour chœur le peuple en son entier ».

[8] Joseph PEYRÉ, « Le drame de l'homme », *op. cit.*, p. 13.

couloir, “rond” de sable rouge de l’arène »[9]. Sa sœur, qui fréquentait les milieux aisés de la capitale, a joué un rôle capital pour ce qui est de l’entrée de Joseph Peyré dans les cercles aristocratiques madrilènes, où la présence de toreros était plus ou moins habituelle eu égard à la passion qui y existait pour la tauromachie et ses protagonistes, les héros « plébéiens » de l’arène. Ainsi, les grandes figures, comme Domingo Ortega – marié avec la marquise de Amboage –, Joaquín Rodríguez *Cagancho* – le génial artiste gitan qui, avec ses yeux verts, séduisait nombre de femmes de toute condition – ou Victoriano de la Serna – marié avec une femme fortunée, fille d’un diplomate d’origine turque – figuraient-ils parmi les amis le plus proches de Joseph Peyré. C’étaient « mes amis de l’arène »[10], ce qui met en évidence que les matadors, une fois glanée la renommée et la considération, coudoyaient les intellectuels et les aristocrates ; soignaient leur image et leur aspect extérieur, car un torero – comme il était habituel de le dire – outre qu’il l’était dans l’arène, se devait de le paraître en dehors, en se dotant de la plus grande distinction possible.

Pour parvenir à pénétrer dans l’intimité du héros taurin, selon ce qu’affirme Joseph Peyré dans son fameux « Épilogue » de *De Cape et d’Épée* (1938), peut-être les pages « más fuertes que haya escrito jamás escritor alguno sobre el drama humano del torero/ les plus intenses qu’on ait jamais écrites sur le drame humain du torero »[11], il est une façon très simple : « Se présenter à l’hôtel où la vedette est descendue [...], entrer dans la chambre où les gens circulent, feutrent les murs, entourent l’homme qui étouffe, et lui posent des questions saugrenues en l’encourageant à bien vivre et à bien mourir ». Toutefois, « on peut y accéder qu’après avoir vécu avec les « taurins » les mois de l’hiver, les mois de chômage, s’être pénétré de ce climat nocturne, être arrivé à cette osmose qui vous fait respirer du même souffle que les hommes, les amis de votre élection, et qui vous prépare, vous aussi, pour le jour de la réouverture des arènes »[12]. Dans son désir d’explorer à fond tous les secrets de la fiesta, d’acquérir une connaissance profonde de « la double nature de la corrida, tragédie dans chacune de ses journées, art plastique dans ses acteurs et ses moments privilégiés » ainsi que « drame de l’homme, de son corps caché sous les *lumières* et souffrant de la mémoire des blessures », comme devait l’affirmer l’écrivain dans une autre

---

[9] *Ibid.*, p. 14.
[10] *Ibid.*, p. 17.
[11] Paco TOLOSA (Auguste Lafront), «De bibliografía y bibliofilia. Los toros y España en la obra de Joseph Peyré», loc. cit., p. 15-16. El texto formaba parte de una conferencia previamente publicada en *La Revue hebdomadaire*, el 18-1-1936, bajo el significativo título de « Le drame de l’arène ». « Le texte était auparavant une conférence qui au préalable avait été publiée dans *La Revue hebdomadaire*, le 18-01-1936, sous le titre significatif de « Le drame de l’arène ».
[12] Joseph PEYRÉ, « Épilogue », *De Cape et d’Épée*, *éd. cit.*, p. 249.

occasion[13]. Peyré entretiendra des rapports intimes avec tous les acteurs de la fiesta, même avec ses protagonistes les plus humbles : aspirants-matadors frustrés, subalternes éconduits par la fortune, valets d'épées, qu'il portraitura également dans ses écrits taurins.

> La maison du torero n'est pas toujours l'appartement d'hôtel, où la vedette, la « figure », comme on dit en Espagne, est descendue, entourée des siens, et où le valet d'épées déploie le costume de lumières. Il y a des maisons plus touchantes, où l'étranger n'a pas pied, et que je préfère. J'ai raconté l'étonnement du vieux « réserve » que j'étais allé voir s'habiller. On appelle « réserve » le cavalier qui n'a jamais pu se faire attacher à une cuadrilla et qui gagne sa vie à la petite semaine, piquant pour quelques douros en premier choc le taureau frais. L'homme peinait pour passer sa culotte de peau, et me disait avec une candeur, une timidité émouvante : « Mais pourquoi le señorito vient-il voir s'habiller le pauvre picador ? C'est le matador qu'il faut aller voir. – Non, le matador, je le connais, la vedette, je la connais ; c'est toi que je viens voir, toi que j'aime. » Les humbles luttent tout seuls contre la peur. Car ils vont eux aussi à la mort, comme le banderillero tué le 18 mars 1935, pour cinquante pesetas, et laissant une famille de dix enfants[14].

Cette saison de 1934, alors que Joseph Peyré est établi à Madrid, devait être l'une des plus sanglantes de l'histoire ; elle n'épargna ni toreros modestes ni grandes figures : « 1934 a compté douze tués, quarante blessés graves ; 1935, je ne peux donner la statistique exacte, mais je sais qu'en septembre il y avait neuf morts », ainsi que le consigne le propre Peyré dans son « Épilogue » de *De Cape et d'Épée*[15]. Les taureaux frappaient à mort très fréquemment et ainsi, très pénétré d'une fiesta où la tragédie devient familière, Joseph Peyré devait commencer ses récits taurins dans la presse française : « La grande mort » (*L'Intransigeant*, 10-06-1934), « L'espoir » (*L'Intransigeant*, 9-09-1934), « La résurrection de Jésus » (*Les Nouvelles Littéraires*, 25-07-1935), « Jorge Juan » (*Candide*, 1-08-1935), « Le jour de Rafaé » (*Marianne*, 14-08-1935), jusqu'à la culmination avec l'apparition de son premier roman taurin, *Sang et lumières*, paru chez Grasset à Paris durant l'été 1935 qui remporta le prix Goncourt de cette année-là, le plus grand événement français à pareille époque. La publicité de l'ouvrage dans la presse française misait sur la reproduction du célèbre tableau de Ruano Llopis, « El pase de las flores », portrait se son ami le torero Victoriano de la Serna. De cette œuvre, dans la trame de laquelle le torero Ricardo García meurt encorné – comme c'est le cas de « Jorge Juan » –, poussé à la tragédie par Marilena, la « femme fatale », et par la cruelle intransigeance du public des arènes indifférent à sa déchéance physique et artistique, la critique a mis en relief son réalisme descriptif : du monde de l'arène et de l'environnement

---

[13] Joseph PEYRÉ, « Préface », A. LAFRONT (Paco TOLOSA), *La corrida. Tragédie et art plastique*, Paris, Prisma, 1948, p. 7-9.
[14] Joseph PEYRÉ, « Épilogue », *De Cape et d'Épée*, *éd. cit.*, p. 249-250.
[15] *Ibid.*, p. 262.

social du Madrid républicain de 1934. Elle a souligné sa « probité dans le récit, sa fidélité dans la peinture du milieu, son exactitude dans le détail », comme l'a noté l'écrivain Manuel Chaves Nogales dans une recension du roman publiée dans le quotidien *Ahora* du 24 octobre 1935. Il y affirmait également :

> Joseph Peyré, en Sang et Lumières, ha conseguido hacer, además de una gran novela, un magnífico reportaje sobre el mundillo taurino de Madrid, que aparece reflejado en sus páginas tan exactamente, que no vacilamos al sostener que los mismos escritores españoles no han conseguido, cuando se lo han propuesto, dar una sensación tan acabada y exacta de lo que es entre bastidores la fiesta de toros como indudablemente lo logra *Sang et Lumières*[16].

Parmi les diverses amitiés de Joseph Peyré liées au monde taurin, et qui l'avaient aidé à le connaître en profondeur, il pouvait également compter sur celle du mythique torero sévillan, Juan Belmonte, lequel, durant les saisons de 1934 et de 1935 continuait à toréer, après s'être écarté un temps des arènes, et qui connaissait même « une renaissance triomphale » lors d'une année, la dernière de sa carrière, qui avait culminé de façon spectaculaire avec l'obtention d'une queue à la corrida de ses adieux à Madrid, le 22 septembre 1935. Elle serait suivie d'un combat à la Maestranza de Séville, une semaine après. L'apparition dans le monde de la corrida, deux décades auparavant, du fameux *Pasmo* de Triana, avait supposé – aux côtés de *Joselito* – une véritable révolution dans l'art de toréer qui fit prendre à la Fiesta les voies de l'esthétique face au féroce spectacle antérieur, lequel, au début du XXe siècle conservait encore une bonne partie du sens de la lutte cruelle et désordonnée qui avait présidé à sa naissance. Le concept de « lidia » qui alors régnait, très différent d'aujourd'hui, se concentrait sur la préparation de l'animal, après son sanguinaire affrontement avec les picadors en vue de la « suerte suprema », consistant à l'envoyer au trépas : un acte bref et une estocade supposaient un triomphe. Mais la société évoluait, se stylisait dans toutes les sphères de l'activité humaine, et la tauromachie devait se transformer de plus en plus en un exercice de stylisation, en un spectacle qui trouvât sa justification dans la création de la beauté, sans perdre, pour autant, cette composante de risque et d'émotion, c'est-à-dire là où résident la vraie grandeur et le mérite suprême de la corrida.

---

[16] « Joseph PEYRÉ, dans *Sang et Lumières,* est parvenu à faire, outre un grand roman, un magnifique reportage sur le petit monde de la corrida de Madrid, qui apparaît reflété dans ses pages de façon si exacte, que nous n'hésitons pas à soutenir que les propres écrivains espagnols ne sont pas parvenus, quand on le leur a proposé, à donner une sensation aussi parfaite et exacte de ce qu'est, dans l'enceinte des arènes, cette fête des taureaux, telle que parfaitement reproduite dans *Sang et Lumières* ». Manuel CHAVES NOGALES, « Crítica literaria. *Sang et lumières*, novela taurina, por Joseph Peyré. *Ahora*, 24-10-1935 ». Elles furent nombreuses – et très élogieuses – les références qui apparurent sur l'œuvre de Peyré dans la presse espagnole de l'époque, bien qu'elle ne fût traduite en espagnol que quelque vingt ans après, en 1953 aux éditions Juventud.

Peu doté physiquement pour une pratique aussi risquée que l'art de toréer, Belmonte sut adapter, cependant, avec une grande intelligence, à ses possibilités physiques l'exercice de son métier. Si *Joselito*, dernier membre d'une longue dynastie de toreros, triomphait dans un concept classique de la tauromachie, renouvelée et perfectionnée, Juan Belmonte, dénué de tout précédent taurin, devait arriver à créer son propre concept de la tauromachie : les espaces se réduisent en présence du taureau, la dimension athlétique s'annule et qui fait place à la quiétude, à la maîtrise de la charge moyennant la trempe et le jeu de bras s'accompagnant d'un profond pathétisme, soit la translation – peut-on dire – en direction de l'art de la tauromachie, de l'expressionnisme artistique d'avant-garde. De « génie révolutionnaire » le qualifiait – comme bien d'autres critiques – Auguste Lafront (qui signait sous le pseudonyme de *Paco Tolosa*) dans son essai *La corrida. Tragédie et art plastique*, publié en 1948, dont le prologue était rédigé par Joseph Peyré. Lafront expliquait que Belmonte, « quand le 26 mars 1913, il se présenta à Madrid, cette manière de toréer, si différente de tout ce que l'on avait vu jusqu'alors, causa une véritable stupeur. Il était établi, depuis toujours [...] que l'on ne pouvait pas déroger à la règle des terrains, sans préjudice grave pour la personne de l'exécutant »[17]. Trois ans après, dans une étude intitulée *Histoire et évolution de la corrida*, il ajoutera :

> C'est Juan Belmonte qui créa cette danse lente et rythmée de l'homme et de la bête qui est aujourd'hui le « moment de la vérité » de la corrida. [...] Dépourvu d'agilité, Belmonte eut l'idée de chercher sa protection dans un combat plus rapproché. [...] On lui doit le lié, le fini des faenas, la lenteur rythmée du mouvement, l'enchaînement des passes circonscrit dans un espace de terrain très réduit, tout ce qui permet au torero moderne d'atteindre à l'universalité d'un art plastique[18].

Il faut aussi attribuer à Belmonte, et ce, très largement, le virage qu'il fit prendre aux intellectuels de son époque dans leur rapport avec la fiesta, lesquels cessèrent de la considérer – en général – comme une activité atavique et en désaccord avec le moderne esprit européen, et s'y intéressèrent vivement. Ainsi surgit toute une série d'écrivains et d'artistes qui se déclarèrent comme d'enthousiastes belmontistes et qui devinrent les amis du torero : Ortega y Gasset, Pérez de Ayala, Luis de Tapia, Julio Camba, F. Gómez Hidalgo, Sebastián Miranda, Ignacio Zuloaga, Julio Romero de Torres[19]. Même Valle-Inclán qui, préalablement était resté

---

[17] A. LAFRONT (Paco TOLOSA), *La corrida. Tragédie et art plastique*, *éd. cit.*, p. 71.

[18] Paco TOLOSA « Histoire et évolution de la corrida » (Vv. Aa), *Tauromachie art profond*, *éd. cit.*, p. 124.

[19] Cf. Paco AGUADO, «Juan Belmonte y los intelectuales», Pedro Romero de Solís y Juan Carlos Gil (coord.), *Juan Belmonte, La epopeya del temple*, Sevilla, Fundación Real Maestranza de Caballería, 2013, p. 189-214.

éloigné du monde taurin, défendra les valeurs esthétiques de la corrida en s'appuyant sur l'art de Belmonte. Lafront écrit à ce propos :

> Le succès fut immédiat. Avant même qu'il soit matador de toros, Belmonte est adopté par quelques hommes de lettres et quelques artistes de renom. L'audience qu'il trouve auprès d'eux diffuse sa popularité dans des milieux jusqu'alors éloignés de l'ambiance taurine. Il devient un prétexte, un thème littéraire, un motif à brillants paradoxes. Cette quasi-immobilité qu'il observe, tandis qu'il fait tourner la bête autour de lui, conduit Ramon de Valle Inclan à parler de « quiétisme esthétique ». Le même, précisant sa conception de l'extraordinaire manière du torero, qui donne le sentiment d'une tragédie prochaine, lui dira : « Il ne te manque plus que mourir dans l'arène »[20].

De même, le parisien Henri de Montherlant connut et fréquenta Juan Belmonte au cours de l'année 1925, alors qu'il était peu connu comme écrivain ; sa rencontre fut décisive dans sa trajectoire littéraire et personnelle : la personnalité et la façon de toréer de Belmonte devaient imprégner l'écriture de *Les bestiaires*, son roman le plus renommé, publié l'année suivante. Il en va de même pour son texte de 1929 intitulé *Belmonte*, qui est inclus dans son livre *Le génie et les fumisteries du divin*, et postérieurement dans *España sagrada / Espagne sacrée* (1951)[21]. Aussi, Joseph Peyré ne constituait-il pas une exception dans cet intérêt que portaient les intellectuels à la figure de Belmonte, et dans la fréquentation personnelle du torero. Nombreuses furent les conversations que partagèrent Peyré et Belmonte[22] et, de fait, aux côtés du torero de Triana, Peyré devait passer une bonne partie de ses derniers jours madrilènes. Belmonte devait faire dépositaire l'écrivain béarnais de quelques confidences révélatrices, en particulier de la peur ressentie par les toreros, même chez les plus courageux, dans les heures précédant le combat. Selon Peyré, Juan Belmonte serait « le premier à confesser la peur et à savoir le prix de cette confession »[23]. Qu'une figure de sa dimension n'hésite pas à parler de ses peurs, et même de l'affrontement de cette peur, et même de ce face-à-face entre cette peur et celle ressentie par l'animal, est ce qui le surprend et lui vaut tout son respect. Ce qui se passa aussi chez Montherlant lorsqu'il s'immergea dans la psychologie du matador dans son essai *El placer y el miedo /Le plaisir et la*

---

[20] A. LAFRONT (Paco TOLOSA), *La corrida. Tragédie et art plastique*, *op. cit.*, p. 72.
[21] Cf. François ZUMBIELH, «Belmonte y su toreo bajo la mirada de los escritores extranjeros de su tiempo», Pedro ROMERO DE SOLÍS y Juan Carlos GIL (coord.), *Juan Belmonte. La epopeya del temple*, *éd. cit.*, p. 300 y ss.
[22] Très révélatrices sont à ce propos les confessions que faisait sa domestique, questionnée par un journaliste du quotidien madrilène *La Voz*, lequel désirait interviewer l'écrivain récemment couronné par le Prix Goncourt : « Il passe des journées entières enfermé chez lui à écrire. Il se promène beaucoup dans le couloir. Auparavant, il téléphonait beaucoup à Belmonte. Je crois qu'il aime beaucoup les taureaux "la mar". Il ne rate aucune corrida. De plus, il a beaucoup d'amis toreros. Il parle toujours de taureaux ; il lit également beaucoup de revues de taureaux » (F. MORALES, « Hablando con la criada del Sr. Peyré, Premio Goncourt 1935 ». *La Voz*, 5-12-1935).
[23] Joseph PEYRÉ, *Le drame de l'homme*, *op. cit.*, p. 14.

peur. Peu de temps, avant le combat que ce soit chez lui ou dans sa chambre d'hôtel : « le torero, précise Peyré, essaie de dormir, afin de retarder le terme. Ou même, comme le faisait Juan Belmonte [...] il se cache le visage pour ne pas voir ses fantômes redoutés »[24]. Comparant son angoisse avec celle de *Cagancho* ou de Victoriano de la Serna, toreros réputés pour la peur qui les habitait, et avec lesquels Peyré avait eu l'occasion de partager cet espace intime de la peur et du recueillement, l'auteur béarnais ajoutait « si Juan Belmonte était avec moi, comme il l'était dans mes derniers jours madrilènes, il dirait : pourquoi parler de la peur de *Cagancho,* de Victoriano ? Et la mienne ? Et celle de nous tous ». En approfondissant ses révélations, Belmonte explique à Peyré :

> « Oui, on raconte que Frascuelo dormait profondément jusqu'à l'heure de s'habiller... On le raconte ! » Belmonte vous dira l'épreuve des trois dernières heures avant l'entrée des aides, exécutants de la besogne sinistre, et du valet d'épées, l'homme qui vous travaille dans la nuque. Il vous dira que le torero après s'être couché, avoir supplié qu'on le laisse seul, s'abrite sous l'épaisseur dérisoire d'un drap de lit contre le fantôme de la peur, qu'il soutient contre lui un combat. Lui-même, « l'homme au courage de loup », il vous confessera : « Si on assurait au torero, au moment où il va partir pour la plaza, une rente d'un douro par jour, il remercierait le ciel et se retirerait dans sa maison »[25].

À un moment précis de son roman *La tour de l'or*, publié initialement par livraisons entre le 12 mai et le 14 juillet 1943 dans la revue *Candide* (n° 998-1007), puis sous forme de livre quatre ans après, aux éditions Robert Laffont, par le truchement du protagoniste du récit, le torero gitan Miguel de Santamaría, Peyré fait allusion au torero sévillan et à sa déclaration sincère et honnête quant à sa peur : « La peur ! comme si Juan Belmonte lui-même ne l'avait pas confessée, la peur, pensait Miguel »[26]. Des confessions très similaires relatives à ce rapport particulier avec la peur pouvaient se retrouver également dans un chapitre de la série biographique que Manuel Chaves Nogales, en cette année même de 1935 où est publié *Sang et lumières*, était en train de publier avec un franc succès dans la revue *Estampa* – et aussi, avec une semaine de retard, dans le quotidien de Buenos Aires, *La Nación* – sous le titre de *Juan Belmonte, matador de toros. Su vida y sus hazañas*. Dans son annonce préalable dans la presse, Chaves insistait sur le caractère de confessions de ces « mémoires » et en même temps le qualificatif de « folletín-reportaje/feuilleton-reportage » qu'on imputait à son ouvrage venait offrir au lecteur l'éventualité supplémentaire d'un intérêt romanesque[27]. Comme il fallait le prévoir, ce que l'auteur imaginait lui-même, en raison de la renommée du protagoniste et de l'intérêt qu'on lui

---

[24] *Id.*

[25] Joseph PEYRÉ, « Épilogue », *De Cape et d'Épée*, *éd. cit.*, p. 255-256.

[26] Joseph PEYRÉ, « La tour de l'or (2) », *Candide*, n° 999 (19-5-1943), p. 6.

[27] *Cf.* «Juan Belmonte, matador de toros; su vida y sus hazañas, por Manuel CHAVES NOGALES», *Estampa*, 22-6-1935.

portait, de la nouveauté de ton du reportage romancé, et – bien évidemment, en raison du brio de son écriture, la série passionna les lecteurs qui connaissaient le fond du récit : « seguían los acontecimientos taurinos y se sentían comparsas de aquel gran espectáculo que empezaba a entrar en los ámbitos de la perdurabilidad literaria/ suivaient les événements taurins et se sentaient parties prenantes de ce grand spectacle qui commençait à pénétrer dans les espaces de la perdurabilité littéraire »[28]. Tant Belmonte, en l'année de sa retraite, que Chaves et Peyré, avec leurs œuvres respectives sur les taureaux qui coïncidaient dans le temps, se trouvaient au cœur de l'actualité. Le rapport entre ces deux écrivains ne pouvait qu'être cordial, en total accord avec les éloges que – comme nous l'avons vu dans la recension de *Sang et lumières* – l'on adressait à l'auteur béarnais dans les colonnes d'*Ahora*, où Chaves Nogales occupait les fonctions de rédacteur en chef. En total accord aussi avec leur vision partagée à propos des liens existant entre journalisme et littérature et le genre émergent du reportage. Ainsi, la publication traduite, le 20 octobre 1935, du récit de Peyré, *Jorge Juan*, inédit en espagnol, dans le journal où travaillait Chaves – et qu'il dirigeait, était en soi suffisamment significative du contact étroit qui devait exister entre ces deux écrivains ; mais, en outre, lorsque le 6 décembre 1935, le journal *Ahora* publiait la nouvelle de l'attribution du Prix Goncourt à Joseph Peyré pour *Sang et Lumières*, outre qu'il mentionnait, de nouveau, que cette œuvre « es una magnífica visión de la fiesta taurina con sus heroísmos, sus grandezas y su pequeñeces, y cuyo ambiente ha sido vivido por su autor en Madrid/est une magnifique vision de la fête taurine, avec ses héroïsmes, ses grandeurs et ses petitesses, et dont l'ambiance a été vécue par son auteur à Madrid », on informait également que « en la actualidad, Joseph Peyré trabaja en una novela de la revolución de Asturias que se titulará *El hombre de choque*, y ha traducido al francés y prologado la obra de Manual Chaves Nogales, *Juan Belmonte, matador de toros. Su vida y sus hazañas* »[29]. Observons que pratiquement aucun journal ne faisait mention de cette information en rédigeant l'annonce de la nouvelle du prix ; la version française de Peyré de la biographie belmontine mettrait quelques mois encore à voir le jour en France. Cependant, à l'évidence, Chaves pouvait bel et bien connaître cette information, et par conséquent, son journal pouvait être à même de la diffuser.

Le succès de presse du reportage de Chaves Nogales, puis de son édition sous forme de livre, le rapport de cordialité qui devait exister entre Peyré et l'écrivain espagnol, leur amitié commune pour Belmonte, et de plus la connaissance en profondeur du monde du taureau chez l'écrivain béarnais devaient rendre possible la traduction par Joseph Peyré de *Juan Belmonte, matador de toros* qui allait être publiée en une première version de six

---

[28] María Isabel CINTAS GUILLÉN, «El Belmonte de Chaves Nogales», *Revista de Estudios Taurinos*, n.° 23 (2007), p. 149.

[29] «El Premio Goncourt ha sido otorgado a Joseph Peyré», *Ahora*, 6-12-1935.

livraisons, entre le 30 mai et le 4 juillet 1936, dans la revue *Voilà*. Il s'agissait, à vrai dire, d'une adaptation résumée par Joseph Peyré de l'œuvre de Chaves, laquelle était précédée d'un préambule à l'intention du public français :

> Voici, dépouillés de tout clinquant, de toute littérature, les souvenirs de Belmonte, qui fut le roi des vingt dernières années de l'arène, ou, du moins, qui partagea avec Joselito la royauté jusqu'au jour où celui-ci tomba à Talavera de la Reina sous la corne du taureau, et le laissa seul. Vous trouverez dans ces pages la trace, la désolation de ce que fut un jour cette solitude. Juan Belmonte parle, avec ses yeux, ses lèvres tristes déchirées par l'une des multiples cicatrices qui décousent le corps caché du torero. Il a une voix timide, que parfois une hésitation arrête, un doute. Nous sommes loin de l'ancienne parade, de l'ostentation de la vedette de jadis, qui portait sa légende, son courage, comme elle montrait ses monnaies d'or et ses bijoux. Le premier Juan Belmonte a osé parler de la peur de l'artiste qui, par un privilège singulier, chaque fois qu'il paraît sur la scène du sable, affronte et appelle la mort. Seul peut-être des toreros d'aujourd'hui, il a la clairvoyance envers soi-même, la sensibilité, le sens humain, qui sous l'apparat du costume de lumières trouvent le cœur et la chair. Seul sans doute il a un humour qui lui assure une mesure discrète des choses, et un tour d'esprit qui, nous représentant la vie romanesque de l'une des vedettes les plus fêtées de ce temps, nous fait garder avec pareille féerie un contact sans cesse familier…[30]

L'année suivante, toujours sous forme de feuilleton, Peyré allait publier entre le 13 août et le 1er octobre 1937, une version plus complète de la biographie belmontine dans le journal bordelais *La petite Gironde*. Tant dans la présentation de la série dans ce journal, dans son numéro du 8 août 1937, que postérieurement, tout au long de ses 49 livraisons, il n'est fait mention du nom de l'écrivain béarnais ; son nom d'auteur comme traducteur apparaît cité dans la notice bibliographique que sur son œuvre taurine que publia son ami l'écrivain et critique Auguste Lafront dans la *Gacetilla de la Unión de Bibliófilos Taurinos*, dans les numéros 29 et 30 de l'année 1969, publiés après le décès de Joseph Peyré le 26 décembre de l'année précédente à Cannes[31]. Le journal bordelais, dans son annonce préalable de *La vie de Juan Belmonte racontée par lui-même*, fait état de « l'adaptation » de Manuel Chaves Nogales. Le terme d'« adaptation » était quelque peu confus et ambigu : cette adaptation était-elle le fait du propre Juan Belmonte ou était-elle la version originale de Chaves Nogales lui-même ? Quoi qu'il en soit, à la première et rapide lecture des deux textes, il est manifeste que la version de *Voilà* est véritablement une réécriture du texte original de Chaves, tandis que celle de *La Petite Gironde* est une traduction presque plus littérale, encore qu'avec des nuances significatives, du texte princeps.

---

[30] « Joseph Peyré présente… *Juan Belmonte, matador de toros*, par Manuel Chaves Nogales », *Voilà*, n. °271 (30-5-1936), p. 8.

[31] Paco TOLOSA, «De bibliografía y bibliofilia. Los toros y España en la obra de Joseph Peyré», *Gacetilla de la Unión de Bibliófilos Taurinos*, *loc. cit.*, p. 19.

À pareille époque, Peyré se trouvait loin d'une Espagne en pleine Guerre civile, dont il était parti pour s'en retourner en France et voyager au Sahara. Durant un temps, il continua à publier divers récits taurins : « Maricruz » (*Marianne*, 11-12-1935), « Maria Isabel » (*Candide*, 23-04-1936), « Cape à la Vierge et drapeau rouge » (*Paris-Soir*, 18-05-1936) et « La tournée du torero » (une nouvelle publiée dans *Candide* entre les numéros 670 et 673, durant les mois de janvier et de février 1937). La plupart de ces récits devaient faire partie du volume *De Cape et d'Épée*, parfois avec un titre différent – comme c'est le cas de cette nouvelle qui a pris le titre de « Dimanche, six Pablo Romero » –. À l'intérieur de son « Épilogue » maintes fois cité, la figure de Juan Belmonte sera présente à certains moments. En plus des commentaires déjà mentionnés sur la peur, si importants pour ce qui est de la vision tragique de la tauromachie chez Peyré, est également mis en lumière le plaisir intense de toréer, selon le témoignage du torero lui-même : la complicité physique et affective existant lors de l'affrontement avec l'animal, unie à la présence réelle de la mort, « sanction fatale de cet art » :

> Vous entendez enfin l'autre dialogue, celui qui met aux prises le fauve et l'homme. [...] Vous percevez ses défis, vous voyez sa mâchoire se décrocher, sous le halètement du diaphragme refoulé. Il y a un magnifique appel de Juan Belmonte à une bête qui n'attaquait pas : « Allons, petit taureau, prends-moi ! N'aie pas peur, je ne te ferai rien, attaque, attaque, vois comme c'est beau ! » Ce sont là les confidences du bestiaire, celles que vous surprenez l'une après l'autre [...] Laissons encore parler Belmonte. Il vous dit, se rappelant une novillada de Séville : « Je me souviens que ce fut alors la première fois de ma vie où je me sentis isolé au milieu de la foule, comme si elle n'existait pas, et où je goûtai la jouissance, le plaisir de toréer ». Pareille jouissance transfigurait Belmonte lui-même. Elle faisait de son corps alors souffreteux quelque chose de puissant et de sûr. Sa foulée s'était affermie, elle écrasait le sable. Juan Belmonte souffrait de ses jarrets à ses épaules voûtées, à ses hanches alourdies, un paroxysme, un plaisir épuisant. On répète « éviter, esquiver la mort » pour traduire le mérite du torero. Mais il y a davantage. De même que le toreo est le seul art que la mort couronne, de même il est le seul qui appelle la mort[32].

Après avoir remporté le Prix Goncourt, les huit récits que reproduit Peyré dans *De Cape et d'Épée* nous immergent de nouveau dans un monde héroïque et dégradé à la fois, tel que celui que représente la Fiesta. D'une certaine manière, il y a chez l'auteur béarnais une tentative de démystification de la corrida, ou si l'on préfère, d'« humanisation » de l'image de quelques toreros dont les portraits littéraires peuvent se lire, à certains moments, presque comme des caricatures, à l'image du clin d'œil aux mousquetaires de Louis XIII, dès le titre[33]. Il y a aussi une tentative de

---

[32] Joseph PEYRÉ, « Épilogue », en *De Cape et d'Épée*, *op. cit.*, p. 261 y 270-271.

[33] Pierre PEYRÉ écrit : « À la cape et à l'épée de jadis, celles de Dumas et celles de Zévaco, J. Peyré substitue celles du matador pour faire la matière d'un recueil de nouvelles dont les récits achèvent et complètent le diptyque ouvert par *Sang et lumières*. La tragédie de la mort,

compréhension de la psychologie de ces personnages de la part de Peyré ; un regard critique sur les coulisses du monde de la corrida et un regard de compassion pour des héros qui, en dernière instance, ne fait qu'accentuer leur halo tragique.

Absent d'Espagne pendant de nombreuses années, en préfaçant l'œuvre d'Auguste Lafront, *La corrida. Tragédie et art plastique*, publiée à Paris en 1948, Joseph Peyré commençait sa *Préface* en ces termes :

> J'ai plaisir à préfacer ce livre, et parce qu'il est d'un ami, et parce que son auteur traite en maître d'un sujet qui, me faisant revivre mes années de Madrid, mes années fraternelles, me reste cher. Au surplus, l'ouvrage vient à son heure, car les courses de taureaux soulèvent chez nous une soif, une passion nouvelle, dues aussi bien à un long jeûne qu'au retentissement de noms – Manolete – qu'il ne nous parvint que l'écho. Frontière enfin rouverte, grilles de pont-levis baissées, nous retournerons cet été aux arènes de Pampelune ou de Bilbao, et les taureaux des élevages espagnols remplaceront dans nos arènes les petits camarguais qui tentèrent de nous leurrer. À la veille d'un tel événement, il est bon que paraisse un livre pareil, accessible même à un profane, et qui [...] instruit le lecteur de la double nature de la corrida, tragédie dans chacune de ses journées, art plastique dans ses acteurs et ses moments privilégiés[34].

Toutefois, dans ce même texte, Peyré ne cessait – en accord avec Lafront – d'exprimer sa préoccupation grandissante quant au fait que, dans l'évolution du spectacle, des principes esthétiques de la corrida moderne – que *Paco Tolosa* situe clairement dans la « révolution belmontienne », dans l'apport de Belmonte, en concurrence avec *Joselito*, dans l'art de la tauromachie – viendraient à s'éteindre ou être minoré l'accent du tragique, la « tragédie essentielle » inhérente à la Fiesta, changeant « le plaisir de cirque romain en transport de salle de théâtre »[35]. Parmi les éléments constitutifs de cette transformation de la corrida, Lafront soulignait la réduction du rôle des picadors – assurant de ce fait la gloire des matadors – la progressive lenteur dans l'exécution des « suertes », la primauté accordée à la « muleta », et la « dépréciation » dévolue à l'estocade finale. Et, par conséquent, les combats d'animaux de moindre taille, de plus en plus faciles, « moins sauvages dans leurs charges, moins puissants, moins perçants », ce qui, dans le cas de Belmonte, lui a permis de remuer la cape ou la muleta dans ce rythme lent accordé à la vitesse de la bête, qui paraît de tant de beauté son travail. C'est donc ce type de taureau – aujourd'hui généralisé – que l'élevage s'ingénia à produire. Lafront termine en affirmant : « si les modifications [...] ont affaibli sa puissance dramatique, il reste qu'à aucune autre époque, l'art des toreros n'était parvenu aussi entièrement à faire entrer le spectateur dans le

---

ou plutôt de la peur de la mort en est le thème central dont la nature est spirituelle, bien plus que tauromachique à proprement parler » (*Joseph Peyré. Le Béarn pour racines, l'horizon pour destin*, *éd. cit.*, p. 192).

[34] Joseph PEYRÉ, «Préface», en A. LAFRONT (Paco TOLOSA), *La corrida. Tragédie et art plastique*, *éd. cit.*, p. 7.

[35] *Ibid.*, p. 8.

jeu, à réaliser avec autant de plénitude cette communion entre l'exécutant et le public, qui est l'idéal de tous les arts et en quoi le toreo, avec et depuis Belmonte, a trouvé sa fin »[36]. Se faisant l'écho de telles réflexions, Peyré fera le commentaire suivant dans sa *Préface* :

> Pour arriver à sa condition présente, revêtir ensuite ce caractère d'art qui fait qu'en elle un instant, un enchaînement de passes se suffit, la corrida a dû elle-même trouver sa règle, se constituer en tragédie classique [...] Jusqu'à l'accomplissement de la mort, la tragédie poursuit son mouvement rituel. Comme l'établit Paco Tolosa, tragédie avant tout, et cela, malgré l'apparente inégalité du combat, l'apparente sécurité de l'homme. Tragédie dont j'ai si souvent moi aussi suivi les phases incertaines, m'attachant à cette fausse sécurité de l'acteur, au drame de l'homme, de son corps caché sous « les lumières », et souffrant de la mémoire des blessures. Je garde pour un jour à venir celui de la bête, de son combat[37].

Il semble que la corrida se soit dépouillée de son caractère de combat et de sacrifice au bénéfice de sa plasticité. Mais, c'est l'œuvre d'art elle-même, comme le note Peyré, qui est couronnée avec la mort, et non seulement avec l'affrontement de l'animal : « "quels que soient l'envoûtement de la cape, les pouvoirs d'un *quite* éternel, il appartient au dernier acte de consommer en même temps la tragédie et l'œuvre d'art". La tauromachie moderne, conclut-il à son tour, ne peut être privée du plaisir esthétique du spectacle, mais non plus de son émotion dramatique : Certes, nous souffrions du vide, que creuse la mort de *Manolete*, et nous attendrons le nouveau Messie. Mais il viendra. Pas plus que *Manolete* ou ses précurseurs, si "artiste" qu'il soit, il ne dépouillera portant le jeu de son drame dernier »[38]. Sur ce mythique torero cordouan, mort tragiquement après le coup de corne reçu le 28 août 1947 dans les arènes de Linares, Peyré indiquait dans son étude sur *Le drame de l'homme* parue dans le volume collectif *Tauromachie, art profond*, édité en 1951, que dans sa trajectoire finale et dans sa mort funeste, semblait s'être réincarné, très largement, son personnage Ricardo García de *Sang et lumières,* un être purement imaginaire, mais dont le parallélisme était frappant, en réalité, avec la dernière étape vitale de *Manolete*, ce qui lui apportait beaucoup d'authenticité : « effet de l'amitié, de la tendresse qui m'inspiraient, et que j'ai reportées sur Ricardo [...] Le torero meurt encore, comme Ricardo. Loin d'appartenir à un temps révolu, *Sang et lumières* vient même d'avoir sa réplique vivante »[39].

Entre 1950 et 1951, Joseph Peyré revenait en Espagne pour vivre, cette fois, quelque six mois à Séville, donnant une nouvelle impulsion à son cycle d'œuvres « espagnoles », où la fiesta allait à nouveau être mise à l'honneur.

---

[36] A. LAFRONT (Paco TOLOSA), *La corrida. Tragédie et art plastique*, *éd. cit.*, p. 73-74.

[37] Joseph PEYRÉ, « Préface », A. Lafront (Paco TOLOSA), *La corrida. Tragédie et art plastique*, *éd. cit.*, p. 8-9.

[38] *Ibid.*, p. 9-10.

[39] Joseph PEYRÉ, « Le drame de l'homme », *op. cit.*, p. 17.

Cependant, dans la même veine de réflexion qu'antérieurement mentionné, il poursuivait : « Je n'oublie pourtant pas la crainte que j'avais conçue en France avant mon départ, celle de voir la corrida se dénaturer à force d'abus et, du même coup, amoindrir le drame de l'homme ». En prise directe sur la « Préface » du livre de Lafront, Peyré continue à creuser sa réflexion :

> Je connais les beautés – et les exigences – de la nouvelle esthétique du leurre. J'en sais aussi l'uniformité, le tort qu'elle a de limiter peu à peu le spectacle à la faena de muleta, souvent sans nul souci de l'efficacité de celle-ci, ni du progrès logique de l'action, et de son couronnement par l'épée. Mais je ne me décide pas moi-même par des raisonnements d'école, et ne m'engage pas dans la querelle dogmatique. Je m'en tiens dans ma crainte à mon sentiment d'écrivain intéressé surtout par l'épreuve de l'homme, laquelle d'ailleurs décide en dernier lieu, non seulement des valeurs, mais de la justice même de la corrida. Or est-il contestable que cette épreuve soit diminuée par l'amoindrissement incessant du taureau ? Je ne parle pas seulement du poids de celui-ci – facteur qui ne se suffit pas – je m'en tiens dans, trop souvent misérable. Je parle de ces cornes sciées qui le désarment et rompent l'égalité théorique du combat, seule défense de la légitimité d'un tel jeu. Qu'adviendrait-il le jour ou l'homme ne serait plus réellement qu'un tourmenteur, et la bête, seulement objet de pitié ? Et qui souffrirait ce spectacle ?[40]

Peyré finissait par affirmer qu'heureusement « je pressens les signes d'une réaction contre de tels abus, et j'espère voir bientôt le taureau rétabli dans sa force et l'intégrité de ses armes »[41]. Cette réhabilitation de l'animal dans sa capacité à nous émouvoir au combat, la toile de fond du taureau dans les Marismas, la beauté ensorcelante – même avec quelques notes grises d'après-guerre – des secrets de Séville, tels sont les ingrédients dont fait usage Peyré pour ce que sera son deuxième roman taurin, *Guadalquivir*, publié en 1952 aux éditions Flammarion[42]. Les forfaitures qui président au négoce taurin et qui dénaturent la véritable essence du spectacle, et en particulier les abus commis sur l'animal – ne manque pas un impitoyable et minutieux récit « d'afeitado » d'un animal, la manigance frauduleuse opérée sur ses cornes pour en diminuer le danger – obtiendront réparation dans le dénouement du récit avec ce surgissement dans l'arène d'un exemplaire imposant, sauvage taureau mythique plutôt que taureau de combat véritable[43], appartenant au bétail d'un incorruptible éleveur inclus dans la Fiesta à la dernière minute. Ce taureau sera tiré au sort (« El Destino manda » / « Le Destin commande ») par la plus grande figure de la course

---

[40] *Ibid.*, p. 17-18.

[41] *Ibid.*, p. 17-18.

[42] Une anticipation des cinq premiers chapitres, sous le titre d'« Alegria », paraissait en août 1952 (p. 3-50) dans la publication mensuelle *Les Œuvres Libres*, un mois avant sa parution.

[43] « Ce n'était plus en effet un taureau qui se déchaînait à travers l'arène [...], c'était la manifestation des forces vierges et des génies de la terre du Fleuve. [...] Juan Fernando avait contre lui la puissance, l'esprit du Taureau qui ne se rappelle à l'homme qu'une fois ». Joseph PEYRÉ. *Guadalquivir*. Paris. Le Livre de poche, 4212. 1975, p. 345-346.

« moderne », le fourbe et crâneur Juan Fernando Soria qui, incapable de le tuer, va essuyer son plus grand revers. La fin non tragique mais humiliante du protagoniste anti-héros, suprême responsable de la fraude généralisée et de la diminution physique des animaux de combat, jouissant d'une popularité au sein d'un public ignorant, résout le dilemme moral du personnage narrateur – réplique littéraire de Peyré – quant à sa revendication d'une plus grande présence et d'un plus grand impact de l'animal : « Moi-même maintenant, lorsque j'exigeais que le taureau fût plus lourd, plus armé, souhaitais-je, comme m'en accusait Alegria, la blessure ou la mort de l'homme ? »[44] Don José est en mesure de répondre à cette question dont le fondement repose sur la nécessité d'une « égalité dans le combat et le respect des armes » et une réciprocité éthique entre le devoir du torero et la légitime exigence de l'*aficionado* :

> « Pour mon compte, malgré le tumulte de mon cœur, les transes, l'épuisement de la joie et des cris, j'étais définitivement rassuré [...] Ce que j'avais souhaité, ce n'était pas que l'homme fût touché, mais qu'il fût bafoué à son tour, lui qui avait tourné en dérision la bête noble, qu'il fût châtié, lui qui l'avait mutilée, tourmentée. Je voulais qu'il souffrît, et qu'il fût confondu. C'était fait. J'étais déjà comblé »[45].

Dans *Guadalquivir*, apparaît comme personnage réel, à plusieurs reprises, Juan Belmonte. Retiré des arènes, et – inexorablement – gagné par l'âge, « sous son feutre usé et son raglan étroit, celui-ci ne ressemblait guère à son orageux portrait par Zuloaga et c'était dans notre souvenir qu'il fallait chercher le personnage dramatique du torero dont on disait : "dépêchez-vous d'aller le voir, sinon vous arriverez trop tard" »[46]. Embourgeoisé en apparence, ayant survécu à ses blessures et à son rival *Joselito,* le torero qui avait pu faire cohabiter dans l'histoire de la tauromachie l'émotion esthétique et le risque palpable, en tant que professionnel en marge de l'activité tauromachique au déclin de sa vie, affichait sa préférence pour le torero et son intégrité physique dans une Fiesta réduite en sa potentialité tragique devant l'amoindrissement d'un animal de combat :

> Juan Belmonte, qui jusque-là n'avait pas soufflé mot, l'arrêta : « C'est curieux, remarqua-t-il avec le bégaiement qui faisait partie de son personnage, et dont il tirait des effets de malice. Vous êtes tous d'une dureté pour les pauvres toreros ! Vous ne vivez pas s'il ne leur sort pas des taureaux énormes. Mettez-vous devant, vous verrez ! »[47]

Selon Jean Palette : « el toreo moderno posbelmontino refleja un cambio de sensibilidad social antes que estética. Ni más ni menos que el paso de la tragedia al drama; de lo sustancial a lo accidental; de la fatalidad a la

[44] Joseph PEYRÉ, *Guadalquivir*, Paris, Le Livre de poche, 4212, 1975, p. 64.
[45] *Ibid.*, p. 345.
[46] Joseph PEYRÉ, p. 48.
[47] *Ibid.*, p. 48-49.

voluntad humana; de la inexorabilidad de la muerte hasta su evitablidad / la tauromachie postbelmontine reflète un changement de sensibilité sociale plutôt qu'esthétique. Ni plus ni moins que le passage de la tragédie au drame ; du substantiel à l'accidentel ; de la fatalité à la volonté humaine ; de l'inexorabilité de la mort jusqu'à l'évitement »[48]. Ceci étant dit, Roger Wild peut affirmer :

> L'on aperçoit que Belmonte a été en quelque manière le Manet de la tauromachie. Et l'on imagine fort bien un Baudelaire aficionado adressant au Trianero le message tout à la fois de voyant et d'ami vigilant qu'il écrivit au peintre de Lola de Valence : « Vous n'êtes que le premier dans la décrépitude de votre art ».
>
> Depuis Belmonte on a pu voir une corne d'abondance verser sur les « ruedos » : passes filigranées, poses adamantines, envoûtements exquis, toros nains, naturelles à vous couper le souffle, muletas lapidaires, tanagras, feux follets, mariposas, toutes les variétés de « toreo » somnambulique et de toreros artistes. Mais qui nous rendra les piques d'antan, dit un de Vic-Fezensac qui préfère crûment les émotions fortes aux sensations d'art[49].

Parallèlement à son roman *Guadalquivir*, Joseph Peyré publia une série d'articles dans *Le Figaro littéraire* en consonance avec son sens tragique et éthique à la fois de la tauromachie, et en faveur d'un véritable taureau de combat : « On détruit aujourd'hui l'intérêt et la noblesse même de la corrida » (24-04-1950), « Donner sa chance au taureau » (19-07-1952), « Pour chasser la honte de l'arène » (14-03-1953), « Pour l'honnêteté de la corrida » (8-08-1953). En cette même année 1953, à l'automne – sa saison préférée – Peyré va revenir fugacement à Madrid, invité au tournage d'une corrida de taureaux à La Ventas, le 9 octobre précisément, pour la version cinématographique de *Sang et lumières*, réalisée par Georges Rouquier, avec Daniel Gélin dans le rôle du protagoniste, et la participation des toreros Manolo Carmona et *Morenito de Córdoba*. Les animaux appartenaient à l'élevage salmantin Herederos de Galache. Une anecdote tirée de ce tournage donne un témoignage on ne peut plus flagrant quant à « l'état des choses » dénoncé par Peyré :

> En la Plaza de Las Ventas, en la filmación de una escena de la película Luces y sangre, había que impresionar unos primeros planos, pero el toro tenía mucho genio y se estropeaban metros de celuloide. Entonces, se devolvió el astado al corral, y cuando salió, a los cinco minutos, parecía que le habían inyectado «humildad».
>
> – No jeringues, sobrinilla. Pasemos a otro tema[50].

---

[48] Jean PALETTE-CAZAJUS, «Autenticidad del toro, ética del aficionado e indiferencia de la historia (disquisiciones alrededor de *Guadalquivir* de Joseph Peyré)», *Revista de Estudios Taurinos*, n° 25 (2008), p. 148-149.

[49] Roger WILD, « Le ballet de mort en costume de lumières. Affinités et correspondances », (VV. AA), *Tauromachie art profond*, *éd. cit.*, p. 25-30.

[50] « Dans les arènes de Las Ventas, lors du tournage d'une scène du film *Luces y sangre*, il fallait filmer quelques gros plans, mais le taureau avait beaucoup de caractère, et l'on gâchait

La fête sera encore présente en nombre des dernières œuvres écrites par Peyré : *Le puits et la maison* (1955), *L'Espagne que j'aime* (1961) ou *Feu et sang de juillet* (1964), outre les textes inspirés par la Guerre d'Indépendance espagnole : *Les lanciers de Jerez* (1961), *Les remparts de Cadix* (1962), etc. Malade, d'une santé fragile qui exigeait beaucoup de soins, l'auteur béarnais se retira sur la Côte d'Azur, se contentant, afin de maintenir vivace la flamme de sa passion, d'assister à Fréjus à quelques spectacles taurins. Mais jusqu'à ses derniers jours, à cette « séduction de la corrida » dont parlait Lafront, « il resta fidèle, même s'il déplorait la corruption qui avait envahi les arènes et ne tolérait pas l'amoindrissement du taureau. Mais il pensait que les abus provoqueraient une réaction, et il conservait l'espoir d'une régénération. C'est ce qu'il m'écrivit au début de 1967, dans la dernière lettre que je reçus de lui »[51].

Le drame continuait et continuait à être réel. Le torero continue à trouver la mort, comme on a pu le constater encore tout récemment. La Fiesta continue à faire partie intégrante de notre culture populaire et aujourd'hui l'on continue à organiser des corridas avec la même ferveur – quant au spectacle, et non à leur aspect commercial – qui animait les jeux – jeux de vie et de mort – avec les taureaux de nos ancêtres méditerranéens. Le « jouer sa vie » par vocation et selon un rite, en échange de la gloire ou de la tragédie ; regarder en face la mort telle une invitée d'honneur à une fête. Vainqueur de ce défi dans l'arène, de cette lutte artistique avec le taureau qu'il a su développer, Juan Belmonte devait vivre son propre drame final, Belmonte, le torero révolutionnaire, Belmonte le *mystérieux* comme l'a qualifié Francisco Gómez Hidalgo dans l'un des premiers livres publiés sur lui (*El libro popular*, 1913), Belmonte *le tragique* comme l'a appelé le poète péruvien Abraham Valdelomar dans l'une des plus originales œuvres écrites sur *Pasmo de Triana* (Lima, 1918), qui au soir du 8 avril 1962 mettra fin volontairement à ses jours. Si, comme tant de fois on l'a dit, *Joselito* gagna la partie engagée contre Belmonte ce jour de sa tragique mort dans les arènes de Talavera[52], Juan Belmonte l'emporta probablement sur *Joselito* pour la

---

beaucoup de mètres de pellicule. C'est alors que l'animal fut reconduit au corral, et lorsqu'il en ressortit, cinq minutes plus tard, il semblait qu'on lui avait injecté de l'“humilité”.
– Arrête ton char ! Passons à autre chose. »
Cette anecdote fut rapportée le 7 décembre 1953 dans « Mundillo Taurino » du programme taurin, « Redondel », de Radio Nacional de España, écrit et dirigé par Antonio García-Ramos, dont les chroniques et scenarii originaux, tapés à la machine, sont déposés à la Biblioteca « José María de Cossío » des arènes de Las Ventas (Fondo A. García-Ramos).

[51] Paco TOLOSA (Auguste LAFRONT), «De bibliografía y bibliofilia. Los toros y España en la obra de Joseph Peyré», *loc. cit.*, p. 14.

[52] Rappelons les mots de son beau-frère le torero Ignacio Sánchez Mejías : « Le torero n'a plus d'autre danger que celui de cesser d'exister, et sa mort, non dans les arènes, mais chez lui. *Joselito* est vivant. Plus vivant que Belmonte et moi, car il mourut courageusement dans les arènes, tandis que nous, nous nous sommes réfugiés avec couardise dans notre maison. Nous avons cessé d'exister tandis que lui, il fait continuellement acte de présence dans toutes

postérité dans un ultime acte héroïque qui allait laisser derrière lui un halo éternel de mystère et de tragédie. La tauromachie de Belmonte naissait d'un sentiment qui ne peut jaillir que d'une énergie spirituelle intérieure – en cela se distingue l'artiste du boucher d'abattoir – et qui fit du torero sévillan « le dépositaire d'une vérité révélée », lequel changea la conception du combat en vigueur jusqu'alors[53].

La personnalité exceptionnelle de Belmonte, son caractère contradictoire, baignait dans le fatalisme. Plus que l'applaudissement, plus que la réalisation de tous ses rêves, pour le bon torero, seul bien toréer a de la valeur, face à l'animal – face à la mort – et au milieu d'une foule émerveillée. Lorsque lui fait défaut cette satisfaction intérieure, cette sensation de plénitude pour affronter le crépuscule définitif de sa vie, il manquait peut-être à Juan Belmonte un trait de caractère beaucoup plus héroïque que pour toréer. Et pour cela, peut-être, comme preuve pour l'homme, comme métaphore de la vie et de l'activité littéraire, « l'afición de Peyré [...] l'omniprésence lancinante de la tauromachie nous autorise à aller plus loin. Tous ces romans, ces nouvelles d'inspiration taurine mais peut-être plus encore ces articles moins connus – on pense à l'émouvante confession intimiste parue dans *Le Figaro littéraire* du 19 juillet 1952 sous le titre "Donner sa chance au taureau" – nous présentent la tauromachie comme une métaphore de la vie – de sa vie ? – mais aussi de l'activité littéraire »[54].

---

les corridas » (Andrés AMORÓS. *Ignacio Sáchez Mejías.* Madrid. Alianza Editorial. 1998, p. 172).

[53] Selon l'avis Salvador BALIL FORGAS (*Juan Belmonte, en la soledad de dos atardeceres*, Jaén, Almuzara, 2010).

[54] Michel LAFORCADE, «Joseph Peyré aficionado», (Vv. Aa), *Joseph Peyré. L'homme de ses livres*, Laboratoire d'Identité Régionale, Université de Pau et des Pays de l'Adour, 1992, p. 237.

BIBLIOGRAPHIE CITÉE

Œuvres de Joseph Peyré :

PEYRÉ Joseph, *L'Alcalde de San Juan*, Paris, Flammarion, 1963.

____, « Avant-propos », Doré Ogrizek, *L'Espagne*, San Sebastián, Odé, 1962.

____, « Épilogue », *De Cape et d'Épée*, Paris, Bernard Grasset, 1938.

____, « Le drame de l'homme » (Vv. Aa.), *Tauromachie art profond*, Paris, Édit. du Tambourinaire, 1951.

____, « Préface », en A. LAFRONT (Paco TOLOSA), *La corrida. Tragédie et art plastique*, Paris, Prisma, 1948.

____, *Cheval piaffant*, Paris, Hachette, coll. « Bibliothèque verte », 1960.

____, *Croix du Sud*, Livre de Poche [Grasse, 1942] 1972.

____, *De Cape et d'Épée*, Paris, Éditions Bernard Grasset, 1938.

____, *De mon Béarn à la mer basque. Essai de géographie personnelle*, Paris, Flammarion, 1952.

____, *Feu et sang de juillet*, Paris, Flammarion, 1964.

____, *Guadalquivir*, Barcelona, Editorial Juventud, 1954.

____, *Guadalquivir*, Paris, Flammarion Éditeur, 1952.

____, *Jean le Basque*, Paris, Flammarion, 1953.

____, *Juan el Vasco*, Barcelona, Editorial Juventud, trad. Josefina Carabias, 1955.

____, *L'Escadron blanc*, Bibliothèque Verte, Paris, Hachette, 1950.

____, *L'Escadron blanc*, Paris, Grasset, Les Cahiers rouges, 2002.

____, *L'Étang Réal*, Paris, Arthème Fayard, 1949.

____, *L'Homme de choc*, Paris, Grasset, 1936.

____, *La tour de l'or*, Paris, Robert Laffont, 1947.

____, *Le Chef à l'étoile d'argent*, Grasset, 1951.

____, *Le pont des sorts*, Paris, Flammarion, 1959.

____, *Les Complices*, Paris, Éditions de France, 1936.

____, *Les Quatre capitaines*, Paris, Flammarion, 1956.

____, *Roc Gibraltar*, Paris, Livre de Poche, 1976.

____, *Sang et Lumières*, Paris, Bernard Grasset, 1946.

____, *Une fille de Saragosse*, Paris, Flammarion, 1957.

____, *Jean le Basque*, Paris, J'ai Lu, 186-187, Éditions Ditis, 1964.

____, *Le puits et la maison*, Bayonne, Les éditions du Mondarrain, 1997.
____, *Sahara éternel*, Paris, Grasset, 1944.
____, *Souvenirs d'un enfant*, Paris, Bernard Grasset, 1958.
____, *Le puits et la maison*, Bayonne, Édit. Mondarrain.
____, *Matterhorn*, Paris, Grasset, Les Cahiers Rouges, 1939.

Autres sources :

AGUADO Paco, «Juan Belmonte y los intelectuales», Pedro Romero de Solís y Juan Carlos Gil (coord.), *Juan Belmonte. La epopeya del temple*, Sevilla, Fundación Real Maestranza de Caballería, 2013.
AGUIRRE Domingo, *Garoa*, Donostia, Hiria, 2009.
ALIGHIERI Dante, « Enfer, chant XXIX, vers 94-96 ». *La divine comédie*, Œuvres complètes, Paris, Le Livre de poche, 2006.
ÁLVAREZ DE MIRANDA Ángel, *Obras I*, Madrid, Cultura Hispánica, 1959.
ARENCIBIA Yolanda, «Galdós: sus visiones personales ante la historia», *Actas del III Congreso Internacional de Estudios Galdosianos*, II, Las Palmas, Cabildo Insular, 1989.
ARRIZABALAGA Marie-Pierre, « Les Basques dans l'Ouest américain (1900-1910) », Lapurdum V., https://journals.openedition.org/lapurdum/1340.
BAINES Roger W., *Inquietude in the work of Pierre Mac Orlan*, Amsterdam, Rodopi, 2000.
BALLERINI Michel. *Le Roman de montagne en France*, Paris, Arthaud, 1973.
BALLU Yves, *Les Alpinistes*, Grenoble, Glénat, 1997.
BAQUERO ESCUDERO Ana, «El pensamiento literario sobre Cervantes de los grandes novelistas del XIX», *Recreaciones quijotescas y cervantinas en la poesía y el ensayo*, Pamplona, Eunsa, 2015.
BAROJA Pío, «Prólogo casi doctrinal sobre la novela», *La nave de los locos*, ed. Francisco Flórez Arroyuelo, Madrid, Caro Raggio/ Cátedra, 1999.
BARRÈRE Bernard, « Sang et Lumières, imitation ou innovation », VV. AA., *Joseph Peyré. L'homme de ses livres*, Pau, Université de Pau et des Pays de l'Adour, 1994.
BAUDELAIRE Charles, *Curiosités esthétiques* (édition définitive), Paris, Calmann-Lévy.
BELTRAMI V. « Croix d'Agadez », *Encyclopédie berbère*, 14, Conseil – Danse, Aix-en-Provence, Édisud, 1994.
BELTRÁN ALMERÍA Luis, *Genealogía de la imaginación literaria. De la tradición a la modernidad*, GENUS.
BENOIT Pierre, *L'Atlantide*, Paris, Le Livre de poche, 151, 2018.
BENOIT Pierre, *La Châtelaine du Liban*, Paris, Albin Michel, 2012.

BIASI (de) Pierre-Marc, *Génétique des textes*, Paris, CNRS Éditions, 2011.

BILBAO Iban y EGUILUZ Chantal (éd.), *Información sobre posibles vascos contenida en los censos de población de 1900 de los estados de Arizona, Colorado, Idaho, Montana, Nevada, Nuevo México, Oregón, Utah, Washington y Wyoming de los Estados Unidos de América*, Vitoria, Diputación Foral de Álava, Consejo de Cultura, Sección de Bibliografía y Diáspora Vascas, 1980.

BLONDEAU Philippe, « Dans l'ombre de la guerre », *Roman* 20-50, 2009/1, (n° 47).

BLY Peter A., ed., *Galdós y la historia*, Ottawa, Dovehouse Editions Canada, 1988.

BOTREL Jean François, « Le succès d'édition des œuvres de Benito Pérez Galdós : essai de bibliométrie. I », *Anales de Literatura Española, 3*, p. 119-157 ; 1984.

BUENO ALONSO Josefina, « La vision de l'Espagne dans l'œuvre de Joseph Peyré », p. 223-234, Vv. Aa., *Joseph Peyré. L'Homme de ses libres, op. cit.*

CAMPIÓN «GRACHINA» Arturo, *Narraciones vascas*, Hernani, Egin Biblioteka, 1995.

CARDONA Rodolfo, «Apostillas a los Episodios Nacionales de B.P.G., de Hans HINTERHÄUSER», *Anales galdosianos, n° 3*, 1968.

CHARPENTIER Hélène, « Les femmes et l'amour dans la dernière trilogie espagnole », en Vv. Aa., *Joseph Peyré. L'homme de ses livres*, Biarritz, J & D Éditions, 1994.

CHAVES NOGALES « Manuel, Juan Belmonte, matador de toros; su vida y sus hazañas », *Estampa*, 22-6-1935.

CHEROUX Clément, « Pourtant Mac Orlan, La photographie et le fantastique social », *Pierre MAC ORLAN, Écrits sur la photographie*, Paris, Éditions Textuel, 2011.

CINTAS GUILLÉN María Isabel, «El Belmonte de Chaves Nogales», *Revista de Estudios Taurinos, n° 23* (2007).

CIPOLLONI Marco, « Rendita, neutralità e propaganda: il contributo spagnolo all'immagine cinematografica internazionale della Grande Guerra », *Spagna Contemporanea*, 46, décembre 2014.

COCHET François, *Être soldat, De la Révolution à nos jours*, Paris, Armand Colin, 2013.

DAUDET Alphonse, *Contes du lundi*, Les classiques de poche, 1058, Paris, Le live de poche, Librairie Générale Française, 2016, « La dernière classe ».

DE DIEGO Emilio (dir) y MARTINEZ SANZ José Luis (coord), El comienzo de la Guerra de la Independencia, *Congreso Internacional del Bicentenario*, Madrid, Editorial Actas, 2009.

DE PEREDA José María, *El sabor de la tierruca. Obras completas*, T.V, Anthony Clarke y José Manuel González Herrán (dir.), ed. Anthony H. Clarke, Santander, Editorial Tantín, 1992.

DE SAUSSURE H-B., V*oyage dans les Alpes. Des Voyages en Valais, au mont Cervin et autour du mont Rose*. Seconde édition augmentée, Paris, Joël Cherbuliez, 1852.

DEL PILAR SALAS YUS María, *Descripción bibliográfica de los textos literarios relativos a los Sitios de Zaragoza*, Zaragoza, Institución Fernando el Católico, 2007.

DELAY Pierre, « Joseph Peyré, écrivain », p. 349-364, VV. AA., *Joseph Peyré. L'homme de ses livres*, Pau, Université de Pau et des Pays de l'Adour, 1994.

____, *Joseph Peyré. L'homme et l'œuvre*, J & D Éditions, 1992.

DENDLE Bryan J., *Galdós y la novela histórica*, Ottawa, Dovehouse Editions Canada, 1992.

DESPLAT Christian, « Hommes et chefs de guerre dans l'œuvre romanesque de Joseph Peyré », en VV. AA., *Joseph Peyré. L'homme de ses livres*, Biarritz, J & D Éditions, 1994.

DOUGLAS William A. et BILBAO Jon, *Amerikanuak, Basques in the new world*, Reno (USA), University of Nevada Press, 1975.

DRAULT Jean, *Histoire de l'antisémitisme*, nouvelle édition revue et augmentée, 1944.

ELIADE Mircea, *Mythes, rêves et mystères*, Paris, Gallimard, 1957.

____, *Initiation, rites, sociétés secrètes*, Paris, Gallimard, 1976.

____, *Images et symboles. Essai sur le Symbolisme magico-religieux*, Paris, Gallimard, 1952.

____, *Aspects du mythe*, Paris, Gallimard, 1963.

ESTERÁN ABAD Pilar, *Zaragoza, de Benito Pérez Galdós*, Edición y estudio críticos, Zaragoza, Institución Fernando el católico, 2001.

ETXEITA José Manuel, *Jayoterri maitia (Querida patria),* Bilbao, Editorial Labayru Ikastegia, 1988.

FRISON-ROCHE Roger et JOUTY Sylvain, *Histoire de l'alpinisme*, Paris, Arthaud, 2017.

FRIZOT Michel, Cédric de VEIGY, *Vu. Le Magazine photographique*. 1928-1940. Paris, Éditions de la Martinière, 2009.

GACHITEGUY Adrien, *Les Basques dans l'Ouest américain*, Bordeaux, Ezkila, 1955.

GOUJON Jean-Paul, « Aspects andalous de Joseph Peyré », en VV. AA., *Joseph Peyré. L'homme de ses livres*, Biarritz, J & D Éditions, 1994.

GRAVEN Jean. « Matterhorn : un hommage au Valais », *Annales valaisannes*, 1940.

HENRY Jean-Robert, « L'aventure saharienne ou la geste méhariste », *Catalogue de l'exposition L'Algérie à l'ombre des armes (1830-1962)*, Paris, Casterman, Univers d'auteur, 2012.

HUGO Victor, *La légende des siècles, IX*, Bibliothèque de la Pléiade, Paris, Gallimard, 1962.

JACKSON Gabriel, y otros (1985), *Cincuenta años para la reflexión,* Octubre 1934, Madrid, Siglo XXI.

KESSEL Joseph, *Le Matin*, 11 août 1933.

LAFOND-KETTLITZ Barbara, « L'esthétique des Alpes suisses et autrichiennes dans les discours littéraires (XVIIIe-XXe siècles) », *Guides des Humanités environnementales*, Presses universitaires du Septentrion, 2016.

LAFORCADE Michel, « Joseph Peyré aficionado » (VV. AA.), *Joseph Peyré. L'homme de ses livres*, Laboratoire d'Identité Régionale, Université de Pau et des Pays de l'Adour, 1992.

LAFRONT A. (Paco TOLOSA), *La corrida. Tragédie et art plastique*, France, Prisma, 1948.

Le Petit Larousse illustré. Paris, Larousse, 2018.

LEFEBVRE Michel. « Vu, Journal révolutionnaire », Paris, *Le Monde Magazine*, 21 novembre 2009.

LOTI Pierre, *Ramuntcho*, dans *Romans*, Paris, Presses de la Cité, 1989.

MAC ORLAN Pierre, *Le Camp Domineau*, Paris, Gallimard, Folio, 1993.

____, *Le Quai des brumes*, Paris, Gallimard, Folio, 1972.

MANSAU Andrée, « De la course landaise à la corrida : la quête de l'homme de Joseph de Pesquidoux à Joseph Peyré », VV. AA., *Joseph Peyré. L'homme de ses livres*, Biarritz, J & D Éditions, 1994.

MANSO Christian, « Un Goncourt transpirenaico : Joseph Peyré. Le pont des sorts (1959) », *Desde ambas laderas. Culturas entre la tradición y la modernidad*. María Luisa SOTELO VÁZQUEZ, Dolores Thion SORIANO-MOLLA, Luis BELTRÁN ALMERÍA y Rosa de DIEGO (coord.), Barcelona, Edicions de la Universitat de Barcelona, 2015.

MARÍN ARRUEGO Nuria, *Mujeres en los sitios de Zaragoza*, 2009.

MOSSIÈRE Gilles. « Le début de la littérature de l'himalayisme ». *Convergences francophones 1*, 2014.

MOZAS MESA Manuel, *Castaños. Estudio biográfico*, Madrid, Editora Nacional, 1947.

____, *El armamento y el heroísmo en la jornada del 2 de mayo de 1808*, Jaén, Taller del Diario Jaén, 1956.

OGRIZEK Doré, *L'Espagne*, avant-propos par PEYRÉ Joseph, Textes de Suzanne CHANTAL, Henri DANJOU, Jean DESTERNES, Olivier MERLIN, Francis de MIOMANDRE, J.M. QUIROGA PLA. Illustrations BEUVILLE, BRENET A., FERERRIRA Paulo, GOÑI Lorenzo, LIOZU Jacques, NOËL Pierre, PERETTI Marianne, DE VILLEPREUX R., Éd. Odé. 1951.

SOTELO VÁZQUEZ Adolfo, *Perfiles de «Clarín»,* Barcelona, Ariel, 2001.

PALETTE-CAZAJUS Jean, « De Montherlant à Joseph Peyré. Historia, ética y autenticidad en dos novelas taurinas francesas», *Revista de Estudios Taurinos, 24*, 2008.

____, «Autenticidad del toro, ética del aficionado e indiferencia de la historia (disquisiciones alrededor de "Guadalquivir" de Joseph PEYRÉ)», *Revista de Estudios Taurinos, 25*, décembre 2008.

PALOMINO JIMÉNEZ Ángel, (1998), *1934. La Guerra Civil empezó en Asturias*, Colección Documento, Editorial Planeta, Barcelona.

PAZ Octavio, *Le singe grammairien*, Paris, Flammarion, « Les sentiers de la création », 1972.

PENAS VARELA Ermitas, La tercera serie de los « Episodios nacionales », *Quijotismo y Romanticismo*, Vigo, Academia del Hispanismo, 2013.

PÉREZ GALDÓS Benito, *Episodios nacionales. Primera serie, Zaragoza*, ed. Dolores Troncoso y Rodrigo Varela, Barcelona, Destino, 2006.

PETIT Vincent, *Pro Deo et Patria. Prier pour l'État en France au XIXe siècle*, http://amnis. Revues.org/1668, DOI : 10. 4000/amnis, 1668.

PEYRÉ Pierre, *Joseph Peyré, l'homme de toutes les énergies. Essai de psychobiographie* (sous presse).

PEYRÉ Pierre, Joseph Peyré, *Le Béarn pour racines, l'horizon pour destin*, Biarritz, Atlantica, 2018.

POWERS Richard, *L'Arbre-Monde*, Paris, éd. du Cherche midi, 2018.

RIBBANS Geoffrey, *History and fiction in Galdós' narratives*, Oxford, Oxford University Press, 1993.

RÍO RAIGADAS David, ROBERT LAXALT David, *La voz de los vascos en la literatura norteamericana*, Bilbao, Servicio editorial de la Universidad del País Vasco, 2002.

ROMERO TOBAR Leonardo et PEÑA ARDID Carmen « Sitios de Zaragoza », *Temas Hispánicos (II)*, Zaragoza, Prensas de la Universidad, 2014.

ROSTAND Edmond, *Cyrano de Bergerac*, Acte II, sc. 7, Théâtre, Paris, Omnibus, 2006.

RUIZ David, *Insurrección defensiva y revolución obrera. El octubre español de 1934*, Barcelona, Labor, 1988.

SAITUA IDARRAGA Iker, « The Best Sheepherder. The racial stereotype of basque immigrants in the american west between the end of the nineteenth and the beginning of the twentieth centuries », *Historia contemporánea*, 56, 2017.

____, «Los pastores vascos y la guerra de las praderas. Inmigración vasca, industria ganadera y conflictos por las tierras federales en el estado de Nevada, 1890-1934», *Cuadernos de historia contemporánea, 39*, 2018, ejemplar dedicado a Masculinidades, nación y civilización en la España contemporánea.

SÁNCHEZ GARCÍA-SAÚCO J.A., *La revolución de 1934 en Asturias*, Editora Nacional, Madrid, 1974.

SARTRE Jean-Paul, « La temporalité », *L'être et le néant, Essai d'ontologie phénoménologique*, Paris, Gallimard, 2006.

SCHUBERT Adrian, *Hacia la Revolución. Orígenes sociales del movimiento obrero en Asturias*, 1860-1934. Editorial Grijalbo.

SOTELO VÁZQUEZ M. Luisa, «La quijotesca historia de Crisóstomo y Marcela, hipotexto de La campaña del Maestrazgo de Galdós», Carlos

Mata Induráin (ed.), *Recreaciones quijotescas y cervantinas en la narrativa, Pamplona*, Eunsa, 2015.

THION SORIANO-MOLLÁ Dolores, «La revolución de Asturias novelada: *L'Homme de choc* de Joseph Peyré», *Desde ambas laderas. Culturas entre la tradición y la modernidad*, Barcelona, Edicions de la Universitat de Barcelona, 2015.

____, *El costumbrismo, nuevas luces*, Pau, Presses de l'Université de Pau et des Pays de l'Adour, 2013.

TOLOSA Paco (Auguste LAFRONT), «De bibliografía y bibliofilia. Los toros y España en la obra de Joseph Peyré», *Gacetilla de la Unión de Bibliófilos Taurinos*, nº 29,1969.

____, « Histoire et évolution de la corrida » (VV. AA.), *Tauromachie art profond,* Paris, Édit. du Tambourinaire, 1951.

TONNET-LACROIX Eliane, *La littérature française de l'entre-deux-guerres (1919-1939)*, Paris, Armand Colin, 2005.

TRIGEAUD Françoise, « Province intérieure et roman poétique chez François Mauriac », *Cahiers François Mauriac*, 1974/2.

TRONCOSO Dolores, GARCÍA CASTAÑEDA Salvador y LUNA Carmen, *La historia de España en Galdós. Análisis y proceso de elaboración de los Episodios Nacionales*, Vigo, Servizo de Publicacións da Universidade de Vigo, 2012.

TUCOO-CHALA Pierre, « Du Béarn à la Provence. L'itinéraire de Joseph Peyré », *Bulletin de L'Académie du Var*, Toulon, 1992.

VOUILLOUX Bernard, « La critique des dispositifs », *Critique, vol. 718*, n° 3, 2007.

WHISTON James, «'Ficción verosímil' and 'realidad documentada' in the Second Series of Galdós' Episodios Nacionales», A. H. CLARKE y E. ROGERS (eds.), *Galdos' House of Fiction: papers given at Birmingham Galdós Colloquium*, Llangrannog, Dolphin, 1991.

WHYMPER Édouard, *Escalades dans les Alpes, de 1860 à 1869*, Paris, Librairie Hachette, 1873.

WILD Roger, « Le ballet de mort en costume de lumières. Affinités et correspondances », (VV. AA.), *Tauromachie art profond*, Paris, Édit. du Tambourinaire, 1951.

ZUMBIELH François, «Belmonte y su toreo bajo la mirada de los escritores extranjeros de su tiempo», Pedro ROMERO DE SOLÍS y Juan Carlos GIL (coord.), *Juan Belmonte. La epopeya del temple*, Sevilla, Fundación Real Maestranza de Caballería, 2013.

Structures éditoriales du groupe L'Harmattan

L'Harmattan Italie
Via degli Artisti, 15
10124 Torino
harmattan.italia@gmail.com

L'Harmattan Hongrie
Kossuth l. u. 14-16.
1053 Budapest
harmattan@harmattan.hu

L'Harmattan Sénégal
10 VDN en face Mermoz
BP 45034 Dakar-Fann
senharmattan@gmail.com

L'Harmattan Cameroun
TSINGA/FECAFOOT
BP 11486 Yaoundé
inkoukam@gmail.com

L'Harmattan Burkina Faso
Achille Somé – tengnule@hotmail.fr

L'Harmattan Guinée
Almamya, rue KA 028 OKB Agency
BP 3470 Conakry
harmattanguinee@yahoo.fr

L'Harmattan RDC
185, avenue Nyangwe
Commune de Lingwala – Kinshasa
matangilamusadila@yahoo.fr

L'Harmattan Congo
67, boulevard Denis-Sassou-N'Guesso
BP 2874 Brazzaville
harmattan.congo@yahoo.fr

L'Harmattan Mali
ACI 2000 - Immeuble Mgr Jean Marie Cisse
Bureau 10
BP 145 Bamako-Mali
mali@harmattan.fr

L'Harmattan Togo
Djidjole – Lomé
Maison Amela
face EPP BATOME
ddamela@aol.com

L'Harmattan Côte d'Ivoire
Résidence Karl – Cité des Arts
Abidjan-Cocody
03 BP 1588 Abidjan
espace_harmattan.ci@hotmail.fr

Nos librairies en France

Librairie internationale
16, rue des Écoles
75005 Paris
librairie.internationale@harmattan.fr
01 40 46 79 11
www.librairieharmattan.com

Librairie des savoirs
21, rue des Écoles
75005 Paris
librairie.sh@harmattan.fr
01 46 34 13 71
www.librairieharmattansh.com

Librairie Le Lucernaire
53, rue Notre-Dame-des-Champs
75006 Paris
librairie@lucernaire.fr
01 42 22 67 13

www.ingramcontent.com/pod-product-compliance
Lightning Source LLC
LaVergne TN
LVHW011952220826
846092LV00001B/165